불교교육
길라잡이

불교교육 길라잡이

이송곤 지음

운주사

머리말

불교계에 불교를 학문적 시각에서 응용하는 '응용불교학'이 등장한
것은 대략 25, 6년 전이다. 물론 그 이전에 불교교육과 불교경제에
관한 논문들이 소량이나마 있었으나 본격적으로 불교를 서양 교육학이
나 경제학 등 서구 학문과 접목해서 연구한 경우는 없었다고 하겠다.
90년대 중반부터 본격적으로 불교와 서양 제반 학문과의 접목 하에
불교를 응용적으로 연구하는 붐이 일어나기 시작하였는데, 그 동향을
보면, 한때 명상 붐과 함께 불교 심리학 붐이 있었으며, 이후 학자들을
중심으로 불교 자체에 대한 순수 연구만이 아니라 철학·정치·경제·사
회·문화·교육 등의 분야에 관심을 가지고 '불교와 서양철학', '불교와
정치학', '불교와 경제학', '불교와 사회학', '불교와 교육학' 등 응용불교
학이 전개되었다.

현재 불교계에는 '불교교육학'과 '불교사회학', '불교경제학' 등에
관한 학회와 이쪽 방면의 학자들을 중심으로 응용불교학에 대한 연구
가 활발히 이루어지고 있는데, '불교교육학'의 경우에는 종교교육학회
와 교육학회 등을 중심으로 학문적 활동이 이루어지고 있다.

그러나 '불교교육학'의 경우에 저서의 동향을 살펴보면, 국내 '불교교
육학'을 태동하게 하고 정초定礎를 한 박선영 교수가 80년대와 90년대
에 걸쳐 종교교육학회와 교육학회 등을 중심으로 불교교육과 관련한

다수의 논문을 내고『불교와 교육』(1982)과『불교와 교육사회』(1983) 등을 펴냈으나 이후 불교교육에 관한 저서는 시중에 눈에 띄지 않는다. 이에 필자는 오랜 세월 동안 이러한 실정을 안타까워하다가, 2018년 9월 초기불교와 테라와다 불교의 정통 논서인『위숫디막가(淸淨道論)』를 바탕으로 하여『불교교육론』을 펴냈다.

필자는 이에 만족하지 않고, 국내 이웃종교에『기독교 교육학 총론』을 비롯하여 여러 기독교교육 관련 대중서적들이 있는 현실을 접하고, 불교에도 대중적인 불교교육에 관한 책이 있어야겠다고 오래 전부터 생각해왔던 차에 불교교육에 관한 대중적인 성격의 책을 펴내기로 결심하게 되었다. 그런데 불교면 불교지, 불교교육은 또 무엇이냐고 고개를 갸우뚱하는 사람도 있을 것이다. 사실 그런 만큼 불교교육은 대중적으로 알려져 있지 않다. 이에 대해 필자는 불교에 나타나 있는 인간 형성의 뛰어난 특성을 언급하고자 한다.

교육에 대한 정의는 여러 가지가 있을 수 있다. 그러나 교육에 관해 어떤 정의를 내리든지 간에 교육은 인간을 대상으로 하고 인간 형성을 목적으로 하는 인간의 활동이다. 불교교육도 이와 무관하지 않다. 마음을 닦음으로써 깨달음을 향해 변화해 가는 인간의 형성적인 측면이 명백하게 드러나는 것이 불교이기 때문이다. 더욱이 마음을 닦는다는 것은 수행이지만, 마음을 닦음으로써 인격에 변화가 있게 되고 종국에 깨달음을 얻을 수 있게 된다는 점에서 불교는 '교육'과 깊은 관련을 갖고 있다. 그러므로 마음을 닦는다는 것은 '마음 교육'이라고 부를 수 있다. 마음 교육을 할 수 있는 대상으로 유교, 도교, 불교 등 동양의 전통종교를 예로 들 수 있으나, 이 가운데 불교는 마음 닦음에 대해 제일 많이, 그리고 시종일관 다루고 있으며, 특히 마음교육의 특장점을 제일 많이 지니고 있다.

이 책은 이와 같은 특장점이 있는 불교의 교육에 관해 개괄적으로 다루고 있다. 그것도 교육과정의 견지에서 불교의 교육에 대해 접근하고 있다. 불교교육에 관한 개요를 비롯하여, 초기불교, 남방불교, 부파불교, 대승불교의 중관과 유식, 그리고 천태의 교육과정, 불성의 교육과정으로서의 의미, 종교교육과정으로서의 불교, 마지막으로 선禪의 교육과정 등이 내용상의 범위로 구성되어 있다. 구체적으로 살펴보면, 불교교육의 정의, 불교의 교육내용과 교육방법, 왜 불교교육인가? 등 불교교육의 기본적인 것과 함께, 또한 역사적으로 전개된 교학에 나타나 있는 불교교육의 인간 형성 측면에 대한 내용을 다루고 있다. 일반적으로 우리에게 알려져 있는 교육과 종교인 불교와의 접점에 서 있는 불교교육에 관해, 독자들은 이 책을 읽어감으로써 불교교육이 우리에게 주는 의의와 그 중요성 등에 대해서 알게 될 것이다.

이제는 서양사상의 토대 속에서만 교육사상이 정립되고 이러한 교육사상이 우리의 교육 현실에 영향을 미치는 세상이 되어서는 안 된다. 인문학과 자연과학이 융합적으로 만나는 세상에 우리는 살고 있기 때문에 얼마든지 불교교육에서 그 의의를 발견할 수 있고, 또한 교육 실천의 현장에도 반영할 수 있어야 할 것이다. 바람이 있다면 아무쪼록 이번에 펴낸 이 책으로 불교교육이 많이 세상에 알려지고 불교교육의 대중화가 앞당겨지는 계기가 되기를 바라마지 않는다.

끝으로 종교교육과 불교해석학 등에 학문적 눈을 뜨게 해 주신

지도교수 김용표 교수님에게 감사드리며, 또한 이 책이 출간되도록 애써주신 도서출판 운주사 김시열 대표와 편집진에게 감사하다는 말씀을 드린다.

2020년 11월

이송곤 씀

1장. 불교교육이란 무엇인가? 13

불교교육이란 무엇인가?

1. 불교교육의 학문적 접근

1) 불교교육학이란 무엇인가?

우리는 불교교육학이라는 말을 접할 때마다 불교교육학이 불교학인지, 아니면 교육학인지 그 정체성이 궁금해질 때가 있다. 그래서 불교교육학은 학문적으로 정체성이 없다는 말이 있기도 하다. 「불교교육학연구의 과제와 전망」(『종교교육학연구』 22권, 한국종교교육학회, 2006)에서 고진호 교수는 불교교육학의 정체성을 논하면서, 학문의 보편성과 특수성 개념의 측면에서 불교학을 특수성으로 교육학을 보편성으로 보면서 교육학의 개념과 논리체계의 기반 위에 불교교육학이 정립되어야 정체성을 확립할 수 있다고 주장하고 있다.

그러나 필자는 불교교육학의 학문적 정체성과 관련하여 말할 때,

불교학을 보편성으로 하고, 교육학을 특수성으로 하여 불교교육학의 정립이 가능하다고 보며, 이와 같이 할 때 불교교육학의 정체성 확립이 가능하다고 주장하고자 한다. 달리 표현하면, 불교교육학은 불교학의 개념을 '본본'[主的인 것]으로 하고, 교육학의 이론을 '말末'[附隨的인 것]로 한다. 이것은 교육학의 이론과 불교 교학의 개념을 상호 비교하되, 불교학의 개념이 '주主'가 됨으로써 불교교육학의 이론이 드러나게 하는 것을 의미한다.

그리고 필자는 불교교육학이 불교학에 속한다고 주장하고자 한다. 이와 같은 주장과 관련하여 필자의 저서 『불교교육론』(운주사, 2018, pp.42~43)을 참조하기 바란다. 불교교육학의 학문적 연구방법으로서 불교적 개념과 교설 가운데서 교육적 현상을 발견하여 교육이론을 규명하든, 또는 불교적 개념과 교설에 대해 교육적 시각에서 접근하여 교육이론의 체계를 세우든 어느 쪽이든지 간에 불교적 개념과 교설 등이 연구방법의 '주主'가 되어야 하는 것이 중요하고, 이와 같이 할 때 불교교육학의 학문적 정체성이 확립되기 때문에 필자는 불교교육학을 불교학이라고 주장하는 것이다.

물론 교육학의 제반이론의 측면에서 불교교설 또는 불교와 관련된 현상에 접근하여 불교교육학의 이론을 규명하거나 세움으로써 불교교육학은 교육학에 속한다는 말을 할 수 있으나, 불교학과 교육학은 각각의 학문이 발생한 배경이 하나는 불교학이고 다른 하나는 서양 교육학으로서 서로 판이하게 다르기 때문에 불교교육학이 교육학에 속한다고 말하는 것은 불가능하다고 본다. 비유하자면, 외국 사람인 미국인과 유럽인이 우리나라 말을 유창하게 하고, 우리나라 의복을 입고, 우리나라 음식을 잘 먹는다고 해서 이들이 우리나라 사람이 되는 것은 불가능한 것과 같다.

그러므로 결론적으로 말하면, 불교학과 교육학은 서로 학문적 태생과 족보가 다른 것이므로 불교교육학이 교육학에 속한다고 말할 수 없는 것이다. 필자는 이에 대해서 단적으로 말한다. 불교교육학은 현대 학문분류에 따르면 비록 응용불교학(applied Buddhist Studies)에 속하지만, '불교의 교설에 나타나 있는 개념을 바탕으로 불교의 교육 현상을 기술하고 해석함으로써 정립한 학문'이라고 정의하고자 한다. 그러므로 불교의 범위 내에서, 즉 그 개념의 바탕에서 전개되고 있는 교육 현상을 연구하는 학문이 불교교육학인 것이다. 불교의 범위 내에서 전개되는 교육적인 모든 것은 불교교육학의 대상이 되는 것이다. 즉 가르치는 자와 가르치는 내용, 가르침을 받는 학생 등 교육에 필요한 세 가지 요소가 있으면 불교의 교육은 이루어지고, 이러한 세 가지 요소 상호간에 이루어지는 불교의 교육작용[1]이 현상적으로 나타날 때 불교교육학의 학문적 대상이 되고 불교교육학은 성립하게 된다.

2) 불교교육학의 연구 동향

필자는 불교교육학의 연구방법을 서술하기에 앞서 현재의 불교교육학 연구가 대학의 학과 중심으로 이루어진 것이 아니라 관심 있는 전공자 개인별로 이루어지고 있는 안타까운 현실을 말하고자 한다.

역사적으로 살펴보자. 기독교 교육학은 50년대에 기독교 계통의 대학에서 기독교 교육학과가 처음으로 생기고, 이후 점차 늘어나면서

60년 넘게 이론적으로 연구되고 교육 현장에서 실천되어 왔다. 그러나 불교는 대학 학부에 불교교육학과가 전무하다.

불교교육학은 대체적으로 볼 때 학문적으로 과거의 불교사에서 전개되었던 교육적인 활동과 현재의 교육적인 활동, 그리고 미래의 불교교육의 비전 등에 대해 연구한다. 그러므로 불교교육과 관련하여 과거·현재·미래에 걸쳐 연구해야 할 것이 산더미같이 많은데도 그 중심 역할을 하는 불교교육학과가 대학에 없다. 상황이 이와 같으므로 불교교육학의 연구방법은 연구자별로 산발적으로 이루어질 수밖에 없는 실정에 있다. 불교학 연구자를 중심으로 불교교육학을 연구하는 경우와 교육학 연구자를 중심으로 불교교육학을 연구하는 경우, 그리고 종교학 연구자를 중심으로 불교교육학을 연구하는 경우가 그것이다.

현실은 이와 같지만 그래도 그나마 다행이고 의미가 있는 것은, 학문적으로 불교교육학이 없어서 불모지였었는데 79년에 박선영 교수가 '불교적 교육관에 관한 연구'로 박사학위를 받은 후 20여 년 동안 교육학회와 종교교육학회의 학술활동을 통해 불교교육학을 학문으로 태동하게 하고 성립케 하는 등 불교교육학의 정초를 마련하였다는 점이다. 그리고 이와 같이 불교교육학을 개척한 박선영 교수의 노력은 그 뒤를 이어 김용표 교수가 불교학과 종교학의 양측을 토대로 종교교육의 측면에서 연구하였으며, 그밖에 교육학의 측면에서는 고진호 교수를 중심으로 불교교육학 관련 학술활동이 이어지고 있다.

필자의 경우에는 교육학과를 졸업하고 대학원에서 불교학을 전공하였는데, 초기불교와 『청정도론』에 나타난 교육원리에 관심을 가지고 연구하였으며, 최근에는 『불교교육론』을 출간하였다. 필자는 이에 만족하지 않고 역사적으로 경전 등 문헌에 나타난 교학과 수행 등에 교육과정의 요소인 교육철학과 교육방법, 그리고 교육행위의 전개 등이 반영되어 있다고 봄으로써 초기불교에서부터 선禪에 이르기까지를 범위로 하여 이 책을 저술한 것이다. 그렇기는 하지만 역사적으로 경전 등 문헌에 나타난 교학과 수행 등의 어느 곳에도 교육만을 따로 떼어내어 '이것이 교육과 관련된 것'이라는 내용은 존재하지 않는다. 그러나 사자상승師子相承에 의해 부처님의 가르침이 시대적으로 전해져 내려왔고, 또한 부처님의 가르침에 의해 수많은 사람들의 인간 형성이 이루어졌다는 점에서, 분명히 이들 역사상에 나타난 교학과 수행 등에서 교육과정의 이론과 실제적 적용 등이 있었다고 하겠다. 그러므로 불교교육에 관한 시대적 고찰은 불교학뿐만 아니라 교육학에서도 충분히 연구의 가치가 있으며, 불교교육학의 한 영역으로 자리매김하게 될 것이다.

3) 미래의 불교교육학과 과제

불교교육학은 앞에서 다루었듯이, 전반적으로 불교의 교육적인 현상을 연구하는 학문이라고 말할 수 있다. 그러나 구체적으로 살펴보면, 불교의 교학과 불교사에 나타나 있는 교육철학 또는 교육사상에 대한 연구를 비롯하여 불교적 교사와 불교적 학생 사이에 전개된 교육과정(Curriculum)에 대한 연구 등을 하는 것이 불교교육학이라고 말할 수 있다. 반면에 교육학은 제도권의 교육 현장인 학교에서 이루어지는 교수-학습의 과정과 함께 전개되는 교육에 관한 전반적인 것들에 대해 근본적으로는 서양 학문의 토대 위에 이론적으로 분석을 하고 연구를 하는 학문이라고 말할 수 있다. 그러므로 가르치고 배우는 것이라는 측면에서는 '불교교육학'과 '교육학'은 외형적으로 같다고 볼 수 있으나, 실질적으로는 양자는 서로 달라도 너무 다르다고 하겠다. 전자는 출세간적 학문에 속해 있고, 후자는 세속적 학문이기 때문이다.

그렇지만 불교교육학은 미래 불교교육학으로서의 가치를 가지고 있다는 점에서 주목할 필요가 있다. 불교교육학은 학습자의 자각自覺을 중시하는 것을 목적으로 하고 있다는 점에서 현대 교육학의 이론과 본질적으로 다르다. 불교교육학은 본질적으로 자각에 포인트를 둔 인간 형성 이론이 학문적 특색으로 드러날 수 있는 장점이 있다. 달리 표현하면, 초기불교든, 대승불교든, 선불교(Seon Buddhism)든 가릴 것 없이 공통적으로 자각自覺, 즉 스스로 깨닫는 것을 목적으로 하고 있는데, 이와 같이 자각을 목적으로 하는 것을 인간 형성의 과정에서 중시하고 있는 것이 불교교육학이다. 그런 점에서 이러한 자각이야말로 미래 불교교육학이 서양 철학, 사회학 이론 등 현대사상과 지평적으로 만나서 교육의 본질에 가까이 가는 것과 더불어 현대사회와 현대인들이 겪는 여러 가지 문제점 등에 대해 해결책을 줄 것이라고 예견할 수 있다. 그 까닭은 교육의 본질과 다르게 성적 위주와 성과 위주로 전개되고 있는 현대교육의 성향[그런 경향이 다분하다는 것이지 전부 그렇다는 것은 아님]과 관련하여 불교교육학이 자각에 포인트를 둔 교육을 통해 바람직한 인간 형성의 성취가 무엇인지 제시할 수 있고, 또한 현대사회에서 현대인들이 겪는 인종차별, 불평등, 인간 소외 등 여러 가지 문제들을 해결하기 위해 불교교육학이 방향제시와 함께 해결방법을 제시할 수 있기 때문이다. 따라서 일반 교육학 이론과 본질적으로 다른 특색을 지닌 불교교육학 이론에 바탕을 두고 교육 현장이나 또는 일반 대중들 사이에 불교의 가르침이 전개될 때 교육적 실천의 효과가 뚜렷하게 나타날 것이다.

그런데 혹자는 다음과 같이 말할지 모른다. "불교는 종교이므로 교육이론이 어디에 있으며, 교육과 무슨 상관이 있느냐"고. 그러나 만에 하나라도 그렇게 말하는 사람이 있다면 필자는 그와 같이 말하는 사람에게 다음과 같이 말하겠다. "서구 종교학에서 말하는 '종교'의 개념의 측면에서 불교를 바라봐서는 안 된다"고. 왜냐하면 불교가 종교인 것은 맞으나 종교를 의미하는 Religion이 '신과의 결합(Union)' 을 의미하는 개념에서 비롯한다는 것[2]은 알 만한 사람은 다 알고, 더욱이 이와 같은 종교의 개념은 자각自覺을 중시하고 합리적이고 과학적인 특성을 띠고 있는 Humanism의 불교에 부합하지 않는 측면이 있기 때문이다. 손바닥으로 태양을 가린다고 가려지지 않는다. 학문적으로 인문학과 자연과학이 경계를 허물며 융합하는 시대가 된 지 오래되었기에 더욱 이와 같이 말하고 싶다.

4) 서구문명의 바탕: 개신교(또는 가톨릭), 불교교육의 중요성

시대별 문명에 관한 이야기로부터 시작하겠다. 지금으로부터 200년 전만 하더라도 우리는 지금과는 전혀 다른 문명의 시대에 살고 있었다. 유교의 성리학과 이것에 바탕을 둔 정치제도가 조선왕조 500년이라는 긴 기간 동안 정치·경제·사회·교육·문화 등 모든 영역에 걸쳐 영향을 끼치면서 내려왔다는 점에서, 사람들의 삶에 영향을 미치지 않는 곳이 없었으며, 이에 당시 사람들은 이러한 관념과 이데올로기로부터 벗어날 수 없었다. 그랬던 조선왕조가 구한말 서구열강과의 충돌로 많은 변화가 나타나게 되었는데, 서구문명을 경험한 사람들이 서구식 헤어스타일과 서구식 복장을 하기 시작하였으며, 또한 서구의 종교를 받아들임으로써 사람들의 정신세계에 변화가 일어나게 되었다. 또한 서구식 학교가 세워짐으로써 반상班常과 연령의 차별 없이 서구식 교육을 받게 되었다. 뿐만 아니라 서구식 병원이 생김으로써 비록 소수이기는 했으나 의료의 혜택을 보게 되었다.

이처럼 조선왕조의 유교에 기반을 둔 문명과 서구문명의 충돌로 인하여 예전과는 엄청나게 다른 변화가 나타나게 되었던 것이다. 그런데 조선왕조의 유교문명과 충돌하여 큰 영향을 끼친 서구문명은 주지하다시피 기독교에 기반으로 둔 문명이다. 따라서 이에 대해 잠시 살펴볼 필요가 있다. 우리는 미국의 대통령이 대통령직에 취임할 때 성경聖經 위에 한 손을 얹고 선서를 하는 장면을 본 적이 있을 것이다. 이러한 장면이 무엇이 중요하냐고 말하는 사람이 있을지 모르겠으나, 그만큼 미국 사회에서 기독교가 차지하는 비중이 크다는 것을 상징적으로 보여주는 것이라고 하겠으며, 이것은 달리 표현하면 영국의 앵글로 색슨족의 후예로서 유럽의 기독교(개신교와 가톨릭)를 바탕으로 한 문명을 그대로 잇고 있다는 것을 나타내고 있는 것이라고 하겠다. 미국 대통령 취임 시 선서의 예는 비록 단적인 것이지만, 이들의 정신세계와 문화, 그리고 삶에는 수천 년 동안 내려온 기독교가 바탕에 깔려 있다는 것을 나타내고 있는 것이다.

이와 같이 기독교에 바탕을 둔 서구문명이 조선왕조의 후반기에

물밀듯이 들어온 이후 일제 강점기를 거쳐 현재에 이르기까지 우리나라의 정치·경제·사회·교육·문화 등 모든 영역에 걸쳐 영향을 끼쳤는데, 특히 교육과 관련해서는 해방 후 미국의 교육제도에 전적으로 영향을 받아 현재에 이르고 있다. 대표적 예로서 국가에서 주도하는 교육과정(Curriculum)의 정책 수립과 실천의 이론적 배경에는 미국의 교육과정 이론이 주를 이루고 있다고 말해도 틀린 말은 아니라고 할 수 있다. 물론 현재의 교육과정이 이렇게 세워지고 실천되어 온 것에 대해 단적으로 잘못되었다고만 말할 수는 없다. 다만 우리가 주체적으로 우리의 정신세계와 문화가 담긴 교육이론을 바탕으로 한 교육과정을 정립하고 실천할 필요가 있다는 전제하에, 이를 위해 골똘히 생각하고 연구할 필요가 있다는 것이다.

그래서 필자는 불교를 이념적 바탕으로 교육이론을 세움으로써 이러한 불교의 교육이론을 교육과정에 반영하고, 이로써 교육의 현장에서 실천할 필요가 있다고 보는 것이다. 이와 같이 보는 것은 그만큼 불교교육이 중요하기 때문이다. 불교교육의 중요성은 앞으로 살펴보는 각 장의 테마, 즉 불교교육이란 무엇이며, 시대별 교설에서 깨달음에 이르기까지 인간 형성의 과정이 어떻게 나타나는가를 살펴봄으로써 알게 될 것이다.

2. 불교교육의 세 가지 요소

불교에서 교육을 말할 때 일반적으로 교육(학교교육)에서 말하는 세 가지 요소인 교사, 학생, 교육내용이 그대로 적용된다. 즉 부처님이 설하신 가르침을 가르치는 스승으로서의 교사(아사리阿闍梨, acariya: 자격이 있는 비구 스님과 비구니 스님)와 가르침을 배우는 학생(스님과 일반 재가자 학생 포함)과 가르침인 교육내용(경전의 내용과 교리 등) 등 세 가지가 모두 존재해야만 불교에서의 교육을 논의할 수 있다. 이들 중 어느 하나만 없어도 불교의 교육 작용은 성립하지 못하므로, 이들 세 가지를 불교교육의 세 가지 요소라고 한다.

불교교육은 부처님이 가르침을 편 이후 현재에 이르기까지 장구한 세월 동안 이와 같이 가르침을 설하는 스승으로서의 교사와 가르침을 받는 학생(비구·비구니 등 스님과 재가불자), 그리고 가르침의 내용 등의 상보적 관계 속에서 전개되는 모습으로 나타났다.

부처님 재세 시에는 1,250인의 출가중出家衆에게 사성제, 팔정도 등 가르침이 펼쳐졌으며, 그리고 부처님 입멸 후 부파불교 시대에 이르러서는 교단의 스승인 아사리를 중심으로 하여 비구·비구니 스님 등 대중들에게 사성제, 팔정도 등 근본교설뿐만 아니라 아비달마 시대 부파의 교설인 설일체유부와 대중부 등의 교설이 학문적 연구와 함께 가르쳐졌고, 계속해서 대승불교 시대에 이르러서는 인도 대륙에서, 그리고 중국·한국·일본 등지에서 중관, 유식, 화엄 등 대승의 가르침에 대한 연구와 함께 선수행법禪修行法 등의 전개가 출가대중들을 중심으로 이루어졌는데, 이처럼 불교의 교육 작용은 시대별로 각기 다른 형태로 활발히 전개되었다. 그러므로 전등傳燈의 역사는 모두 불교교육의 역사였던 것이다.

지금까지 대략적으로 불교교육이 교육 현장에서 성립하기 위해 필요한 세 가지 요소의 상호 작용에 대해 살펴보았다. 이어서 좀 더 구체적으로 불교교육의 세 가지 요소와 불교의 교육목적과 교육기능 등에 대해 살펴보도록 하겠다.

1) 불교적 교사 – 아사리(阿闍梨, 아짜리야acariya)

교육학에는 교사론이 있다. 교육 현장에서 교육을 실천하는 교사의 자질과 의무, 그리고 교사의 철학 등 교사가 갖춰야 할 이론을 다룬 것이 교사론이다. 그러므로 불교의 교사론은 부처님의 가르침을 교육 현장에서 펴는 불교적 교사가 갖춰야 할 것들에 대한 이론이라고 말할 수 있다. 불교의 교사가 갖춰야 할 것들을 불교의 교사론이 다룬다는 점에서 교육학에서 다루는 교사론과 분명히 다르다. 불교의 교사론에서 말하는 불교적 교사는 자질의 측면에서 볼 때 단순히 부처님의 가르침에 대한 이해를 넘어 정통해야 할 뿐만 아니라 불교의 실천 수행도 겸비해야만 한다.

부처님을 호칭하는 열 가지 칭호 가운데 '천인사天人師', 즉 인천人天의 스승이라고 칭하는 것을 볼 때, 부처님을 가르침을 가르치는 불교적 교사인 출가 비구·비구니는 이와 같이 교설에 정통해야 할 뿐만 아니라 수행 또한 겸비해야만 할 것이다. 이에 불교에서는 불교교리에 정통하고 수행 또한 겸비한 불교적 교사를 아사리(阿闍梨, acariya)라고 호칭하는 것이다.

그런데 불교적 교사의 개념과 관련하여 우리가 주의해야 할 것이 있다. 그것은 다름 아니라 불교적 교사의 이상적 모델은 석가모니 부처님이라는 사실을 명확히 인식해야 한다는 점이다. 부처님이 출가중과 재가중을 교육하는 방법을 비롯하여 교육과정, 즉 커리큘럼

(Curriculum: 제자들을 교육하기 위해 계획하고 실천하는 과정)을 계획하였기 때문에 부처님은 불교적 교사가 따라야 할 원천源泉인 것이다.

2) 불교적 학생

불교에서의 학생 개념은 일반적으로 교육학에서 말하는 학생의 개념과 다르다. 교육학에서 말하는 학생은 초·중·고등학교와 대학에서의 학생을 가리키는 데 반하여 불교적 학생은 세속을 떠나 출가한 비구·비구니 등 출가중과 일반 재가불자 등을 가리킨다. 그러므로 불교적 교사가 가르쳐야 하는 교육내용뿐만 아니라 교육방법도 세속의 학생에게 가르치는 교육내용과 교육방법의 경우와는 전혀 다르다. 달리 표현하면, 불교적 교사는 서양 교육학 이론과 심리학 이론에 바탕을 두고 일반 학생에게 가르치듯이 가르쳐서는 안 된다. 왜냐하면 서양 심리학에서 말하는 학습의 심리와 이에 수반하는 심리측정 등 행동주의 또는 실험심리학의 이론만으로는 불교적 학생의 심리나 환경요인 등을 제대로 알기 힘든 점이 있기 때문이다. 이것은 어디까지나 불교교육학의 본 영역인 교설을 '중심[本]'으로 삼아야 한다는 의미이다.

이와 같은 특성을 지닌 불교적 학생, 즉 불교에서의 학생은 출가중과 재가중으로 구분할 수 있다. 출가중은 출가 후 행자생활을 거쳐 계戒를 받고 비구 또는 비구니가 된다. 비구는 250계, 비구니는 348계를 받는다. 그리고 재가중은 재가불자로서 재가불자가 지켜야 할 5계를 받음으로써 재가불자가 된다. 이때 계는 출가 비구와 비구니, 그리고 재가불자가 각기 지켜야 할 규범 또는 규칙과 같은 것들이다. 진정으로 부처님의 제자로서 승가 공동체에서 지켜야 할 도덕적 규범과 같은 것이 계이다. 이 계를 받아 지니고[受持] 지킬 뿐만 아니라 사성제[四諦]와 팔정도八正道 등의 가르침을 스승 비구(비구니도 포함)에게 배움[聞所成慧]으로써 선정을 닦고 지혜의 힘을 길러[思所成慧, 修所成慧] 깨달음으로 나아간다. 출가 비구(비구니도 포함)가 스승 비구에게 가르침을 받는 내용은 뒤에 기술할 교육내용에도 나타나 있듯이, 세속에서 배우는 교육내용과 다르다. 그러기 때문에 불교적 학생과 세속에서의 학생을 구분하는 것이다.

3) 불교의 가르침: 교육내용(경·율·론 삼장, 선어록을 비롯한 선서禪書)

불교의 교육내용과 관련해서는 특히 주목할 필요가 있다. 왜냐하면 세상에서 팔만대장경이라고 말하는 데서 드러나듯이 불교의 교육내용은 많은 분량이기 때문이다. 초기불교의 가르침이 있는가 하면, 북방 아비달마·남방 아비담마의 가르침이 있고, 또한 대승불교의 중관·유식·정토·화엄·밀교의 가르침이 있는 등 불교에는 가르치고 배워야 할 많은 분량의 교육내용이 존재한다. 심지어 불립문자不立文字라고 하지만 문서로 되어 있는 선어록들도 상당수 교육내용으로서 존재한다. 그러므로 불교적 교사는 교육 현장에서 수많은 교육내용 가운데 어느 것을 교육내용으로 선택해서 불교적 학습자인 학생들에게 효과적으로 가르칠 것인가 고민을 하게 된다. 그야말로 이와 같이 많은 분량의 교육내용은 교수학습과 관련하여 불교적 교사가 풀어야 할 화두話頭가 되는 셈이다. 이에 우리는 불교의 교육내용이 불교의 교육에서 차지하는 의미를 짐작할 수 있는 것이다.

교사가 교육과정(Curriculum)을 어떻게 계획하고, 어떤 교육방법으로 교육 현장에서 효율적으로 실천할 것인가? 하는 문제가 교육내용의 선정과 조직, 그리고 전개와 맞물려 발생하기 때문이다. 그러므로 불교의 교육내용은 불교의 교육과정에서 차지하는 몫이 크다고 하겠다. 인간은 '교육적 존재'이다. 이때 '교육적 존재'라고 함은 교육을 통해서 비로소 사회에서 바람직한 인간이 된다는 의미를 나타낸다. 이것은 달리 표현하면, 인간 형성을 하기 위해서는 그 핵심이 되는 교육이 필요하다는 의미이기도 하다. 그런데 어떤 인간으로 형성하기 위해서는 그 핵심이 되는 것으로서 교육이 역할을 하는 것은 분명하지만, 그러한 역할을 하기 위해서는 그 알맹이라고 할 수 있는 교육내용이 있어서 가능한 것이다. 교육내용이 알맹이인 것은 기본적으로 교사가 교육내용을 성심껏 가르침으로써 비로소 학생이 사회가 필요로 하는 인격을 갖춘 인간이 되기 때문이다. 그러므로 우리는 교육내용을 '중핵이 되는 것', 즉 '핵심적인 것'이라고 말하는 것이다. 그러므로 교육내용은 사상이든 종교이든지 간에 핵심의 특성을 띠는 내용으로서, 교사는 이것으로 교육을 함으로써 인간을 형성하는 일이 가능하게 되는 것이다.

그렇다면 불교에서는 무엇이 불교적 인간 형성을 이루게 할까? 불교는 부처님이 설한 '법(法, dharma)'이 핵심적인 '교육내용'으로서 인간 형성이 이루어지게 작용한다는 점에서 불교적 인간 형성의 기초가 된다. 왜 그럴까? 부처님이 설한 법을 배우고 익히지 않고서는 불교적 성향을 지닌 인간이 될 수도 없으며, 더욱이 인간을 깨닫도록 이끌 수 없기 때문에 법이 인간 형성의 기초라고 말하는 것이다. 그러므로 부처님이 설한 법은 교육내용으로서 불교적 인간으로 형성시키는 데 중요한 불교교육의 요소가 된다. 『금강경』에서는 "여벌유자如筏喩者 법상응사法尙應捨 하황비법何況非法", 즉 '법은 뗏목과 같아서 법도 버려야 하거늘 하물며 법 아닌 것이랴'라고 말하고 있지만 진리의 언덕〔깨달음〕에 이르기까지 교육내용으로서의 법은 건너가는 뗏목처럼 반드시 필요한 것이다.

불교가 인도 대륙에서 생겨나서 전래해 내려온 지 올해로 2,564년이다. 불교가 지금까지 전해 내려왔고, 앞으로 전해질 수 있는 것은 바로 교육내용인 법이 있기 때문이다. 교육내용으로서의 법을 듣고〔聞〕, 생각하고〔思〕, 닦아나감〔修〕으로써 탐貪·진瞋·치痴 삼독三毒을 버리지 못한 인간이 점차적으로 탐·진·치 삼독이 엷어지게 되고, 마침내 탐·진·치 삼독이 소멸되어 부처님처럼 깨달음에 이르는 인간으로 형성이 되는 것이다. 이런 점에서 법은 교육내용으로서 이 세상 어느 것과도 비교할 수 없을 만큼 큰 가치가 있는 것이다.

3. 불교의 교육목적

교육의 한자漢字는 '교육敎育'으로서, 이 말은 '가르치고 양육하는 것'을 의미한다. 그런데 교육이라고 하는 말의 자전적字典的 의미인 '가르치고 양육하는 것'은 그렇게 함으로써 있게 되길 원하는 결과인 바람직한 인간이 되는 것, 즉 지식을 함양하고 사회가 필요로 하는 바람직한 인간으로 형성이 될 때 그 목적을 달성하는 것이 된다. 이것은 우리가 보통 말할 때 교육의 목적이라고 지칭하는 것이고, 대체적으로 제도권인 학교에서의 교육은 이와 같이 사회에서 필요로 하는 교육의 목적을 달성하는 쪽에 집중한다.

교육의 목적은 교육에서 매우 중요하다. 왜냐하면 교사가 학생을 대상으로 교육할 때, 교육을 어떻게 해야 하는지에 대한 교육과정의 계획을 세우고, 그 결과를 평가할 때 교육의 목적을 기준으로 삼기 때문이다. 그런데 이와 같은 교육의 목적이라고 하는 개념은 세속적인 교육의 영역에서뿐만 아니라 종교의 영역에서도 교육과 관련하여 그 의의가 있다. 서구의 교육학 이론과 불교는, 하나는 세속적이고 다른 하나는 출세간이어서 서로 다르지만, 교육적 관점에서 불교를 바라볼 때 그 중요성을 발견하는 것이 가능하다.

불교에서의 교육목적은 석가모니 부처님이 보리수 아래에서 깨달음을 얻으신 것처럼 우리도 깨달음을 성취하는 데 있다. 그러므로 교단의 스승인 비구, 즉 아사리가 가르침을 펼 때 교육목적인 깨달음에 맞춰 교육계획을 세울 뿐만 아니라, 교육과 수행의 결과를 점검하기도 한다. 불교에서의 교육목적이 매우 중요한 것은 불교교육의 처음부터 끝까지 이에 따라 진행되고, 그 과정의 결과가 교육목적에 비추어 점검되기 때문이다.

이처럼 불교에서의 교육목적은 교육과정의 계획을 세우는 데 있어서 이정표와 같지만, 이와 관련하여 교리적으로 해결해야 할 것이 있다. 그것은 다름 아니라 초기불교, 부파불교. 대승불교, 선불교 등이 바라보는 깨달음에 이르기까지의 교육목표들이 교리사적으로 볼 때 서로 같지 않다는 점이다. 비유적으로 말하면 산의 정상에 올라가는 길이 다르다는 것이다. 필자는 이에 대해 불교에서 근원이며 공통된 것이 무엇인가를 살펴보면 해결이 가능하다고 말하고 싶다. 그런데 그렇지 않고 초기불교의 가르침과 부파불교, 대승불교의 교리, 선종사상 등을 따로 보고 교육할 때는 문제가 발생한다. 그러므로 이들 불교사상들의 핵심 교리를 간파해서 가르칠 내용을 선정해서 교육 실천의 현장에서 가르칠 때 불교의 교육목적은 달성하게 된다.

4. 불교의 교육기능[3]

인간은 미성숙한 존재로 태어난다. 인간은 신체적으로나 정신적으로 성숙하지 못한 존재로 태어나기 때문에 태어나면서부터 부모와 주변 사람들의 보호와 함께 양육養育되고 교육받아야 한다. 이것을 보더라도 교육은 매우 중요하다. 왜냐하면 인간은 교육을 받음으로써 과거의 미성숙하고 맹목적이고 충동적인 행동이 성숙하고 지적인 행동으로 바뀌게 되는데, 교육을 인간 형성의 과정이라고 말하는 것도 교육을 통해 이와 같이 과거와 다르게 변화하기 때문이다. 이처럼 교육의 힘은 위대하다. 이러한 교육의 힘은 교육의 기능을 통해 알 수가 있는데, 여러 가지 교육의 기능 가운데 두 가지 기능을 살펴보기로 한다.

첫째, 전달에 의해 삶을 갱신하는 교육기능이다. 이 세상은 전달 (transmission)에 의해 존속한다. 역사적으로 전세대로부터 후세대에 이르기까지 이념, 문화 등을 주고받음이 없이는 이 세상은 존립하는 것이 불가능하다. 인도에서 고대 베다(Vedic tradition)와 우파니샤드 (Upaniṣad) 시대의 전통은 전달에 의해 후세대로 이어져 현재 힌두교로 이어지고 있고, 불교의 경우에는 이와 같은 인도 사회의 사상적 이념

속에서 생겨나 베다와 우파니샤드 전통으로부터 불교의 전통으로 갱신(renewal)하였을 뿐만 아니라, 인도 대륙을 넘어 남쪽으로는 스리랑카, 동남쪽과 동쪽으로는 각각 미얀마·태국 등과 중국·한국·티베트 등으로 불교의 사상과 문화가 전달되었다. 이와 같이 종교와 사상 등이 교육의 전달 기능에 의해 전파되었던 것이다.

둘째, 교육의 커뮤니케이션(communication) 기능이다. 이 세상은 전달에 의해서뿐만 아니라 커뮤니케이션에 의해서도 존속한다. 여기서 커뮤니케이션이란 공동체(community)가 지녀야만 하는 목적(aims)과 신념(beliefs)과 지식(knowledge) 등을 각 개인들이 공통적으로 소유하는 것을 의미한다. 그러므로 학교에서 국가 또는 사회 공동체가 지향하는 목적과 신념, 지식 등을 학생들에게 교육하는 것이 교육이 갖는 커뮤니케이션의 기능이다. 사회 공동체는 공동체의 영속성을 유지하기 위해 학교라는 교육기관을 통해 제도적으로 학생들에게 교수敎授 - 학습學習(Teaching and Learning)을 하도록 요구하는 것이다. 이와 같이 공동체의 요구사항인 공동체의 영속성을 유지하기 위해, 즉 미래사회의 영속성을 유지하기 위해 학교는 형식적인 교육기관으로서 공동체에 필요한 모든 자원과 성취물들을 전달하는 것이다. 마찬가지로 불교교단, 즉 승가僧伽 공동체는 목적으로서 무명無明을 타파하고 깨달음에 도달하는 것과 신념으로서 불·법·승 삼보에 대한 지심至心으로의 귀의, 그리고 지식으로서 가르침을 배우고 수행함(지혜의 힘으로 수행함)으로써 교육의 커뮤니케이션으로서의 기능을 갖는 것이다.

5. 불교교육의 인간 형성론

1) 불교적 인간 형성의 중핵 – 뛰어난 교육방법으로서의 대기설법

부처님은 대중들을 깨달음으로 이끌기 위해서 대중들을 상대로 능력과 수준에 따라 설법을 하셨다. 이야기로 제도할 사람에게는 전생담이나 교훈적인 내용으로 설법하셨고[이것은 『본생담』이나 『백유경』, 『현우경』, 『법구비유경』 등에 나타나 있다], 어느 정도 차원 높은 법을 들을 수 있는 사람에게는 팔정도나 사성제 등의 진리를 설하셨다. 즉 부처님은 대기설법對機說法을 함으로써 사람들에게 상대방의 수준에 맞게 인간 형성이 되도록 하셨던 것이다. 그리고 부처님이 상대방에게 취하는 교육방법은 한 가지로 일률적인 것이 아니다. 상대방의 근기에 따라 다르게 교육이 이루어졌다. 언설에 의한 교육의 경우에만 그랬던 것이 아니다. 수행의 경우에도 근기에 따라 교육이 이루어졌다. 이와 같은 부처님의 교육방법은 본서 '부처님의 교육방법'에서 자세히 다루고 있음을 밝혀둔다.

부처님의 근기에 따른 교육 및 수행의 방법은 이후 불교가 중국·한국·일본 등 각국에 전래되면서 여러 가지 형태의 교육방법으로 변화를 거듭한다. 이것을 보더라도 부처님은 전무후무前無後無한 위대한 교사, 인류의 스승이셨다. 그러기에 부처님을 경전에서는 '여래如來 10호號' 가운데 하나인 '천인사天人師'라는 호칭으로 부르는 것이다.

부처님은 학교교육에서 지식을 학생들에게 가르치듯이 대중들에게 가르치지 않으셨다. 부처님은 상대의 수준에 맞추어 법法을 설한 후 지혜를 깨우치도록 상대방을 이끌었다. 그런 점에서 학교교육에서의 인간 형성을 위한 교육방법과 전적으로 다르다. 우리는 이 점을 잘 살펴야 한다. 교육을 받는 상대의 수준에 따라 가르침을 펴는 불교의 교육방법이야말로 불교의 인간 형성의 중핵이라고 하겠다.

교육방법은 이처럼 교육에서 매우 중요하다. 근기에 따라 어떤 방법으로 교육을 할 것인가 정해지고, 교육내용 또한 정해지기 때문이다. 나아가 교육의 성패도 이에 달려 있기 때문이다.

2) 불교교육의 장점과 그 가치: 최상의 교육적 가치와 교육이론으로서의 가능성

불교교육은 일반 교육의 개념과 다르다. 일반적으로 사회에서는 학교에서 이루어지는 것을 교육이라고 하기 때문이다. 굳이 나눈다면 학교교육은 형식적인 교육이고, 불교교육은 비형식적 교육이다. 그래서 그런지 일부 교육학자는 불교는 종교이므로 교육에 관해 논할 수 없다고 말하기도 한다. 그런데 불교교육은 학교교육과 그 특성이 다르다는 점에서 장점이 있다. 그것은 바로 지식이 아니라 마음을 닦는 지혜[慧]에 중점을 두는 교육이라는 데 있다.

우리는 일찍이 서산 대사 휴정 스님께서 '심공급제心空及第'가 제일이라고 말씀하신 것을 잘 살필 필요가 있다. 휴정 스님의 말씀은 마음을 닦아 깨달음을 여는 것이 불교의 구경 목적이고, 이것이 최상의 인격 완성으로 교육이 바라는 궁극의 목적임을 나타내고 있다.

학교교육이 지식의 함양과 함께 사회가 필요로 하는 인재를 배출하고 있다는 점에서 그 가치가 크다고 할 것이다. 이 점은 어느 누구도 부정할 수 없다. 구한말 이후 근대사를 보면 학교교육을 통해 수많은 인재양성과 함께 계몽교육이 이루어진 것에서 여실히 드러난다. 그러나 21세기를 사는 지금 교육이 추구하는 인간 형성의 본질을 완전하게 달성하고 있는지는 한번쯤 생각해 봐야 한다.

미국의 교육학자 가운데 교육과정(Curriculum) 전공의 파이너(W.F. Pinar)라는 학자가 있다. 파이너는 기존의 제도적 교육이 교육의 본질을 제대로 실현하지 못하고 있다고 강하게 비판하면서 재개념주의(Reconceptualism)를 주장했다. 그는 한 예를 들어 진정한 의미의 교육이란 무엇인지 다음과 같이 말하고 있는데 상당히 의미가 깊다. 우리가 가는 곳인 로마라는 목적지를 아는 것이 중요한 것이 아니라 왜 우리는 로마에 가고자 하며, 로마에 도달하기까지 무엇을 경험했는가에 가치 부여를 하고 있다. 그의 교육에 관한 재개념주의적 주장은 그의 주장에 호응하는 교육학자들에 힘입어 기존의 획일적이고 지식 위주의 기능적인 교육에 식상한 사람들의 관심을 끌게 되었다. 필자도 파이너의 재개념주의가 교육의 본질에 다가갈 수 있다고 보고, 이로써 불교가 교육적으로 최상의 교육이론으로서 기능할 수 있다는 확신을 가지게 되었다. 그런 점에서 마음을 닦아 최상의 인격인 깨달음에 도달하는 것에 중점을 둔 불교는 종교이므로 교육을 논할 수 없다고 주장을 하는 교육학자가 있다면, 과연 자신의 주장이 옳은지 잘 생각해 볼 필요가 있다고 말하고 싶다.

지금은 21세기이다. 학교를 중심으로 하는 교육 현상만을 다루는 교육이론이 최상인 시대는 아니다. 겸허하게 서로 배울 것은 배우는 '열린 교육'을 지표로 삼아야 할 필요가 있는 시대이다. 서구적인 종교의 개념으로 불교를 바라보면서, 종교이기 때문에 불교에서는 교육을 논해서는 안 된다고 하는 사람이 있다면 지금 당장 그런 구태의연한 생각을 버리길 바란다. 결론적으로 말하겠다. 깨달음으로 자기를 완성하고 중생을 이롭게 하는 불교는 교육적 가치가 크므로 이 세상에서 최상의 교육이론이 될 수 있다는 것을 밝혀두고자 한다.

3) 부처님의 위대한 교육방법의 한 예; 앙굴리말라의 교화

부처님의 가르침은 전도 선언 이후 인도 전역으로 전파됨으로써 수많은 사람들의 출가와 더불어 부처님에게 귀의하는 재가불자들도 많이 늘어나게 된다. 이것은 그만큼 당시 사람들에게 부처님의 가르침이 큰 영향을 끼쳤다는 의미이다. 교육적 시각에서 보면 부처님의 가르침을 듣고 이전과는 다른 인간으로 변화했다는 의미, 즉 교육적 효과가 컸다는 의미로 해석된다.

이와 같이 과거와는 다른 인간으로 변화한 사람으로는 출가 제자들 가운데 특히 인상이 깊은 제자가 있었으니 그는 바로 앙굴리말라이다. 앙굴리말라는 100명의 사람을 죽이라는 스승의 꾐에 넘어가 99명의 사람을 죽였는데, 마지막으로 100명째 되는 나머지 한 사람을 죽이기 위해 길을 나섰다가 부처님을 만나 부처님의 위신력과 가르침의 덕화에 의해서 출가를 하게 된다.

앙굴리말라의 불교로의 귀의와 출가는 교육적 측면에서 볼 때 매우 큰 의의를 갖는다고 할 수 있다. 왜냐하면 앙굴리말라가 부처님으로부터 가르침을 듣고 과거에 사람을 죽인 죄를 참회한 후 불교적 인격으로 다시 태어나서 새로운 사람으로 되었기 때문이다. 불자들이 애송愛誦하는 『천수경』에는 다음과 같은 구절이 있다. "백겁적집죄百劫積集罪, 일념돈탕진一念頓蕩盡 여화분고초如火焚枯草 멸진무유여滅盡無有餘 죄

무자성종심기罪無自性從心起 심약멸시죄역망心若滅時罪亦亡 죄망심멸
양구공罪亡心滅兩具空 시즉명위진참회是即名爲眞懺悔(백겁으로 쌓은 죄
가 있더라도 일념으로 단번에 다하게 되니, 마른 풀이 불붙어 다 소멸되어
없어지는 것과 같다네. 죄는 자성이 없이 마음 따라 일어나는데, 마음이 멸할
때 죄 역시 사라지네. 죄가 사라지고 마음이 멸하여 양쪽 모두 공하니, 이것을
일러 참된 참회라 한다네)."

불교가 여타 종교의 가르침과 다른 점은, 『천수경』에 나타나 있듯이
마음이 변화하면 과거에 잘못을 지었더라도 다 소멸되고 진정한 참회
가 이루어진다는 데에서 여실히 드러난다. 그러나 『천수경』의 '참회게'
에서 전하는 이 구절의 의미는 죄를 많이 지었는데도 참회했다고
당장에 죄가 전부 소멸된다는 것은 아니라고 본다. 오히려 사참事懺에
의해 진정한 참회인 이참理懺이 됨으로써 결국에는 어느 시점에 죄가
소멸되는 것이라고 해석하고자 한다. 그런데 아무리 그렇다고 하더라
도 사람을 99명을 죽인 사람을 자비로 교화하고 섭수攝受한다는 것은
그리 쉬운 일이 아닐 것이다. 이러한 자비행은 오직 부처님만이 가능하
다고 할 수 있다. 그래서 부처님을 이 세상에서 찾아볼 수 없는 위대한
성인聖人이라고 말하는 것이다.

부처님이 앙굴리말라를 교화한 것은 부처님만이 지니고 있는 교육방
법에서 비롯한다. 부처님은 사람들을 교화할 때 언설로써 교화했을
뿐만 아니라 자태에서 우러나오는 모습으로, 즉 위의威儀로써도 교화
했고, 또한 응답할 만한 것이 아니면 무응답無應答, 즉 사치기捨置記로
써도 교화하였다. 부처님의 이와 같은 교육방법에는 한 가지 원칙이
있는데, 그것은 앞에서도 언급했던 '대기對機'에 의한 교육방법이다.

부처님은 앙굴리말라에게는 그에게 가장 합당한 교육방법으로, 즉 처음에는 위의로써, 그 다음에는 언설言說로써 교육(또는 教化)하는 방법을 취하였던 것이다.

6. 불교의 교육과정은 무엇이고, 그 의의는 무엇인가?

교육과정이란 무엇인가? 크게 볼 때는 국가의 한국교육과정평가원에서 초·중·고등학교의 교육에 관한 계획을 수립하고, 그리고 이와 같이 계획한 교육계획안을 초·중·고등학교의 교육 현장에서 실시하며, 또한 실시한 결과에 대해 평가를 하고, 다시 이들 결과를 교육에 반영하는 등의 일련의 과정을 우리는 교육과정이라고 말할 수 있다. 작게 볼 때는 학교라든지 교육이 이루어지고 있는 곳에서 학생들을 위해 교육을 계획하고 실천하는 것을 교육과정이라고 말할 수 있다. 그러므로 교육과정은 규모가 크든 작든 교육이 이루어지는 곳에서는 교육과정이 이루어지고 있다고 할 수 있다. 그런 점에서 불교의 경우에도 스승과 제자 사이에 부처님의 가르침이 교수教授·학습學習(가르쳐지고 학습)됨으로써 교육과정이 이루어지고 있는 것은 분명한 사실이다. 가르치는 사람으로서의 스승인 출가 비구·비구니(阿闍梨) 등이 있고, 가르침을 받는 대상으로서 출가 비구·비구니와 재가불자 등이 있으며, 교육내용으로서의 부처님의 말씀이 있고, 또한 교육목적인 깨달음이 있다는 점에서 불교의 교육과정은 성립하게 된다.

　그런데 교육과정은, 교육과정에 대해 크게 볼 때나 작게 볼 때나 어느 누가 보더라도 쉬운 것 같지만 사실은 학문적으로 교육과정의 이면裏面을 살펴보면 서구 역사상으로 나타난 지식론, 인식론, 세계관 등에 따라 교육을 바라보는 시각과 교육관이 다르게 나타나므로 이에 대해 명확한 이해를 하고 규명을 하는 것이 결코 만만치 않다. 현대 교육학의 교육과정 이론에 따르면 교육과정은 경험적이고 분석적인 교육과정, 상황적이고 해석적인 교육과정, 그리고 비판적 교육과정 등 세 가지로 구분하고 있는데, 이들을 살펴보면 다음과 같다.[4]

첫 번째, 경험적이고 분석적인 교육과정은 세계관의 경우 지적이고 기술적인 통제에 의해 세계를 이해하고 있고, 흥미와 관련해서는 효용성과 확실성과 예측 가능성 등에 흥미를 가지고 있으며, 지식론의 경우에는 사실과 인과율에 중점을 두는 법칙적인 지식에 관심을 가지고 있고, 인식론의 경우에는 경험적 인식론에 중점을 둔다. 그리고 기능적이고 가설 귀납적인 방법에 중점을 두고 있다.

두 번째, 상황적이고 해석적인 교육과정은 세계관의 경우에는 인간이 사회와 커뮤니케이션을 하는 과정에 중점을 두고 있으며, 지식론의 경우에는 상황적 지식과 해석적 의미의 구조에 대한 지식을 강조하고 있고, 인식론의 경우에는 의미를 부여하는 것에 중점을 두며, 사람들의 행위의 동기, 진짜 경험들, 공통 의미를 명확히 함으로써 사람들과 대화하는 가운데 반응 코드를 부여하는 데 중점을 둔다.

세 번째, 비판적 교육과정은 세계관의 경우에는 사람들이 자아와 사회에 반응하는 데 중점을 두고 있으며, 분명히 암묵적인 가정들과 감춰진 가정들을 나타냄에 의해, 그리고 사람을 자유롭게 하기 위해 고안한 변혁의 과정을 전개함에 의해 인간이 처한 환경이나 조건들을 개선시키는 데 관심을 둔다. 지식론의 경우에는 규범적 지식으로서 인간과 사회의 환경과 조건들을 개선하기 위한 사상과 행동에 관한 지식에 중점을 둔다. 인식론은 사색과 행동으로 구성되는 비판적 인식이다. 사색하지 않는 국면들을 사색하게 하는 것에 중점을 둔다.

　이상에서 예로 든 현대 교육학의 교육과정 이론이 교육과정의 이론 전체를 대변한다고 말할 수는 없다, 대체적으로 볼 때 이와 같이 세 가지로 구분할 수 있다는 점이다. 여기에서 이와 같은 현대 교육학의 교육과정 이론을 예로 든 것은 불교의 교육과정은 이와 같은 현대 교육학의 교육과정 이론과는 그 성격이나 특성이 전혀 다른 교육과정에 속한다는 것을 주장하고자 하기 때문이다. 즉 불교 교육과정만이 가질 수 있는 특성을 지닌 교육과정이라는 것이다. 마음을 닦음으로써 깨달은 인간으로 형성하는 교육과정의 이론이 세계 어느 곳에서도 찾아볼 수 없기 때문이다. 필자의 이와 같은 주장은 앞으로 초기불교로부터 천태 교학에 이르기까지 역사적으로 경전과 문헌에 나타난 교육과정(인간 형성의 과정)을 살펴봄으로써 알게 될 것이다.

7. 불교 교육과정의 형태

현재 종립대학교 불교대학의 불교학의 경우를 대체적으로 살펴보면, 교학으로는 한국불교사, 중국불교사, 인도불교사, 반야사상, 중관학, 계율학, 아비달마, 유식학, 천태학, 정토학, 화엄학, 초기불교, 중국선사상, 밀교·티베트불교 등이, 응용으로는 불교생태학, 세계종교, 종교학개론, 범어입문, 빨리어 등이 교육과정으로 구성되어 있다.[5] 교과목이 이보다 더 많으나 생략하기로 한다.

불교의 교육과정, Buddhist Curriculum

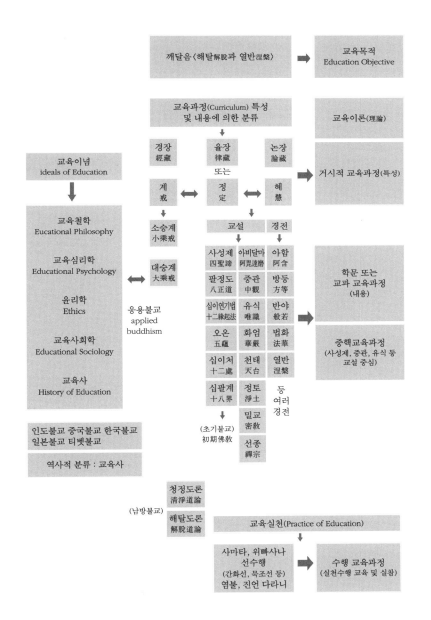

필자는 현재 불교대학의 교과목 등을 토대로 불교의 교육과정을 앞의 도표와 같이 구성하고자 한다. 이와 같은 불교의 교육과정 분류가 앞으로 서술하는, 역사적으로 경전과 문헌에 나타난 불교 교육과정의 전개에 대한 이해에 미력하나마 도움이 될 것이다.[6]

2장

불교의 교육원리

1. 초기불교의 교육: 불교교육의 시작 – 초전법륜과 교단 성립으로 인한 전법교화의 교육적 의의

이 장章에서는 부처님의 교육의 발자취를 살펴보도록 하겠다. 그렇게 함으로써 불교의 교육원리가 어떤 모습인가를 규명하고자 한다. 불교에서 교육의 중심은 부처님이다. 무슨 말인가 하면 부처님이 출가자뿐만 아니라 재가자를 상대로 한 설법내용과 설법방법 등이 교육내용이고 교육방법이라는 것이다.

부처님이 녹야원에서 교진여 등 다섯 비구들에게 처음으로 팔정도를 설법함으로써 불교교육은 성립하게 된다. 즉 최초로 공식적인 불교교육이 시작된 것이다. 가르침을 설하는 부처님(교사)과 가르침의 내용인 팔정도(교육내용), 가르치는 대상인 다섯 비구(학생)로서 불교교육의 효시가 이루어진다. 이후 바라나시 대부호 상인의 아들 야사의 출가 후 야사의 친구 네 명과 명문자제들 50명도 출가를 하게 됨으로써 제자가 60명이 된다. 이때 부처님은 유명한 '전도선언'을 하면서 제자들에게 전법을 하러 전도의 길로 떠나라고 한다. 이후 30명의 젊은이들이 출가를 하여 제자가 90명이 되고, 이어서 우루웰라 마을의 불을 섬기며 수행하는 깟사파 3형제가 추종자 1,000명과 함께 부처님 제자가 된다. 이어서 라자그하에서 사리뿟따와 목갈라나가 각각 그들의 무리 250명을 출가시키게 되는데, 이로써 1,250명의 교단이 성립하게 된다. 이때 비로소 불교교단으로서 규모를 갖추게 되는데, 이 과정에서 교육이 큰 힘으로 작용한다.

여기에서 불교교육이 일반 학교에서의 교육과 다른 모습을 가지고 있음을 본다. 일반 학교에서의 교육은 사회가 필요로 하는 지식의 함양과 지식인의 배출이 목적인 데 반해 불교에서의 교육은 전법과 교화에 의한 깨달음의 완성이 그 목적이기 때문이다. 그러므로 둘 사이에는 달라도 너무 다른 것이다. 우리는 이 점을 잘 알아야 한다. 하나는 학교교육에 속하고 나머지 하나는 종교교육에 속하기 때문이다. 세간에서의 교육과는 그 성격이 다른 부처님의 전도선언으로 인해 당시 출가대중들은 전법 교화활동을 떠나게 되고, 이로써 불교의 가르침은 인도 전역으로 확산되기 시작한다. 설법을 통해서. 달리 표현하면 교육을 통해서.

불교의 인도 전역으로의 확산은 바라문 중심의 인도 사회에 충격으로 와 닿게 된다. 사람들은 불교에 귀의함으로써 출가승으로서, 재가불자로서 인격의 변화를 경험하게 된다. 부처님의 가르침과 수행을 통해 불교적 인간으로 형성되고, 아라한과를 얻고 깨달음에 도달하는 출가자가 있게 되기도 한다.

2. 초기불교 교단의 교육

그러면 초기불교 교단에서 실제적으로 교육이 어떤 모습으로 이루어졌는지 살펴보도록 하겠다. 현재 우리나라를 비롯한 중국, 일본 등 교단에서 전통적으로 내려오는 승가교육의 모습이 언제 어떻게 해서 시작되었는가, 그 원천源泉을 살펴보는 것도 필요한 것이라고 본다. 구체적으로 말하면, 초기불교 교단은 어떻게 출발하여 형성되었으며, 그 과정에서 화상은 왜 필요하였고, 스승인 화상과 제자 사이에 교육은 어떻게 이루어졌으며, 또한 초기불교 교단 형성에서 계율은 어떤 역할을 하였고 그 교육적 의의는 무엇인지 등에 대해 살펴보기로 하겠다.

1) 초기불교 교단의 공동체 형성시 교육적 배경

이미 앞의 내용에서 기술했듯이 교사, 학생, 교육내용 등 세 가지는 교육에서 교육을 말할 때 빠지지 않고 등장하는 요소이다. 교육은 이와 같은 3요소, 즉 가르치는 자인 교사와 그 대상인 학생, 그리고 가르칠 내용인 교육내용[교재 등을 포함한다] 등 세 가지의 상호작용에 의해 나타나는 현상이라고 하겠다. 그러므로 초기불교 교단에서는 본질적으로 교사인 부처님과 학생인 교단에 들어온 비구·비구니 등, 그리고 교육내용인 부처님이 가르친 교설(doctrine) 등 세 가지의 상호작용에 의해 교육이 형성되고 발전되어 온 것이다.

이미 언급했듯이, 부처님이 성도 후 녹야원이 있는 베나레스에서 꼰다냐(Kondañña) 등 다섯 비구에게 사성제四聖諦를 설한 것은 공식적으로 최초의 불교교육의 성립이 된다.

꼰다냐 등 다섯 비구의 교육에서는 부처님이 사성제를 교육내용으로 가르쳤다고 문헌에는 나타나 있으나, 이후 교단에 들어오는 사람들의 모습에는 교육내용이 묘사되어 있지 않고 교육의 세 가지 요소 가운데 하나인 학생의 출신 및 종교적 배경과 출가 이유 등 학생의 유형에 대해서 묘사되어 있다.

교육에서 교육의 대상인 학생은 매우 중요한 의미를 갖는다. 왜냐하면 학생의 심리나 가정환경, 선수학습 경험 등에 대한 파악은 교사의 교육 실천 시 효율적인 교육을 위해 반드시 필요하기 때문이다. 율장律藏에서도 화상보다 제자에 관한 법을 먼저 설하고 있는 점을 보더라도 제자, 즉 학생이 교육에서 차지하는 비중이 매우 크다는 점을 알 수 있는 것이다. 그러므로 이 글에서 그 예를 전부 다 묘사할 수는 없지만 출가 이전 학생의 출신 및 종교적 배경 등에 대해 약간이나마 묘사해 보는 것은 교육의 측면에서는 너무나도 당연한 일일 것이다.

또한 위자야라트나의 저서 『불교교단의 생활』[7]에 나타난 내용을 토대로 이에 대해 살펴보도록 한다. 부유한 젊은이인 야사(Yasa)와 그의 친구들 몇 명과 다른 집단의 젊은 사람들도 부처님의 제자가 되기 위해 교단에 가입하였다. 또한 불을 숭배하는 실천 수행을 하던 카사파 형제, 즉 우루벨라 카사파·가야카사파·나디 카사파 등이 불을 숭배하는 수행을 포기한 후 부처님의 교단에 들어왔으며, 브라만 출신인 피팔리 마나바(Pippali-Mānava, 마하가섭)와 그의 부인인 밧다

까삘라니(Bhaddā-Kapilānī)는 다른 종교의 구성원이었다가 부처님의 교단에 들어와 출가하여 이후 아라한이 되었다. 그리고 매우 부유한 집안의 젊은 여성 밧다 꾼달라께사(Bhaddā-Kuṇḍalakesā)는 불행한 결혼생활 이후 니간타의 자이나교에 귀의했다가 사리풋타 장로와의 논쟁에서 패배한 후 불교에 귀의하여 출가하여 교단의 구성원이 되었다. 또 한 명의 여성으로는 난두따라(Nanduttarā)로서 브라만 여성이었던 그녀는 자이나교도였다가 목갈라나(목련) 장로의 법문을 듣고 불교에 귀의하여 출가해 교단의 구성원이 되었다. 그리고 바짜곳따(Vacchagotta)는 사리풋따와 목갈라나처럼 유명한 탁발 수행자였었는데, 부처님에게 출가 후 위대한 제자가 된다. 그밖의 제자들의 출가 배경에 대해서는 생략하기로 한다.

2) 부처님의 인격과 설법에 감화를 받고 출가한 사람들

경전에 따르면 부처님은 교단 형성이 되기까지 수많은 사람들을 그의 인격과 설법으로 출가를 하게 하였다고 한다. 부처님은 품위가 있고, 신사다우며, 항상 좋은 마음과 에너지로 충만하며 항상 웃는 인격자였다. 그는 행복을 가져오는 분이었고, 평화롭게 살고, 감각으로 인한 영향을 받지 않아 고요하며, 최상으로 자신을 정복한 자였다. 우루벨라 까사파의 제자들은 부처님을 '진실로 멋있고 위대한 수행자'라고 말하였다. 그리고 학식 있는 브라만인 박칼리(Vakkali)는 부처님의 매력에 마음이 움직여 오랫동안 부처님을 따랐으며 마침내 출가하여 부처님의 제자가 되었다고 한다. 그는 출가하여 승려가 된 이후에도 부처님의 가르침에 집중하기보다 부처님의 모습을 바라보는 것을 멈추지 않았다고 한다. 그래서 전하는 바에 따르면 당시 다른 종교 수행자들은 자신의 제자들이 부처님을 뵙기 위해 방문하는 것을 허락하지 않았다고 한다. 한 예로 니간타 낫타풋타의 열렬한 제자 우빨리가 종교적인 논쟁을 하기 위해 부처님을 만나보기 위해 가려고 하였으나, 니간타 낫타풋타의 다른 제자인 디가따빠시(Dīghatapassi)는 그의 스승에게 "당신의 헌신적인 제자 우빨리가 수행자 고타마의 가까이에 가는 것을 허락해서는 안 됩니다. 고타마는 사기꾼입니다. 그는 다른 종교의 제자들을 매혹시키는 매력을 가지고 있습니다."라고 말하였다고 전한다.

부처님이 사람들에게 신체적 모습으로 마법을 거는 것 같다고 하는 묘사도 있다. 사케타라는 도시의 상인 가족의 젊은 딸인 수자타(Sujātā)는 축제에 갔다가 집으로 돌아오는 길에 부처님을 보게 되었다. 그녀는 부처님의 신사답고 상냥한 분위기에 감화를 받아서 출가하였다. 칸다파조타 왕의 장관인 까차아나(Kaccāna)는 우자인(Ujjain)으로 부처님을 모시러 왔으나 부처님을 보자마자 그는 자신의 임무를 잊어버리고 출가를 결심하게 되었다. 라자가하(Rājagaha) 상인 가족의 아들 순다라사무다(Sundara-Samudda)는 부처님의 모습을 보고 기쁜 나머지 승려가 되기로 결심하였다. 부처님의 사람을 끌어당기는 힘은 라자가하의 부유한 젊은 여성 시갈라 마타(Sigāla-Mātā)에게 영향을 주었는데, 그녀는 남편의 허락을 받고 출가하여 승가 공동체의 일원이 되었다. 부처님의 위의威儀를 뵙고 출가를 하거나 법문을 듣고 출가한 예는 그밖에도 많으나 그만 생략하기로 하겠다.

이와 같이 부처님의 외관상 모습인 위의에서 영향을 받아, 그리고 부처님의 설법을 듣고 출가한 내용은 우리에게 부처님이 얼마나 위대한 인격자였고 사람의 마음을 감화시켜 움직이는 법문을 하셨는가를 잘 알 수 있게 한다. 그러므로 부처님은 위대한 인격자이고 하늘과 인간의 스승이라고 하겠다.

3) 화상과 제자와의 관계

① 화상이 있게 된 배경

부처님의 모습이나 설법에 감화를 받고 출가한 사람들은 승가 공동체인 교단에서 승가 공동체의 구성원, 즉 비구·비구니가 되기 위해서 반드시 밟아야만 하는 과정이 있었다. 교단에 들어오기 위한 후보자는 누구나 예비 훈련과정을 부여하는 화상(和尙, upajjhāya)의 지도하에 행자로서 지내는 과정을 보내야만 하였다. 이미 앞에서 승가 공동체에 들어오는 제자들의 출신 배경이 의미를 갖는다고 논했듯이, 다른 종교의 구성원이었던 행자와 나이가 지긋한 사람의 경우에는 행자 기간에 들어가기 이전에 특별한 훈련이나 관찰 기간이 요구되었다.

　행자가 일단 승가 공동체에 들어오면 적절한 처신과 교단의 규율 및 관습으로 그를 지도할 화상和尙이 필요하였다. 그러므로 화상은 항상 곁에서 행자의 일거수일투족을 지도·감독하는 지도교사와 같은 역할을 했다고 볼 수 있는 것이다. 그러나 교단의 초창기에는 화상이 신참 행자를 위해 할 수 있는 것은 없었다고 한다. 『마하박가(Mahā-vagga, 大品)』에 따르면, 일부 제자들의 경우 비난을 받을 만한 행동을 하였다고 한다. 당시 사람들이 이에 대해 불평하는 모습을 다음과 같이 묘사하고 있다.

"석종자釋種子, 즉 석가모니 부처님의 제자인 이 비구들을 보라! 그들은 정확하게 가사를 입지 않으며, 그들은 수다를 떨고, 웃으면서 마을을 지나간다. 그들은 식사시간에 매우 큰소리로 떠드는 브라만처럼 식당에서 말한다."[8]

같은 『마하박가』에 보면 더 자세하게 다음과 같이 묘사하고 있다.

"그때 비구들은 화상도 없이 타이름을 받지도 않고, 교육을 받지도 않고, 바른 모습으로 옷을 입지도 않고, 바르게 가사를 걸치지도 않으며, 적합하게 옷을 차려 입지 않고서 보시물을 위해 다니고 있었다. 사람들이 음식을 먹고 있는 동안, 비구들은 남아 있는 음식을 위해 부드러운 음식 위에 발우를 가까이 두게 하였으며, 또한 비구들은 남아 있는 음식을 위해 딱딱한 음식을 위해 발우를 가까이 두게 하였고, 또한 비구들은 맛있고 향기 나는 음식을 위해 음료 위에 발우를 가까이 두게 하였으며, 또한 커리와 끓인 쌀죽을 요청해 그것을 먹었는데, 식당에서 큰소리로 떠들곤 하였다."[9]

이 사람들의 소문을 들은 비구들 가운데 교육에 만족하고, 성실하며, 행동거지를 조심하고, 단정한 모습의 비구들은 "이 비구들이 어떻게 적합하게 옷을 차려입지 않고서 보시물을 위해 다니고……, 그리고 식당에서 큰소리로 떠들 수 있다는 말인가?"라고 말하면서, 이 문제를 부처님에게 말씀드렸다. 그러므로 교단에서는 옷도 단정하게 입지 않으며, 마을에서든 식당에서든 어느 곳에서나 마음대로 행동하는 비구들을 규제하는 대책이 필요하였다. 부처님은 이런 경우와 관련하여 교단 내 회의를 소집하고 비구들에게 다음과 같이 질문하였다.

"비구들이 적합하게 옷을 차려입지 않고서 보시물을 위해 다니고……, 그리고 식당에서 큰소리로 떠들었다고 말하는데 그것이 사실인가?" (부처님의 질문에 대해 비구들은) "그것은 사실입니다.(라고 대답한다)"[10]

그러자 부처님은 이들 비구들을 꾸짖으며, "어리석은 비구들이여, 그것은 올바르지 않다. 그것은 알맞지 않으며, 그것은 적절하지 않고, 출가 수행자에게 가치 없는 일이며, 그것은 허락될 수 없고, 그것은 행해져서는 안 된다. …… 비구들이여. 어떻게 어리석게 적합하게 옷을 차려입지 않고서 보시물을 위해 다니고 …… 그리고 식당에서 큰소리로 떠들 수 있다는 말인가?"라고 말씀하신다.[11] 그리고는 부처님은 이들 비구들을 꾸짖으시면서, 많은 사람들이 큰 욕망으로, 만족감의 결여로, 장애에 집착함으로 자신을 지탱하고 유지하는 일에 어려움을 겪고 있음을 비난하고, 〔반대로〕 많은 사람들이 욕망이 적고, 만족하며, 죄를 씻고, 세심하며, 상냥하고, 장애를 줄이며, 힘을 냄으로써 자신을 지탱하고 유지하는 일에 쉬워함을 칭찬하면서, 무엇이 적합하고, 무엇이 어울리는 것인지에 대해 합리적으로 말씀하셨다.[12] 그리고 부처님은 비구들에게 다음과 같이 말씀하셨다.

"비구들이여, 나는 화상을 허락한다. 비구들이여, 화상은 아들의 마음으로[아들이라고 생각하고] 그의 방을 함께 공유하는 사람에게 관심을 불러 일으켜야 한다. 그의 방을 함께 공유하는 사람은 화상을 아버지의 마음으로[아버지라고 생각하고] 관심을 가져야 한다. 이처럼 서로를 향해 존경심으로, 경의로, 공손하게 사는 이들은 이 법과 질서의 측면에서 성장하고 증가하며 성숙하게 될 것이다."[13]

이것이 초기불교 교단에서 화상和尙 제도가 정해진 배경이라고 하겠다.

②화상과 제자의 상호 의무: 사제동행師弟同行

부처님은 화상과 제자 사이의 상호 의무에 대해서, 화상의 경우 새로 교단에 들어온 신참 비구를 아들과 같이 생각하여 관심을 기울여야 하고, 신참인 행자는 화상을 아버지와 같은 마음으로 관심을 기울여야 한다고 말씀하신다. 그러면서 부처님은 화상은 신참인 행자에 의해 다음과 같이 선택된다고 말씀하신다.

"이와 같이. 비구들이여, 화상은 선택되어져야 한다. 한쪽 어깨 위에 가사를 걸치고, 그의 발걸음을 명예롭게 하며, 호궤하여 엉덩이로 앉고, 합장하며 예를 다하고, 신참인 행자는 화상에게 이와 같이 말해야 한다. '존경하는 스승이시여. 나의 화상이 되어 주십시오. 존경하는 스승이시여. 나의 화상이 되어 주십시오. 존경하는 스승이시여. 나의 화상이 되어 주십시오.' 화상이 '매우 좋다.' 또는 '알았다.' 또는 '그것은 맞다.' 또는 그것을 좋게 하라.' 그리고 이것을 제스처에 의해 이해한다면, 이것을 말에 의해 이해한다면, 이것을 제스처와 말에 의해 이해한다면 화상은 선택된 것이다."[14]

그러나 부처님은 화상이 선택되어지지 않는 경우에 대해서 다음과 같이 말씀하신다.

"만약 그가 이것을 제스처에 의해 이해하지 않는다면, 만약 그가 이것을 말에 의해 이해하지 않는다면, 만약 그가 이것을 제스처와 말에 의해 이해하지 않는다면 화상은 선택되지 않은 것이다."[15]

이처럼 화상과 제자 사이에 스승과 제자의 관계로 된 다음에는 제자는 화상을 섬겨야만 했다. 『마하박가』는 제자가 화상을 대하는 법, 즉 제자로서의 의무부터 묘사하고 있다.

몇 가지만 예[16]를 들어 보자. 즉 제자는 화상과 같은 방을 쓰는 자로서 화상을 상대하여 적합하게 행동해야 한다. 이것은 올바른 행동이다. 즉 그는 아침에 일찍 일어나서, 신발을 벗어 놓으며, 한쪽 어깨 위에 걸칠 가사를 정돈하고, 나무로 된 칫솔을 준비해야 하며, 이빨을 닦을 물도 준비해야 하고, 앉을 자리도 준비해야 한다.

만약 발우를 씻는 그릇[콘제이(conjey)라고 되어 있음. 이것은 아마 개숫물 통이 아닌가 생각된다]이 있다면, 이것은 화상 가까이에 둬야 한다. 화상에게 물을 주고, 발우를 받게 한 후, 발우를 씻을 때 발우 안의 물방울들이 가사 위에 쏟아지지 않도록 하며, 발우를 문지르지 않고 적절하게 씻도록 하는데, 화상이 그릇에 있는 발우 씻은 물을 마셨을 때 그것은 치워져 있어야 한다. 화상이 일어났을 때 자리는 치워져 있어야 한다. 만약 그곳이 더럽혀져 있다면 그곳은 깨끗하게 닦여져 있어야 한다.

만약 화상이 마을에 가려고 한다면 그의 내의[*nivāsana*; *nivāseti*로 상징되는 것을 입고 있는 *antaravāsaka*의 다른 말이다]를 화상에게 주어야 하고, 답례로 그가 입은 옷은 화상으로부터 받아야 하며,[17] 외투[18][거들은 서양식 표현이다]는 둘 또는 네 개로 접혀져 화상에게 주어야 하고, 외부용의 가사도 그에게 주어야만 했다. 물기가 있는 발우는 그것을 씻은 후에 화상에게 주어야 했다. 또한 제자는 화상으로부터 너무 멀리 떨어져 걸어서도 안 되고, 너무 가까이 걸어서도 안 된다. 그는 발우와 그것의 내용물들을 받아야 한다.

화상이 말을 하고 있을 때 끼어들어서는 안 된다. 그러나 화상이 위반하는 행동에 가깝다면 그때 말을 걸면서 화상에게 경고해야 한다.

만약 화상이 돌아오고 있을 때 [방을 같이 쓰는] 제자는 처음에 했던 것처럼, 즉 발 씻을 물과 발판 등을 준비해야 한다. 화상을 만나게 되면 제자는 그의 발우와 가사를 받아야 하며, 화상은 답례로 주었던 내의[가사]를 [제자에게] 본래대로 주어야 하고, 제자는 그의 내의[가사]를 받아야 한다.

만약 가사가 땀을 흘려서 불쾌할 정도로 축축해졌다면, 제자는 가사를 햇볕에 짧은 시간 동안 말려야 하지만 가사를 햇볕의 따뜻한 상태에 내버려 놓아서는 안 된다. 그는 가사를 개야 한다. 가사의 모서리들을 네 손가락 너비로 맞추면서 가사를 갤 때, 제자는 도중에 주름이 있게 해서는 안 된다.[19] 제자는 조심하면서 가사를 개야 한다.

외투는 개어서 두어야 한다.

만약 보시물이 오게 되어 화상이 먹기를 바란다면, 그에게 물을 주고, 보시물은 그의 가까이에 두어야 한다. 제자는 화상에게 물을 마실 것을 요청해야 한다. 그가 공양을 마쳤을 때, 〔제자는〕 화상에게 물을 주고, 발우를 받게 하며, 발우를 씻을 때 발우 안의 물방울들이 가사 위에 쏟아지지 않도록 하고, 문지르지 않고 적절하게 씻도록 하며, 물을 완전히 비우게 하는데, 제자는 발우를 햇볕에 짧은 시간동안 말려야 하지만 그것을 햇볕의 따뜻한 상태에 내버려 놓아서는 안 된다.

이제부터는 화상이 제자를 대하는 법, 즉 화상의 의무를 살펴보기로 한다. 부처님은 다음과 같이 말씀하신다. 화상은 자신과 방을 같이 사용하는 사람〔제자〕을 향하여 올바르게 행동해야 한다. 그런 점에서 이것은 올바른 행동이다. 방을 같이 사용하는 사람〔제자〕은 촉진돼야 한다. 그는 암송, 의문 나는 일, 훈계, 교육 등에 관한 한 화상의 도움을 받아야 한다.

만약 화상을 위한 발우만 있고, 화상과 방을 같이 사용하는 사람〔제자〕을 위한 발우가 없다면, 화상은 같이 방을 사용하는 사람〔제자〕에게 발우를 주거나, 화상은 '어떻게 하면 나와 같이 방을 사용하는 사람〔제자〕을 위해 발우를 입수할 수 있는가?' 또한 만약 화상만을 위한 가사가 있다면……, 만약 화상만을 위한 생활필수품이 있다면 '어떻게 나와 같이 방을 사용하는 사람〔제자〕을 위해 생활필수품을 입수할 수 있는가?'라고 생각하는 노력을 해야 한다.

만약 방을 같이 사용하는 사람[제자]이 병이 나면, 일찍 일어나서 화상은 나무로 된 칫솔을 준비해야 하며, 이빨을 닦을 물도 준비해야 하고, 앉을 자리도 준비해야 한다. 만약 발우를 씻는 그릇이 있다면, 이 그릇은 방을 같이 사용하는 제자 가까이에 둬야 한다. 제자에게 물을 주고, 발우를 받게 한 후, 발우를 씻을 때 발우 안의 물방울들이 가사 위에 쏟아지지 않도록 하며, 발우를 문지르지 않고 적절하게 씻도록 하는데, 제자가 그릇에 있는 발우 씻은 물을 마셨을 때, 그것은 치워져야 한다.

만약 방을 같이 사용하는 사람[제자]이 마을에 가려고 한다면……화상은 물기가 있는 발우를 씻어서 그에게 주어야 한다. '제자가 지금 돌아온다.'고 생각되면, 화상은 발 씻을 물과 발판 등을 준비해야 한다. 방을 같이 사용하는 제자가 어떤 주처住處에 머물러 있든지, 주처가 더럽혀져 있다면 화상은 그렇게 할 수 있다면 주처를 깨끗하게 해야 한다…….

만약 방을 같이 사용하는 사람[제자]의 가사가 세탁돼야 한다면, 화상은 "이처럼 너는 가사를 빨아야 한다."라고 말하며 설명하거나, '어떻게 하면 나와 방을 같이 사용하는 사람[제자]의 가사가 세탁될 수 있는가?'라고 생각하는 노력을 보여야 한다.

만약 방을 같이 사용하는 사람[제자]이 가사의 천을 만들어야 한다면, 화상은 "이처럼 너는 가사의 천을 만들어야 한다."라고 말하거나, "어떻게 하면 나와 방을 같이 사용하는 사람[제자]이 가사의 천을 [만들 수 있는가?]라고 생각하는 노력을 보여야 한다."]…… "이처럼 너는 그것을 끓여야 한다." 또는 "어떻게 하면 염료를 나와 방을 같이

사용하는 사람〔제자〕을 위해 끓일 수 있는가?" 만약 방을 같이 사용하는
사람〔제자〕의 가사가 염색되어야 한다면 "이처럼 너는 그것을 염색해야
한다." 또는 "어떻게 하면 나와 방을 같이 사용하는 사람〔제자〕이 가사를
염색할 수 있는가?" 그가 가사를 염색하고 있을 때, 그는 가사를 계속
되풀이하면서 적절하게 염색해야 하며, 물방울들이 그치지 않았다면
내버려 놓고 가서는 안 된다.

　방을 같이 사용하는 사람〔제자〕이 병이 난다면, 화상은 생명이 지속
하는 한 제자를 간호해야 한다. 화상은 제자가 회복할 때까지 기다려야
한다.[20]

　그러나 실제로 화상과 제자가 항상 상호 공경함과 존중함으로써
의무를 다했던 것은 아니다. 『쭐라와가(CULLAVAGGA)』에서 보면 다
음과 같은 내용이 묘사되어 있다.

"그때에 방을 같이 사용하는 사람들〔제자들〕이 그들의 화상들에게
올바르게 행동하지 않았다. 아주 단정한 비구들은…… 이 소문을
듣고 '어떻게 방을 같이 사용하는 이들이 그들의 화상들에게 올바르
게 행동하지 않는단 말인가?'라고 말했다.
그때 이 비구들은 부처님에게 이 사실을 말하였다. 그러자 부처님은
'비구들이여, 말한 것처럼 방을 같이 사용하는 이들이 그들의 화상
들에게 올바르게 행동하지 않는다는 것이 사실인가?' '부처님이시
여. 그것은 사실입니다.' 깨달으신 분인 부처님은 이치에 맞게
그들을 꾸짖으면서 말씀하셨다. '비구들이여, 그러면 나는 화상들
과 방을 같이 사용하는 사람들〔제자들〕을 위해 준수해야 할 규칙들을

세울 것이고, 이러한 규칙들은 화상들과 방을 같이 사용하는 사람들
에 의해 준수되어야 한다.'"[21]

그러면서 부처님은 제자가 화상을 모시는 법을 말씀하고 계시는데,
이 내용은 앞에서 살펴 본 『마하박가』의 내용과 거의 같다.[22] 이에
대해서는 생략하기로 한다.

또한 부처님은 55개의 아이템과 14개의 준수사항들을 말하고 있는
데, 그 가운데 몇 가지만 소개하면 다음과 같다.

"발우와 가사를 가지런히 두고, 신발은 물 뿌려서 닦고, 축축한
옷은 말려야 한다. 선배로서 새롭게 구족계를 받은 이는 거주지를
배정받아야 하는지 여부를 물어야 한다. …… 더럽혀진 땅은 〔그
더러움이〕 제거되어야 한다. …… 마시고 씻기 위하고 헹구기 위한
물은 물 주전자 안으로……"[23]

부처님이 제시하는 화상과 같이 방을 사용하는 제자가 준수해야만
하는 규칙들을 여기서 전부 다 소개하지 못했으나, 이것을 보면 이제까
지 앞에서 열거한 제자들이 화상을 모시면서 해야만 하는 의무사항들
과 대동소이한 것으로 볼 수 있다.

이상과 같이 화상과 제자는 상호 의무의 관계로 동행同行하면서
제자는 계를 받고 선정과 지혜를 닦는 법을 차츰 배워나갔다. 그러므로
제자의 인격형성과 수행에서 화상이 차지하는 몫이 크다고 하겠다.

불교가 동아시아 중국에 전래한 이후 선종의 조계 선풍이 사자상승師

資相承으로 전해 내려오는 과정을 봐도 화상인 스승이 제자의 인격과 수행에 끼친 영향은 매우 컸음을 알 수 있다. 이런 점에서도 화상과 제자 사이에 교육적 의의가 있다고 하겠다.

4) 제자〔행자〕의 교육내용: 계율과 그 교육적 의의

신참 행자들은 교단 내에서 공동생활을 하면서 오직 열 가지 규칙들을 준수해야만 했다. 이것은 현대사회에서 회사에 처음 입사한 사람이나 또는 학교에 처음 입학한 사람 등이 신입으로서 지켜야 하는 것들을 준수해야 하는 것과 동일한 것이었다. 사실 이들 열 가지 규칙들은 정확히 말하면 규칙이나 계명이 아니라 계율〔sikkhāpada〕이었다. 이 계율들의 목적은, 비록 아직 교단의 정식 구성원들이 되지 않았지만, 정식 구성원들의 문하생들로서 자체의 삶을 공유할 권리를 가진 행자들이 훈련하는 데 도움을 주는 것이었다.[24] 음식, 의복, 다른 생활필수품 등 물질적인 수준에 있어서 정식 비구들과 신참 행자들 사이에는 그다지 차이점이 없었다. 일반 재가신도들의 눈에 신참행자는 화상과 다를 바 없었다.

그러나 신참 행자들과 비구니가 되기를 희망하는 여성 지원자들의 경우, 그들이 완전히 구족계를 받을 때까지 교단의 공식적인 회의나 그 법적인 행동에 참여하는 일은 허락되지 않았다.[25]

그 후 이들은 율장(Vinaya)의 규칙들과 계율들을 준수해야만 했는데, 비구들과 비구니들이 준수해야만 하는 이러한 규칙들은 여덟 가지 다른 범주로 나누어진다. 비구·비구니가 지켜야 하는 계율들에 대해서는 논하지 않고, 여기서는 이러한 여덟 가지 범주들[26]을 소개하는 데서 그치겠다.

첫째, 이러한 계율들 중에서 가장 중요한 의미를 갖고 있는 것은 빠라지까(Pārājika, 波羅夷)라고 불리어지는 것인데, 이 경우 복권의 가능성이 전혀 없는 것이었다.

둘째, 상가디세사(Saṅghādisesa, 僧殘)라고 불리어지는 비범행(非梵行, 犯行)은 또한 중요한 것으로서 간주되었지만 그들만 벌이 수반하고 복권이 허용되었다. 즉 그들은 범행梵行을 범한 장본인의 복권을 위해 판단의 초기·벌이 시작할 때·끝 단계 등 세 가지 경우에 그런 목적을 위해 공식적으로 교단회의에 의해 판단되고 다루어졌다. 이런 범주에서의 비범행은 여자를 만지거나, 근거 없이 다른 비구들을 범행을 범한 혐의가 있다고 하거나, 규정에 묘사된 것보다 더 큰 방을 짓는 것과 그밖에 다른 것들이 포함된다.

셋째, 연루된 비범행을 판단하기 위해 교단은 증인으로 독실한 재가 여성 불자를 불러왔는데, 아니야타(Aniyata, 不定)라고 불리어지는 양 계율들은 오직 비구들에게만 적용할 수 있었다. 예를 들면, 만약 비구가 여성들과 함께 닫힌 문들 뒤에 홀로 남아 있었다면, 그의 비범행은 분명하지 않았을 것이다. 만약 그 비구가 그녀와 행해서는 절대로 안 되는 성적인 관계를 가졌다면, 그는 파기를 수반하는 비범행을 지었던 것이다. 만약 그가 그녀를 단지 만졌다면, 그는 교단의 공식적 회의에서의 판단을 요구하는 비범행을 지었던 것이다. 만약 그가 단지 그녀와 대화를 했다면, 그의 비범행은 단지 고백하는 것을 수반할 뿐이었다. 이런 종류는 판단이 어렵기 때문에 교단은 삼보에 헌신하는 것으로 잘 알려진 재가 여성들의 증언을 요구하였고, 게다가 혐의가 있는 비구의 진술은 결론이 나기 이전에 이루어졌던 것이다.

넷째, 니사기야 빠찌티야(Nissaggiya Pācittiya, 捨墮)라고 불리어지는 계율들은 적절하지 않게 획득되거나 받은 것에 대한 고백과 몰수가 요구되어지는 비범행과 관련된다.

다섯째, 소소한 비범행을 다룬 빠지티야(Pācittiya, 波逸提) 계율들은 오후에 음식을 먹는 일, 군대 퍼레이드를 본 일, 그리고 그밖의 일 등에 대한 고백만을 요구하고 있다.

여섯째, 빠티데사니야(Pāṭidesanīya, 波羅提提舍尼) 계율들은 고백되어져야 하고 용서받아야만 하는 비범행과 관련되는데, 특히 공양의 문제에 대한 것이었다. 빠티데사니야 계율 4에 따르면, 예를 들어 숲속에 홀로 사는 비구가 낯선 사람으로부터 받은 음식을 먹으면 안 되었다. 만약 그가 그렇게 한다면 그는 비구들 앞이나 교단 대중들 앞에서 "존귀하신 스님들이시어. 저는 비난받을 만하고 적절하지 않은 비범행을 지었습니다. 그래서 공개적으로 선언될 필요가 있습니다. 나는 이로써 그것을 고백합니다."라고 그의 비범행을 고백해야만 했던 것이다.

일곱째, 율장은 또한 매일 생활에서 좋은 행동을 하는 비구와 비구니들에 관련한 75개의 계율들을 포함한다. 그것들은 세끼야담마(Sekhiya dhammā, 衆學)라고 불리어지는데, 옷 입고, 음식을 먹으며, 걷고, 말하는 확실한 방법들을 묘사하고 있다. 예의 바른 제자가 구술한 예들은 "나는 정확하게 가사를 입는다."이거나, "나는 웃지 않고 마을을 걷는다."이거나, "나는 음식을 먹을 때 큰소리를 치지 않는다."이거나,

"나는 음식을 먹을 때 내 손을 살살 흔들지 않는다."이다. 이와 같은 계율들의 뒤에 숨은 의도는 개개인을 훈련시켜 잘 행동하도록 하게 하여 사회를 위한 좋은 행동의 본보기가 되게 하는 것이었다.

여덟째, 아디까라나 사마타(Adhikaraṇa samatha, 滅諍)는 법적 절차들과 관련된다. 이 절차들의 목적은 각 타입의 비범행과 관련된 논쟁들을 조정하는 것이다.

이상 여덟 가지 출가 비구·비구니가 교단에서 지켜야 할 계율들을 살펴봤는데, 이들 계율들은 비록 재가불자들이나 또는 일반 사람들에게 용어가 낯설고 내용이 어려울지라도 출가 비구·비구니에게 이러한 계율들은 선정과 지혜를 닦아나가는 데 반드시 필요한 교육내용이라고 하겠다. 달리 말해 이러한 계율들은 출가 비구와 비구니가 앞으로 닦아야 할 수행인 선정과 지혜의 수행의 바탕이 되는 도덕적 특성을 띤 교육내용이라고 할 수 있다. 도덕은 윤리와 거의 같은 의미로 이때 윤리란 '옳은' 또는 '그릇된', '좋은' 또는 '나쁜' 등을 판별하는 내용을 체계적으로 설명하는 것이라는 점에서 계율도 이러한 '옳고' '그릇된', 또한 '좋고' '나쁜'을 판단하는 기준이 되는 절대적 윤리의 내용을 담은 것이라고 할 수 있는 것이다.

이와 같이 출가 수행자는 계율을 범하지 않은 청정범행을 닦은 후에 비로소 선정과 지혜의 수행이 가능할 수 있었던 것이다. 현대적 측면에서 보면, 계율을 어기지 않고 지킨다는 것은 나쁜 습관을 좋은 습관으로 형성하는 의미를 지닌다.[27] 그러므로 계율은 초기불교 교단의 교육에 있어서 매우 중요한 기능과 함께 중요한 의미를 담지하고 있다고 하겠다.

5) 부처님의 교육방법

(1) 교수법教授法

경전에 보면 "여래가 세상에 출현한다면 응공應供, 정변지正徧知, 명행
족明行足, 선서善逝, 세간해世間解, 무상사無上師, 조어장부調御丈夫,
천인사天人師, 불佛, 세존世尊……"[28]이라고 설하고 있는데, 이때 스승
과 관련한 용어는 무상사, 천인사 등이다. 부처님은 하늘과 인간의
스승이라고 불릴 만큼 뛰어난 스승이기 때문에 그의 가르침을 청請하기
위해 방문하여 여러 가지 질문을 하는 외도外道들이나 제자들을 상대로
그만의 독특하고 뛰어난 교수법으로 교화하였다. 이러한 부처님의
교수법은 현대 교육이론에서도 찾아보기 힘든 교수법[29]이다. 그것은
위의교화威儀教化, 설법교화說法教化, 언교교화言教教化, 훈회교화訓
誨教化, 그리고 설법교화說法教化 때 문답법에서 사용한 방법인 일향기
一向記, 반힐기反詰記, 분별기分別記, 사치기捨置記 등의 교수방법이
있다. 외도들이나 제자들(출가·재가제자들)을 상대로 부처님이 교화를
위해 사용한 문답법은 이와 같은 교수법教授法들이었던 것이다.

① 위의교화威儀教化

이 교수법은 언어를 사용하지 않고 위엄 있는 모습으로 상대방에게
감화를 줌으로써 마음을 일깨워 주는 방법을 말한다. 이것은 말로써
가르치는 것에 못지않은 성과를 가져온다는 점에서 상호설법相好說法
이라고도 한다.[30] 부처님이 앙굴리말라를 교화할 때 사용한 방법도

위의교화에 속한다고 하겠다. 또한 녹야원의 최초 설법에서 다섯 비구가 부처님을 타락했다고 떠났다가, 이후 부처님이 다시 그들에게 접근하자 자신도 모르게 자리에서 일어나 경배敬拜한 것도 상호설법이 면서[31] 위의교화에 속한다고 하겠다.

② 설법교화說法敎化

이 교수법은 보통 사용하는 교화 방법으로서, 말로서 이루어지는 교화를 말한다. 운문韻文이나 산문散文, 또는 설화說話 등의 형태로 설법이 이루어지기도 한다.[32] 부처님의 전생담이나 여러 가지 비유의 말씀 등이 이에 속한다고 하겠다. 설법교화에는 다음 네 가지 방법이 있다.

(a) 일향기

일향기一向記는 상대방의 질문이 이치에 합당하고 적절할 때 질문을 그대로 인정하는 것을 말한다.[33] 『아비달마대비바사론』에서는 다음과 같이 설명한다.

"하나로 향向함을 나타내기 때문에 일향기一向記라는 것이다. 여래 는 응당히 정등각인가? 법은 선설善說인가, 승僧은 묘행妙行인가? 일체행一切行은 무상無常인가? 일체법一切法은 무아無我인가? 열 반적정涅槃寂靜인가?라고 물음으로써 능히 뜻의 통通함을 이끌어 내고, 능히 선법善法을 이끌어 내며, 청정한 범행梵行을 따라 깨달음 의 지혜를 내고 열반을 얻을 수 있다."[34]

(b) 분별기

분별기分別記는 상대방이 하는 질문이 이치에 합당한가 그렇지 않은가를 분별하여 가부可否를 대답하는 것을 말한다.[35] 『아비달마대비바사론』에서는 다음과 같이 설명한다.

"어떤 질문에 대해 분별에 의해 나타내기 때문에 분별기分別記라고 부르는 것이다. 가령 어떤 사람이 와서 법을 설해 달라고 할 때, 그에게 다음과 같이 말하는 것을 가리킨다. 즉 "법法에는 많은 종류가 있다. 과거·현재·미래 〔등〕이 있고, 선善·불선不善·무기無記 〔등〕이 있다. 욕계의 속박〔繋〕·색계의 속박〔繋〕·무색계의 속박 〔繋〕〔등〕이 있다. 학學·무학無學·비학非學·비무학非無學 〔등〕이 있다. 견소단(見所斷: 사제四諦의 진리를 관찰하여 끊어지는 것)·수소단(修所斷: 수습修習에 의해 끊어지는 것) 〔등〕이 있고, 욕망〔欲〕을 끊지 않고 무엇인가를 설하는 것이 있다."[36]

(c) 반힐기

반힐기反詰記는 상대방의 질문에 대해 즉시 대답하지 않고 반문하고 꾸짖어서 상대방의 잘못을 깨닫게 하는 것을 말한다.[37] 『아비달마대비바사론』에서는 다음과 같이 설명한다.

"가령 어떤 사람이 와서 법을 설해 달라고 할 때, 응당히 반문하여 꾸짖어 말하기를, "법이 많이 있는데, 너는 무엇을 묻는 것인가? 많은 법이라는 것은 과거에 앞에서 널리 설한 것과 같다."[38]

분별기와 반힐기의 차이점은 묻게 된 이유에 의해 있게 된다. 알고 이해하기 위해 묻는다면 분별기이다. 『아비달마대비바사론』에서는 다음과 같이 말한다.

"만약 알고 이해하기 위해 묻는다면, 응당히 그에게 이르기를 '법에는 많은 종류가 있다. 과거·현재·미래 [등]이 있고, 내지 견소단(見所斷: 사제四諦의 진리를 관찰하여 끊어지는 것)·수소단(修所斷: 수습修習에 의해 끊어지는 것) [등]이 있고, 욕망[欲]을 끊지 않고 무엇인가를 설說하는 것이 있다.'라고 널리 설해야 한다.

만약 나를 위해 과거법을 설해 달라고 말한다면, 응당히 그에게 이르기를, '과거법에도 많은 종류가 있다. 선善·불선不善·무기無記 [등]이 있는데, 무엇을 설하기를 원하는가.'라고 말해야 한다.

만약 나를 위해 선법善法을 설해 달라고 말한다면, 응당히 그에게 이르기를, '선법에도 여러 가지 종류가 있다. 색色이 있고, 수受·상想·행行·식識 [등]이 있는데, 무엇을 설하기를 원하는가?'

만약 나를 위해 색법을 설해 달라고 말한다면, 응당히 그에게 이르기를, '색법에도 많은 종류가 있다. 살생을 떠나고 내지 잡雜되고 더러운 말을 떠나는 것이 있는데 무엇을 설하기를 원하는가.'라고 말해야 한다.

만약 나를 위해 살생을 떠나는 것을 설해 달라고 말한다면, 응당히 그에게 이르기를, '살생을 떠남은 세 가지가 있다. 탐욕이 없음에서 생生하고, 성냄이 없음에서 생하고, 어리석음이 없음에서 생하는 것인데, 무엇을 설하기를 원하는가.'라고 말해야 한다.

만약 탐욕이 없음에서 생하는 것을 설해 달라고 말한다면, 응당히 그에게 이르기를, '탐욕이 없음에서 생生하는 것은 또한 두 가지 종류가 있다. 표색表色·무표색無表色을 일컫는데, 무엇을 설하기를 원하는가?'라고 말해야 한다.

만약 알고 이해하기 위해 묻는다면, 응당히 이와 같이 분별分別하여 답해야 한다."[39]

(d) 사치기

사치기捨置記란 상대방의 질문이 이치에 합당하지 않고 아무런 소용이 없을 때 대답하지 않고 침묵하는 것을 말한다.[40] 『아비달마대비바사론』에서는 다음과 같이 설명한다.

"무엇을 사치기捨置記의 물음이라고 하는가? 이것은 사치기로서 묻기 때문이다. 어떤 외도가 부처님의 처소에 와서 부처님께 '교답마[고타마(Gautama)]시여. 세간世間은 영원합니까?' 내지 널리 사구(四句: 네 가지 구절)로 말하고, '또한 세간은 끝이 있습니까?' 내지 널리 사구四句로 말함으로써 질문하였다. 세존께서 이르시기를, '모두 응당히 나타내서는 안 된다.'라고 하셨다.

무슨 까닭에 세존께서는 이 물음에 답하지 않으셨는가? 저 모든 외도들이 실제로 나라고 하는 존재가 있다고 집착하여 세간이라고 하면서 부처님의 처소에 와서 이렇게 질문하였기 때문이다. [이에] 부처님께서는 이렇게 생각하셨다. '실로 나라고 내세울 만한 것은 결정코 없다. 만약 없다고 답한다면 그는 이렇게 말을 할 것이다.

나는 있고 없음을 묻지 않았다. 만약 영원하다든가 영원하지 않다든가 등으로 답한다면 나라고 하는 존재는 본래 없다고 하는 것은 응당히 이치에 맞지 않게 된다. 그런데 어떻게 영원하다든가 영원하지 않다고 말할 수 있는가? …… 실로 도리에 맞지 않으므로 부처님께서는 대답하지 않으신 것이다.'"[41]

부처님은 신이나 형이상학적 문제보다 인간의 삶의 괴로운 원인과 그것의 해결에 관심이 있었으므로 이상과 같이 형이상학적 논쟁을 하고자 질문하는 이에게 답변하지 않았던 것이다.[42]

『전유경』은 부처님의 제자인 말룽카(만동자鬘童子)가 부처님에게 '세상은 영원한가'와 같은 형이상학적 질문을 하자 부처님은 이와 같은 질문에 대해 대답하지 않은 이유에 대해 유명한 독화살의 비유로서 설說하였는데, 그 내용은 다음과 같이 요약할 수 있다.

"독화살에 맞은 사람이 독화살을 뽑아내지도 않았는데 그 독화살을 쏜 사람의 신분이나 신장身長·피부색·주거지와 그 활의 강약强弱·시위·화살의 형태·화살의 깃 등에 대해 질문하여 조사해서 알고 싶다고 하면서, 친구나 친족이 화살을 빼고 의사를 부르는 것을 막는다면 그 사람은 죽어버리고 말 것이다. 마찬가지로 세계가 영원한지, 영원하지 않은지 끝까지 〔알기를〕 구하고자 하는 사람은 해답을 얻지 못하고 죽게 될 것이다. 세계가 영원한지, 영원하지 않은지 등과 관계없이 생生·노老·병病·사死의 고苦는 실재하므로 나는 이러한 것에서의 해탈 방법만을 설한다."[43]

③ 언교교화言教教化

모든 대중에게 이것을 버리고 저것을 두고, 이것을 가까이하고 저것을 멀리하며, 이것을 생각하고 저것을 생각하지 말며, 이것을 보고 저것을 보아서는 안 된다고 말하는 것을 말한다.[44] 즉, 부처님께서 대중을 상대로 말로써 하는 교화를 가리킨다.

④ 훈해교화訓誨教化

비구〔비구니 포함〕와 모든 인연 있는 사람들에게 이렇게 가고 이렇게 가지 말며, 이렇게 오고 이렇게 오지 말며, 이런 옷은 입고 이런 옷은 입지 말며, 이렇게 마을로 들어가고 이렇게 마을로 들어가지 말라고 하면서 취取해야 할 것과 버려야 할 것 등을 훈계訓戒와 교해教誨로써 지도한 방법을 말한다.[45]

(2) 학습방법

① 문聞(들음)

불교의 모든 경전은 그 서품序品에 보면 '여시아문如是我聞' 또는 '문여시聞如是'로 시작하고 있는데, 이 구절의 내용은 '이와 같이 나는 부처님으로부터 말씀을 들었다.'는 의미이다. 부처님의 제자들 가운데 '다문제일多聞第一'인 아난다가 불멸 후 1차로 이루어진 경전 결집 시에 결집을 위해 참석한 부처님의 제자들에게 부처님의 생전 시 직접 들은 말씀을 구두口頭로 말하였는데, 이것이 이후 문자로 이루어진 경전에서는 '여시아문' 또는 '문여시'라는 말로 정착되었다. 아난다가 부처님을 모시고 부처님의 말씀을 제일 많이 들었다는 것은 부처님의 여러 출가 제자들 가운데 학습이 제일 잘 되었다는 의미가 된다.

학습을 보는 관점이 상이相異하므로 아난다가 단지 부처님의 말씀을 많이 듣고 기억을 잘했다고 하여 학습이 잘 되었다고 볼 수는 없지만,[46] 어찌됐든 아난다의 경우는 불교의 학습은 듣는 데〔聞〕에서 출발하는 것을 상징적으로 나타내고 있다고 볼 수 있다. 이처럼 불교의 학습이 듣는 데에서 출발하는 것은 부처님 당시에는 문자의 형태로 된 경전이 없었기 때문에 듣는 것이 학습에서 중요시될 수밖에 없었던 것이다. 이와 같이 듣는 행위〔聞〕는 다음 단계인 생각하는 행위〔思〕의 초석이 되었던 것이다.

『아비달마구사론』에서는 계戒를 청정히 지킨 후에 잘 듣기 위해 부지런히 닦아야 한다고 다음과 같이 설명한다.

"논하기를, 모든 유정有情이 발심하여 장차 진리를 보기 위해 나아갈 때 마땅히 먼저 청정한 계〔尸羅〕에 안주한 연후에 듣는 일〔聞〕이 이루어지는 것〔聞所成慧〕 등을 부지런히 닦아야 한다."[47]

이상은 계戒에 의해 몸과 마음이 단속되지 않고서는 부처님의 교법을 배우기 위해 듣는 일이 힘들다는 점을 나타내고 있다.

부처님의 교법을 듣기에 앞서 이루어지는 계에 의한 몸과 마음의 단속은 교육에서 말하는 '출발점 행동'에 해당한다고 할 수 있다. 그러므로 이것은 『청정도론』의 일곱 가지 단계의 수행체계 가운데 하나인 '계청정戒淸淨'의 경우도 마찬가지로 '출발점 행동'에 해당한다고 볼 수 있다. '출발점 행동'은 새로운 학습과제를 학습하려는 출발 선상에

서 학습자가 이미 획득하고 있는 지식·기능·태도 등을 의미하는 것이다.[48]

그러므로 계에 의해 몸과 마음이 단속하는 일은 아래 학년에서 배워야 할 것을 배우는 단계를 가리키는 출발점 행동과 비슷한 것이다. 다시 말해 출가자라면 기본적으로 갖추어야 할 자세나 태도를 의미하는 것이다. 그런 다음에 스승으로부터 교법을 들으면서 말씀하신 교법의 뜻이 무엇인가 잘 파악하여 생각하는 것이 전도顚倒되지 않도록 하고, 그렇게 함으로써 마침내 선정을 닦아 익히게 된다고 다음과 같이 설명한다.

> "교법을 듣고, 부지런히 들은 법의 뜻을 구해서, 들은 법의 뜻을 알게 되어 사유함이 전도되지 않게 한다. 생각함이 이루어져서 바야흐로 선정에 의해 닦아 익히게 된다. 수행자는 이와 같이 계에 머물러 부지런히 닦는다."[49]

후대에 성립한 『아비담비바사론』에서는 듣는 것에 관해 "듣는 것에서 생기는 것이므로 문聞이다."[50]라고 하고 있다. 그리고 같은 논(同論)에서는 구체적으로 이러한 문聞은 세 가지 혜慧, 즉 문혜聞慧·사혜思慧·수혜修慧 가운데 듣는 것에서 생하는 문혜에 속한다고 하면서, 만약 12부의 경전을 받아 지니고 독송하며 생각하고 관찰한다면 문혜이며, 12부의 경전을 받아 지니고 독송하며 생각하고 관찰할 경우 지혜를 얻게 된다는 것이다.[51]

이것은 비유하면, 금강석을 캐는 금광과 같고, 또한 줄기와 잎이나게 하는 종자와 같은 것[52]이라고 설명하고 있다. 이와 같은 비유가 말하는 것은 깨달음을 성취하기 위해서 듣는 일이 터전이며, 이것이 학습의 출발점이라는 것을 나타내고 있는 것이다. 그런데 욕계·색계· 무색계 등 삼계三界 가운데 문혜는 욕계·색계에 속한다고 같은 논에서 는 설명하고 있다.[53]

② 사思(생각함)

사思도 마찬가지로 『아비담비바사론』을 보면 "생각함에서 생기므로 사思라고 말한다."[54]라고 하고 있다. 그러나 차이점이 있다면, 사思는 "이 문혜聞慧에 의해 다음 차례로 사혜思慧가 생긴다."[55]라고 설명하고 있다는 점에서, 부처님의 말씀을 듣는 학습과정을 마친 다음에 있게 되는 차제적次第的 학습방법의 한 단계라고 하겠다. 같은 논에서는 이것을 비유하여, 금광에서 방금 캐낸 금金과 같고, 또한 종자種子에서 싹이 튼 씨앗과 같다고 설명하고 있다.[56] 그리고 "사혜는 욕계·색계·무 색계 등 삼계 가운데 욕계에 속한다."[57]라고 설명하고 있다. 참고로 사思도 문聞과 마찬가지로 지혜에 해당한다. 부처님으로부터 들은 내용을 생각하거나 추론해서 발생하는 지혜라고 말하는 것이다.

『아비달마구사론』은 비바사 스승의 말을 인용하여 세 가지 혜慧, 즉 문혜聞慧·사혜思慧·수혜修慧의 차별상을 설명하는 가운데, 사혜에 관해 "사소성혜思所成慧[사혜思慧라고도 한다]는 명칭과 뜻을 인연한 경우이다. 어떤 때에는 글을 말미암아 뜻을 이끌어 내고, 어떤 때에는 뜻을 말미암아 글을 이끌어 낸다. 아직 완전히 글을 버리고 뜻을 관찰하지 못하기 때문이다."[58]라고 하고 있다. 이것은 비유한다면,

깊고 물살이 빠른 곳에 떠 있으면서 아직 깊은 물이나 빠른 물살의 환경을 몰라서, 이와 같은 환경에 관해 "일찍이 배웠으나 이루지 못하여, 혹 버리기도 하고, 혹 집착하기도 하는 상태"[59]를 말한다.

③ 수修(닦음)

수修도 마찬가지로 『아비담비바사론』을 보면 "닦음에서 생기므로 수修라고 말한다."[60]라고 하고 있다. 그런데 같은 논에서는 이 수修를 사思와 마찬가지로 "이 사혜에 의해 다음에 차례로 수혜修慧가 생긴다."[61]라고 설명하고 있는데, 이것 또한 문혜에서 사혜에 이르는 과정과 마찬가지로 사혜에서 수혜에 이르게 되는 차제적 학습방법을 설명하고 있는 것이다.

같은 논에서는 이것을 비유하여, 금광에서 방금 캐낸 금을 제련하여 만든 금강석과 같으며, 또한 종자에서 싹이 터서 생겨난 줄기와 잎〔열매〕 등과 같다고 설명한다.[62] 그리고 "수혜는 욕계·색계·무색계 등 삼계 가운데 색계·무색계에 속한다."[63]라고 설명한다.

『아비달마구사론』은 수혜에 관해 "수소성혜修所成慧〔수혜修慧라고도 한다〕는 오직 뜻만을 인연한 경우이다. 이미 글을 버리고 오직 뜻만 관찰하기 때문이다."[64]라고 설명하고 있다. 이것은 비유한다면, 깊고 물살이 빠른 곳에 떠 있으면서 "일찍이 잘 배운 자는 의지하는 것을 기다리지 않는다. 스스로 힘으로 떠 있으면서 깊은 물을 건넌다."[65]라고 설명하고 있다.

3. 초기불교의 교육과정

마라톤 참가자가 달리기에 앞서 준비해야 할 것은 매일 마라톤 달리기의 코스대로 달리는 연습을 하는 것이다. 그리고 마라톤 참가자는 마라톤 달리기를 하는 날까지 몸의 컨디션을 최상의 상태로 유지하는 것이 필요하다. 그런 다음에 마라톤 참가자는 마라톤 달리기에 참여하여 실수하지 않고 원하는 목표대로 끝까지 완주하도록 노력해야 할 것이다. 그러므로 마라톤 달리기에서 참가자는 달리기가 끝날 때까지 최선을 다해야 한다.

마찬가지로 불교에서의 가르치고 배우는 과정과 수행과정 등의 경우도 형태는 비록 다르지만 준비와 노력의 과정이 필요하다는 점에서는 같다고 할 수 있다. 즉 깨달음을 이루기 위해 수행자는 계율을 지킴으로써 몸과 마음을 지키고 방호하고[戒], 또한 스승이 가르친 법을 열심히 배우는 것과 함께 실제 참선을 하거나[定], 위빠사나를 닦는 수행을 하면서[慧] 배운 내용을 점검해야 하기 때문이다. 이와 같이 계·정·혜를 가르치고 배우는 과정과 실제 수행과정 등을 계획하고 조직하며, 나타난 결과를 평가하는 것을 우리는 초기불교의 교육과정이라고 말할 수 있다. 이 글을 시작하기에 앞서 초기불교에서의 교육과정이란 무엇인가에 대해 간략하게 살펴보았다.

삼학三學의 수행구조

(1) 계戒

① 수행의 근본

앞서 율장에서 말하는 여덟 가지 범주에 대해 살펴보는 데에서도 계율은 불교수행의 토대였음을 알 수 있다. 그러면 경에 나타난 계에 대한 내용을 살펴보자. 초기불교 경전에서는 이러한 계에 대해 안眼·이耳·비鼻·설舌·신身·의意 등 여섯 가지 감각기관의 단속을 통해 계를 범하지 않음을 설하고 있다. 계에 관해 설한 경전은 여러 가지 경전을 예로 들 수 있으나 『앙굿따라 니까야』를 보면 "비구들이여, 여기 비구는 계를 잘 지킨다. 그는 빠띠목카(戒目)의 단속으로 단속하며 머문다. 바른 행실과 행동의 영역을 갖추고, 작은 허물에 대해서도 두려움을 보며, 학습계목을 받아 지녀 공부를 짓는다. 비구들이여, 이와 같이 비구는 계를 구족한다."라고 설하면서 계가 수행의 근본이 되고, 그것을 통한 단속이 핵심임을 나타내고 있다.

② 해탈의 기초

아난이 부처님께 지계持戒가 무슨 뜻인지 질문하자, 부처님은 계를 지키는 일에 대해 "지계를 함으로써 후회하지 않으며, 후회하지 않음으로써 기뻐서 희열이 있게 되고, 기뻐서 희열이 있게 됨은 기쁨이 있게 하고, 기쁨은 그침(止)이 있게 되며, 그침은 깨닫는 즐거움을 가져오게 된다. 깨닫는 즐거움은 삼매 수행의 즐거움이 있게 하며, 삼매 수행의 즐거움은 실實답게 보고, 참되게 알게 하고, 실답게 보고, 참되게 알게 하는 것은 싫어하는 마음(厭惡心)을 내게 한다. 싫어하는 마음을 내게 함으로써 무욕無欲하게 한다. 무욕은 일체의 음욕(婬)과 성냄(怒)과 어리석음(癡)에서 해탈케 한다. 해탈로 인하여 이 생生이 다하고, 범행梵行이 서며, 할 바를 다하고 다시 태어나지 않는다."라고 말씀하셨다.

해탈을 이루기 위해서 지계가 수행의 제일 첫 번째 단계에 있으므로 무엇보다 중요한 의미를 지니고 있다고 부처님은 말씀하고 계신 것이다.

(2) 정定

① 대표적 수행방법으로서의 삼매

계행戒行이 뒷받침된 상태에서 닦게 되는 선정禪定(定), 즉 삼매三昧에 대해서는 일반적으로 『맛지마 니까야』를 보면 "마음이 한 끝에 집중됨이 바로 삼매다."라고 정의하고 있다.

초기불교는 정定과 관련하여 초선初禪에서 4선四禪에 이르는 과정을 중심으로 설하고 있다. 『상윳따 니까야』에서는 "비구들이여, 그러면 무엇이 바른 삼매(正定)인가? 비구들이여, 여기 비구는 감각적 욕망을 완전히 떨쳐버리고 해로운 법(不善法)을 떨쳐버린 뒤, 일으킨 생각(尋)과 지속적인 고찰(伺)이 있고, 떨쳐버렸음에서 생긴 희열(喜)과 행복(樂)이 있는 초선에 들어간다. 일으킨 생각과 지속적인 고찰을 가라앉혔기 때문에 (더 이상 존재하지 않으며), 자기 내면의 것이고, 확신이 있으며, 마음의 단일한 상태이고, 일으킨 생각과 지속적인 고찰은 없고, 삼매에서 생긴 희열(喜)과 행복(樂)이 있는 2선禪에 들어 머문다. 희열이 빛바랬기 때문에 평온하게 머물고, 마음 챙기고 알아차리며 몸으로 행복을 경험한다. 이 (禪 때문에) '평온하고 마음 챙기며 행복하게 머문다.'고 성자들이 묘사하는 3선禪에 들어 머문다. 행복도 버리고 괴로움도 버리고, 아울러 그 이전에 이미 기쁨과 슬픔이 소멸되었으므로 괴롭지도 즐겁지도 않으며, 평온으로 인해 마음 챙김이 청정한(捨念淸淨) 4선禪에 들어 머문다. 비구들이여, 이를 일러 바른 삼매라 한다." 라고 설한다.

이와 같이 선정(定), 즉 삼매는 궁극적인 깨달음에 도달하기 위해 기본적으로 필요한 수행방법이다. 다시 말하면 삼매의 상태를 거치지 않고서는 교육과정이 실현시키고자 하는 수행단계별 여러 가지 교육목표들, 즉 위빠사나 수행에서 전개되는 여러 가지 수행법을 실천하는 것이 불가능하고, 깨달음에 도달하기 힘든 것은 말할 필요도 없다고 할 것이다.

(3) 혜慧
① 통찰지로서의 혜

혜慧의 원어는 'paññā'이고, 반야般若로 한역漢譯된다. 대상을 분별해서 알거나(vijānati), 뭉뚱그려 아는 것(sañjānāti)이 아니라 앞으로 나아가서 아는 것을 의미한다. 그러므로 이것은 바로 '통찰지洞察智'를 말하는 것이다. '통찰지'는 '통찰'을 그 특성으로 한다. '통찰'은 원어가 'paṭivedha'로서 이 말은 'prati+√'vyadh'에서 파생한 명사로 꿰뚫음이라는 의미이다.

이러한 의미를 지니는 혜는 혜학(慧學, sikkhā)이나 혜온(慧蘊, sikkhakkhandha), 또는 증상혜학(增上慧學, adhipaññā-sikkhā), 혜의

구족(sampadā)으로 표현되기도 한다.

혜학은 여섯 가지 신통(六神通) 가운데 누진통漏盡通의 정형구에 다음과 같이 나타난다.

"그는 '이것이 괴로움이다.'라고 있는 그대로 꿰뚫어 안다. '이것이 괴로움의 일어남이다.'라고 있는 그대로 꿰뚫어 안다. '이것이 괴로움의 소멸이다.'라고 있는 그대로 꿰뚫어 안다. '이것이 괴로움의 소멸로 인도하는 도 닦음이다.'라고 있는 그대로 꿰뚫어 안다. '이것이 번뇌다.'라고 있는 그대로 꿰뚫어 안다. '이것이 번뇌의 일어남이다.'라고 있는 그대로 꿰뚫어 안다. '이것이 번뇌의 소멸이다.'라고 있는 그대로 꿰뚫어 안다. '이것이 번뇌의 소멸로 인도하는 도 닦음이다.'라고 있는 그대로 꿰뚫어 안다."

그리고 『잡아함경』에 의하면, "어떤 것들이 증상혜학인가? 만약 비구가 이 고성제苦聖諦를 실답게 알고, 이 고집성제苦集聖諦, 이 고멸성제苦滅聖諦, 이 고멸도적성제苦滅道跡聖諦를 실답게 안다면 이것을 증상혜학이라고 한다."라고 하여, 사성제를 실답게 파악하는 것이라고 말하고 있다.

괴로움과 번뇌 등을 알거나 이들 각각의 일어나고, 소멸하며, 소멸로 인도하는 도 닦음을 꿰뚫어 아는 것, 즉 통찰함이 혜학에 해당하는 것이다. 그런데 이것은 다음과 같이 심해탈心解脫과 혜해탈慧解脫의 구족으로 나타나기도 한다. 모든 번뇌가 다하여 아무 번뇌가 없는 마음의 해탈(心解脫)과 통찰지를 통한 해탈(慧解脫)을 바로 지금 여기에서 스스로 최상의 지혜로 실현하고 구족하여 머문다는 것이 그것이다.

이상에서 볼 때, 혜慧의 의미가 혜慧이든 혜해탈이든, 혜는 통찰지라고 정리할 수 있다. 이와 같은 통찰지의 기능은 "비구들이여, 여기 성스러운 제자는 통찰지를 가졌다. 성스럽고, 꿰뚫음을 갖추었으며, 바르게 괴로움의 소멸로 인도하는, 일어나고 사라짐으로 향하는 통찰지를 구족했다. 비구들이여, 이를 일러 통찰지의 기능이라 한다."라고 하듯이, 사성제를 꿰뚫어 아는 것이 이에 해당한다.

혜慧의 교육적 의의는 교육과정의 최종단계에서 통찰지에 의해 닙빠나(열반)에 이르는 인간이 된다는 데에 있다. 그것은 혜 수행의 앞에 있는 계와 정의 수행과정에 의해 형성된 '인간 형성'이 혜에 이르러 종합되고 완성되며 결국에는 닙빠나에 이르기 때문이다.

이상 계戒·정定·혜慧는 삼학三學이라는 말에도 나타나듯이, 불교의 근간이라는 것을 알 수 있으며, 현대 교육학의 측면에서 볼 때는 교육과정이라고 말할 수 있다.

3장
_____

불교교육의 학문적 기초

1. 불교교육의 기초(The Foundations in Buddhist Education)

1) 초기불교 교육방법의 토양: 온蘊·처處·계界

(1) 불교교육의 존재론적 기초

초기불교 경전에서 서술하는 석가모니 부처님의 교육방법은 온蘊·처處·계界·근根·제諦·연緣 등을 순차적으로 설하는 과정에 나타난다고 말할 수 있다. 미리 말하지만 남방불교권에서 존경하는 붓다고사 스님은 『위숫디막가(Visuddhimagga, 淸淨道論)』에서 이 여섯 가지 온·처·계·근·제·연 등을 위빠사나 수행을 위한 토양이라고 말하고 있는데, 그것을 보더라도 이 여섯 가지는 초기불교의 교육방법에서 핵심이라고 할 것이다.

부처님은 출가 비구들에게 자상하게 오온五蘊을 비롯하여 육근六根

과 육경六境, 그리고 12처十二處, 18계十八界 등에 대해서 먼저 말씀을
하셨다. 즉 오온에 대해서, 그리고 여섯 가지 감각기관인 눈[眼]·귀[耳]
·코[鼻]·혀[舌]·몸[身]·생각[意] 등의 여섯 가지[육근]와 그 대상인
색[色: 형상으로 보이는 것]·소리[聲]·냄새[香]·맛[味]·촉감[觸]·사물
과 대상 경계 등으로서의 법[法] 등의 여섯 가지 대상[六境], 그리고
장소를 가리키는 육근[六內入處]과 육경[六外入處]이 합쳐진 12가지
장소[十二處], 또한 이 12가지 장소에 눈[眼]의 경계·귀[耳]의 경계·코
[鼻]의 경계·혀[舌]의 경계·몸[身]의 경계·생각[意]의 경계 등 6계六界
가 합쳐진 18계十八界 등이 부처님께서 출가 비구들에게 순차적으로
강조해서 말씀하신 내용[교육내용]이다. 이것이 초기불교 경전에 나타
나 있는 교육내용, 즉 출가 비구들에게 부처님이 '차제적次第的'으로
설한 교육과정에 나타난 교육방법이다.

그런데 교육학의 측면에서 중요한 것들이 있는데, 그것은 오온설五
蘊說과 육육법설六六法說이다. 왜냐하면 이들은 불교교육학의 기초라
고 말할 수 있기 때문이다. 여기서는 이에 대해 살펴보도록 하자.
우선 오온은 불교에서 말하는 존재론이라고 할 수 있다. 오온을 알기
쉽게 설명하면 눈으로 볼 수 있고 손으로 만져서 감각적으로 알 수
있는 물질 형상으로서의 색(色, form)이 있고, 그리고 감각기관을
통해서 느끼는 감수感受작용으로서의 수(受, feelings)가 있으며, 그
다음 감각기관을 통해 받아들인 것을 생각하고 의도적으로 행동하는
지각知覺으로서의 상(想, thinking)과 지음으로서의 행(行, volition)이
있고, 그 다음 분별 인식하는 식(識, perception)이 있다. 오온은 크게
물질과 정신으로 대별되는데, 이에 불교의 존재론이라고 말하는 것이

다. 교육적으로는 오온설을 불교교육의 존재론적 기초(The Ontological foundation in Buddhist Education)라고 말할 수 있다.

그런데 오온설이 불교교육의 존재론적 기초가 되는 이유는 부처님께서 색·수·상·행·식 등 오온이 영원하지 않으며, 또한 '나'도 아니고 '나의 것'도 아니며, 이와 같이 잘 관찰해서 앎으로써 깨달아 열반을 증득하고 더 이상 윤회하지 않는다〔但由自悟而證涅槃. 我生已盡. 梵行已立. 所作已辦. 不受後有〕고 분명히 말씀하고 있기 때문이다. 다음 경전에서 서술하고 있는 내용에서는 오온이 영원하지 않음을 설하고 있다.

"비구들이여, 생각해 보라. 물질〔色〕은 영원한가, 무상無常한가?" "무상합니다. 세존이시여." "그러면 무상한 것은 괴로움인가, 즐거움인가?" "괴로움입니다. 세존이시여." "이처럼 무상하고 괴로우며 변하는 것들에 대하여, '이것은 나의 것이다. 이것은 나이다. 이것이 나의 자아(아트만)이다.'라고 간주할 수 있겠는가?" "그럴 수 없습니다. 존자여." "느낌〔受〕 …… 지각〔想〕 …… 형성〔行〕 …… 의식〔識〕은 영원한가, 무상한가?" "무상합니다. 세존이시여." "이처럼 무상하고, 괴로우며, 변하는 것들에 대하여, '이것은 나의 것이다. 이것은 나이다. 이것은 나의 자아(아트만)이다.'라고 간주할 수 있겠는가?" "그럴 수 없습니다. 세존이시여." "그러므로 비구들이여. 과거·현재·미래의 것이나, 내부에 있는 것이거나 외적인 것이거나, 거친 것이거나 미세한 것이거나, 저열한 것이거나 뛰어난 것이거나, 긴 것이거나 짧은 것이거나, 모든 물질〔色〕에 대해서 '이것은 나의 것이 아니다. 이것은 내가 아니다. 이것은 나의 자아(아트만)가 아니다.'라고 있는 그대로[如實하게] 알고 보아야 한다. 과거·현재·미래의 것이거나, 자신의 내부에 있는 것이거나 외적인 것이거나, 거친 것이거나 미세한 것이거나, 저열한 것이거나 뛰어난 것이거나, 긴 것이거나 짧은 것이거나, 모든 느낌[受] …… 지각[想] …… 형성[行] …… 의식[識]에 대해서 '이것은 나의 것이 아니다. 이것은 내가 아니다. 이것은 나의 자아(아트만)가 아니다.'라고 있는 그대로 [如實하게] 알고 보아야 한다."[66]

(2) 불교교육의 인식론적 기초

그 다음 육육법설, 즉 육근과 육경이 만나서 성립하는 12처, 18계 등의 설이 있다. 『잡아함경』에 보면, 부처님께서는 일체一切는 12처十二處라고 강조하셨다. 이 열두 가지 외에는 아무 것도 없다는 말씀을 하셨다. 그러니까 이 세상에서 열두 가지를 벗어나는 것은 없다는 것이다. 그리고 부처님께서는 나아가 이 열두 가지의 상호작용, 즉 눈과 색, 귀와 소리, 코와 냄새, 혀와 맛, 몸과 감촉, 생각과 여러 가지 사물 등 현상 사이에 상호 이루어지는 인식작용을 마찬가지로 『잡아함경』에서 설하고 계시는데, 필자는 이와 같이 육근이 육경을 만나서 18계가 형성되기까지의 인식과정을 교육적으로 볼 때 불교교육의 인식론적 기초(The Epistemologicl Foundation in Buddhist Educaton)라고 말하고자 한다.

후대에 대승경전인 『반야심경』에서는 '조견오온개공照見五蘊皆空 …… 무안이비설신의無眼耳鼻舌身意, 무색성향미촉법無色聲香味觸法'을 설하고 있지만, 우리는 그 이전에 부처님께서 무엇 때문에 이 오온과 육육법을 설하셨는지 잘 살피고 알아야 할 것이다.

그러면 부처님께서는 왜 오온과 육육법을 설하셨을까? 오온의 경우 색·수·상·행·식 등 다섯 가지는 실재하지 않는데도 불구하고 인간이 깨닫지 못해서 오온을 실재하는 것으로 착각하고 있기 때문에 부처님께서는 오온을 설하셨다고 할 수 있다.

데이비드 J. 칼루파하나는 『부처님은 무엇을 말했나』라는 책에서 "인간의 본성은 영원하거나 불변하는 행복을 추구한다. 그러나 인간이 그러한 행복을 기대하는 사물 자체는 영원하지 못하다. 영원하지 못하거나 덧없는 사물에서 나온 행복이나 만족은 분명 잠깐일 것이고 따라서 자신의 기대, 즉 영원한 행복을 충족시키지 못할 것이다. 따라서 고통이 발생한다. 그가 만족을 얻고자 하는 대상은 결국 불만족스러울 것이다. 따라서 인간에 있어 괴로움의 원인은 그 자체가 불만족스러운 사물에 집착하는 데에 있는 것과 같다."[67]라고 함으로써 영원하지 못하고 고통을 가져오는 존재의 특성에 대해 자세하게 서술하고 있다. 이러한 칼루파하나 교수의 서술을 통해서 우리는 오온에 대한 이해를 쉽게 할 수 있다.

그리고 인간이 겪는 여덟 가지 고통〔八苦〕과 윤회의 고통 등은 이 여섯 가지 감각기관이 여섯 가지 대상과의 관계에서 잘못된 인식작용과 행위 등에서 비롯하기 때문에 육육법을 강조해서 설하셨던 것이라고 할 수 있다. 오죽하면 육근을 육적(六賊: 여섯 가지 도둑)이라고 전적典籍에서 말했겠는가 말이다. 『상윳따 니까야』를 보면, 사리뿟따 존자를 찾아온 어느 비구에게 사리뿟따는 육근을 절제해야 함에 대해 다음과 같이 설하고 있는데, 불교에서 말하는 인간 형성이 어떻게 이루어지는지 말하고 있어 귀담아 들을 내용이다.

어느 때 사리뿟따 존자는 사왓띠의 기원정사에 있었다. 그때 어떤
비구가 사리뿟따 존자에게 와서 이렇게 말하였다.
"벗, 사리뿟따여, 나와 함께 지내던 비구가 수행생활을 그만두고
세속으로 돌아갔습니다. 그렇습니다. 벗이여, 감각기관[눈, 귀,
코, 혀, 몸, 생각 등 여섯 가지 감각기관을 말한다]의 문을 지키지 않을
때, 먹는 것에 적당한 양을 조절하지 못할 때, 그리고 온전히 깨어
있지 못할 때, 이런 사람이 그의 온 일생을 온전하고 청정한 삶을
산다는 것은 불가능합니다. 그러나 벗이여, 만일 비구가 감각기관
의 문을 지키고 먹는 것에 적당량을 알고 그리고 온전히 깨어
있다면, 그의 온 일생을 온전하고 청정한 수행자의 삶을 사는 것은
가능합니다.
(여섯 감각기관의 절제) 그러면 감각기관의 문을 어떻게 지킵니까?
눈으로 대상을 볼 때 겉으로 드러난 모습이나 특성에 집착하지
말아야 합니다. 왜냐하면 만일 눈을 다스리지 않으면 탐욕과 불유쾌
함의 바람직하지 않은 나쁜 것들이 마음속에 스며들 것입니다.
그래서 눈을 절제하는 수행에 전념하고 눈을 잘 지킵니다. 그런
결과 그는 눈의 절제를 얻습니다. 귀로 소리를 들을 때, 코로 냄새를
맡을 때, 혀로 맛볼 때, 몸으로 촉감을 느낄 때, 마음으로 현상을
지각할 때, 이 모든 감각현상에서 겉으로 드러난 모습이나 특성에
집착하지 말아야 합니다. 왜냐하면 만일 귀를, 코를, 혀를, 몸을,
마음을 다스리지 않으면, 탐욕과 불유쾌함의 바람직하지 않은 나쁜

것들이 마음속에 스며들 것입니다. 그래서 그는 감각기관을 절제하는 수행에 전념하고 감각기관을 잘 지킵니다. 그런 결과 그는 감각기관의 절제를 얻습니다."

그렇기는 하지만 초기불교가 인간의 감각에 의한 지각작용을 무조건 반대하거나 부정한 것은 아니다. 왜냐하면 감각의 대상인 색[色: 형상으로 보이는 것]·소리[聲]·냄새[香]·맛[味]·촉감[觸]·사물과 대상 경계 등으로서의 법[法] 등은 우리들이 세계를 인식하고 이해하는 원천[68]이기 때문이다. 그러면 감각에는 어떤 문제가 있는 것일까? 부처님은 감각의 지각 자체에 어떤 문제나 결점이 있는 것이 아니라 우리가 보고 듣고 느끼는 데 있어서 해석하는 방법과 관련한 제약 때문이라고[69] 말씀하고 있어서 주목된다.

중부 경전의 다음 내용은 감각 지각의 과정에 대해 묘사하고 있어서 소개한다.

"오 친구여, 시각 의식은 시각 기관과 시각 대상에 의존하여 일어난다. 이 세 가지가 함께 만나는 것이 접촉[觸]이다. 접촉 때문에 감각이 일어난다. 그가 느끼는 것을 그는 지각한다. 그가 지각하는 것을 그는 추론한다. 그가 추론하는 것에 그는 집착한다. 그가 집착하는 것, 그것 때문에 그러한 집착된 지각의 성격을 가진 개념이 과거·미래·현재에 속하는 시각 기관이 인식할 수 있는 시각 대상에 관하여 그를 공격한다."[70]

이 경전을 해석해 보면, 시각 기관과 시각 대상과의 관계에서 접촉에 의해 시각 의식이 발생했고, 즉 안촉인연생수眼觸因緣生受가 되었으며, 그럼으로써 지각이 발생하고[想], 이어서 이것을 추론도 하고[思], 이에 집착하게 되었다고 할 수 있다. 이것은 다른 감각기관도 마찬가지이다. 즉 이촉인연생수耳觸因緣生受·상想·사思, 비촉인연생수鼻觸因緣生受·상想·사思, 설촉인연생수舌觸因緣生受·상想·사思, 신촉인연생수身觸因緣生受·상想·사思, 의촉인연생수意觸因緣生受·상想·사思 등의 똑같은 인식과정을 겪는다.

그런데 이와 같이 집착이 발생하는 것은 탐욕과 자만심과 독단적 견해에서 기인하는데, 주관적으로 느끼는 좋고 나쁨[好惡]의 태도가 감각의 지각을 방해하고 종국에는 감각의 인상을 왜곡시킨다는 것[71]이다.

과거 필자는 동국대 대학원 재학시절에 초기불교를 강의하시는 고익진 교수님으로부터 원시불교(현재는 초기불교라고 불린다)를 배우는 행운을 누렸다. 수업시간에 고익진 교수님은 온蘊·처處·계界의 과정, 즉 오온을 비롯해 육육법에서 12처, 18계에 이르는 과정의 중요성을 강조하셨다. 필자도 오온을 비롯해 육육법에서 12처, 18계에 이르는 과정이 중요하다는 것을 이 지면에서 다시 강조하고자 한다. 다시 말해 오온을 비롯해 육육법에서 12처, 18계에 이르는 과정은 불교교육의 현장에서 불교적 교사들뿐만 아니라 불자들이 다 같이 반드시 주목하고 알아야 할 '교육적 기초'가 되는 내용이라고 하겠다. 그러므로 이상에서 설한 오온을 비롯해 육육법과 12처, 그리고 18계 등에 대한 선이해先理解가 돼야 그 다음 가르침인 사성제四聖諦에 대한 이해가 가능하지 않을까 한다.

2) 불교교육의 철학적 기초(The Philosophical Foundation in Buddhist Education)

서양 학문의 시작은 철학에서 비롯했다고 해도 과언이 아닐 정도로 철학이 학문에서 차지하는 비중은 크다. 이러한 점은 교육에서도 예외는 아니라고 하겠다. 교육학이라는 학문도 처음에는 철학에서 비롯하여 정립한 학문이기 때문이다.

교육학에는 교육철학(Philosophy of Education)이라는 분과학문이 있는데, 교육적 현상의 기저基底에는 교육철학과 관련된 특성이 있으므로 그 중요성이 강조되고 있다. 교육철학을 학문적으로 정의하면, "교육의 문제를 철학적 수준에서 철학적인 방법으로 다루는 일"[72]이라고 정의할 수 있다. 하지만 교육의 문제를 왜 철학적 수준에서 철학적인 방법으로 다루는 것인지, 그리고 철학적 수준과 철학적 방법은 무엇을 의미하는 것인지 등에 관한 올바른 이해를 필요로 할 때는 결코 만만한 일이 아니다.

필자는 이와 관련하여 교육문제의 철학적 고찰과 관련하여 다음과 같이 분석하는 것이 가능하다는 것을 분명히 하고자 한다. 교육이란 인간을 대상으로 하고 있으며, 이때 인간에 대한 것은 인간에 대한 문제라고 말할 수 있고, 이러한 인간의 문제는 바로 철학적 고찰의 대상이므로 교육 현상을 둘러싸고 전개되는 교육문제는 철학적 문제라고 할 수 있다. 그러면 왜 그럴까? 교육 현장에서 교사는 교과서의 지식만 학습자인 학생들에게 가르치는 것이 아니라 인간에 대한 고찰과 연구도 함께 함으로써 사회가 필요로 하는 인재양성과 함께 학생들을 성숙한 인격으로 형성시키는 기능을 하기 때문이다.

이로써 우리는 교육문제의 철학적 접근과 연구를 '교육의 철학적 기초'라고 명명할 수 있고, 이와 같은 '교육의 철학적 기초'는 불교교육에 바로 적용하는 것이 가능하다고 말할 수 있는 바, '불교교육의 철학적 기초'(The Philosophical Foundation in Buddhist Education)를 논의하는 것이 가능하다고 하겠다. 그것은 불교만큼 인간의 문제를 철저하게 규명한 것은 이 세상에 없기 때문이다.

앞에서 필자는 불교교육의 존재론적 기초와 인식론적 기초를 다루었다. 이상 불교교육과 관련한 존재론과 인식론 등의 문제는 지금부터 논의하는 불교교육의 철학적 기초에서 다시 재론할 수밖에 없다. 왜냐하면 불교교육의 철학적 기초를 논할 때 불교의 존재론과 인식론 등의 문제는 인간에 대한 문제로서 다시 거론할 수밖에 없는 영역이기 때문이다. 그러나 단지 여기서는 앞에서 논한 불교교육의 존재론적·인식론적 기초에 바탕을 두고 논의를 전개하고자 한다. 역설적이지만 달리 표현하면, 불교교육의 존재론적·인식론적 기초와 불교교육의 철학적 기초는 서로 분리해서 생각할 수 없는 개념인 것이다.

그러면 지금부터 불교교육의 철학적 기초란 무엇인지 살펴보기로 하자. 우리가 불교교육의 철학적 기초로서 중점적으로 봐야 할 것으로는 사성제(四聖諦, The Four Nobles)를 들 수 있다. 사성제는 불교를 믿는 불자뿐만 아니라 불교에 관심 있는 사람들에게는 널리 알려진 부처님의 교설이며, 매우 중요한 가르침이다. 사성제는 초기불교 가르침의 핵심적인 가르침이므로 필자는 이 사성제가 '불교교육의 철학적 기초'가 된다고 주장하고자 한다.

사성제는 인간의 문제를 매우 심도있게 다루고 있다. 우선 첫 번째로,

우리가 잘 알고 있는 고성제(苦聖諦, 괴로움의 고귀한 진리)이다. 초기경전에서는 고성제를 다음과 같이 설하고 있다.

"비구들이여, 괴로움의 고귀한 진리란 무엇인가. 태어남〔生〕은 괴로움이며, 늙음〔老〕도 괴로움이며, 〔병病도 괴로움이고〕, 죽음〔死〕도 괴로움이며, 슬픔, 비탄, 통증, 비애 그리고 절망도 괴로움이며, 원하는 것을 얻지 못하는 것도 괴로움〔求不得苦〕이며, 싫어하는 대상과 만나는 것도 괴로움이며〔怨憎會苦〕, 좋아하는 대상과 헤어지는 것도 괴로움〔愛別離苦〕이다. 간단히 말해서 (인간을 구성하고 있는) 다섯 가지 무더기에 대한 집착〔五取蘊〕이 괴로움이다."[73]

인간으로 누구나 이 세상에 태어나면 겪는 문제가 있다. 그것은 생生, 노老, 병病, 사死를 포함한 여덟 가지 고통〔팔고八苦〕이다. 즉 존재의 문제인 '고苦(dukkha, Sk. duḥkha)이다. 이 문제는 인간이 겪는 실존實存의 문제이다. 이 세상에 태어난 인간은 늙지 않고 병들지 않고 죽지 않기를 바라지 않는 인간은 없다. 그러나 우리가 경험하는 현실은 이와는 정반대로서 태어나면 늙고, 병들고, 때가 되면 죽고, 구하고자 하는 것을 마음대로 구하기 힘든 괴로움이 있고〔구부득고求不得苦〕, 원수와 미워하는 사람을 만나는 괴로움이 있고〔원증회고怨憎會苦〕, 사랑하는 사람과 이별하는 괴로움이 있고〔애별리고愛別離苦〕, 다섯 가지 육체적·정신적 기관〔色受想行識〕에 집착하는 데서 오는 괴로움〔오음성고五陰盛苦〕 등이 있다.

그런데 어디 괴로움이 이것밖에 없겠는가? 전쟁으로 인한 괴로움,

천재지변에서 오는 괴로움, 굶주림에서 오는 괴로움 등 수많은 괴로움이 우리 인간의 앞에 놓여 있다고 하겠다. 그리고 괴로움이 여기에서 끝나면 좋겠는데, 또한 우리 앞에는 윤회의 괴로움이 있다. 경전에서는 이 윤회(saṃsāra)에 대해서 다음과 같이 설하고 있다.

"비구들이여, 이 윤회는 그 처음을 알 수 없다. 최초의 시간은 알려질 수 없다. 무명에 의해 뒤덮여 있고, 갈망에 의해 속박되어 있는 중생들은 이 생사의 세계에서 이리저리 헤매며 삶과 죽음을 되풀이한다."[74]

윤회(saṃsāra)는 빨리어의 어원적 의미로 '끊임없는 헤매임'으로 풀이된다. 이와 같은 어원적 의미를 보더라도 윤회의 고통은 매우 괴로운 것이라고 하겠다. 그러므로 윤회의 고통에서 벗어나는 것이 급선무인데, 이것이 생각보다 쉽지 않다. 그것은 어떻게 의지하고 행동하느냐에 따라서 그 결과가 있게 되기 때문이다.

『앙굿따라 니까야』에서는 다음과 같이 설하고 있다.

"행위行爲는 땅이고, 의식意識은 씨이며, 갈망은 물기이다. 이것들 때문에 윤회가 발생한다."[75]

이상 경전의 내용을 보더라도 인간에게는 무엇인가 하고자 하는 의식과 갈망이 있으며, 이로써 행위가 있게 되는데, 이렇게 함으로써 윤회가 발생할 수밖에 없는 것이라는 것을 알 수 있다. 그런데 윤회의 시작은 무명(無明, avijjā)이라는 것에 주목할 필요가 있다. 이 무명이 완전히 제거되지 않으면 윤회의 괴로움이 그치지 않는다는 것을 『상윳따 니까야』에서는 다음과 같이 설하고 있다.

"이것이 있으면 저것이 있게 되고, 이것이 일어나면 저것이 일어난다. 이것이 없으면 저것이 없어지고, 이것이 그치면 저것이 그친다. 다시 말하면 무지〔無明〕에는 경향성〔行〕이 의존하고, 경향성에는 의식〔識〕이 의존하고, 의식에는 정신·신체의 인격〔名色〕이 의존하고, 정신·신체의 인격에는 〔감각 지각〕의 문호인 육입六入이 의존하고, 육입에는 접촉〔觸〕이 의존하고, 접촉에는 느낌〔受〕이 의존하고, 느낌에는 탐욕〔愛〕이 의존하고, 탐욕에는 집착〔取〕이 의존하고, 집착에는 생성〔有〕이 의존하고, 생성에는 태어남〔生〕이 의존하고, 태어남에는 늙음과 죽음〔老死〕, 슬픔과 한탄, 괴로움, 낙담, 번뇌 등이 의존한다. 이런 방식으로 이러한 무수한 고통〔苦〕이 일어난다."[76]

고성제에 대해 살펴보면서 연기법緣起法에서 언급하는 무명에서 비롯하는 윤회의 괴로움 문제도 다루었다. 이제부터 살펴보는 고집성제苦集聖諦에서도 결국 연기법의 측면에서 괴로움〔苦〕의 원인이 규명되고 있다. 그러면 지금부터 두 번째, '괴로움의 발생'의 고귀한 진리인 고집성제를 살펴보기로 한다. 장부 경전(長部經典, DN)에서는 '괴로움의 발생'의 고귀한 진리인 고집성제를 다음과 같이 설하고 있다.

"비구들이여, 무엇이 '괴로움의 발생'의 고귀한 진리〔苦集聖諦〕인가? 그것은 바로 갈망〔渴愛, taṅhā〕인데, 갈망이란 또 다른 생존을 초래하며, 쾌락과 탐욕을 동반하는, 이른바 감각적 쾌락에 대한 갈망, 존재〔有〕에 대한 갈망, 비존재〔非有〕에 대한 갈망을 말한다. 그러면 비구들이여, 이 갈망은 무엇에서 생겨나며, 어디에 머물러 있는가? 이 세상에서 즐거운 대상, 즐길 만한 대상이 있는 곳이면 그 어디에서나 이 갈망은 생겨나고 그곳에 머무른다. 눈, 귀, 코, 혀, 몸, 마음〔六根; 여섯 가지 감각기관〕이 즐겁고 즐길 만한 대상이라면 그곳에서 이 갈망은 생겨나고 그곳에 머무른다. 보이는 것〔色〕, 들리는 것〔聲〕, 냄새〔香〕, 맛〔味〕, 육체의 촉감〔觸〕, 마음속의 현상들〔法〕〔六境; 여섯 가지 감각대상〕이 즐겁고 즐길 만한 대상이라면 그곳에서 이 갈망은 생겨나고 거기에 머무른다. 그리고 각각〔눈, 귀, 코, 혀, 몸, 마음〕의 여섯 가지 의식〔六識〕, 여섯 가지 접촉〔六觸〕, 여섯 가지 접촉에서 생긴 느낌〔六受〕, 여섯 가지 지각〔六想〕, 여섯 가지 의지〔六思〕, 여섯 가지 갈망〔六愛〕, 여섯 가지 향하는 생각〔六尋〕, 여섯 가지 머무는 생각〔六伺〕이 즐겁고 즐길 만한 대상이라면 그곳에서 이 갈망은 생겨나고 거기에서 머무른다. 비구들이여, 이것을 '괴로움의 발생'의 고귀한 진리〔苦集聖諦〕라고 한다."[77]

갈망〔보통 갈애로 잘 알려져 있는데, 빨리어로는 탕하(taṅhā)이다〕이 인간이 실존적으로 겪는 괴로움의 원인이라는 것이 집성제의 진리에 의해서 밝혀졌는데, 앞에서 다룬 여섯 가지 감각기관인 육근六根과 여섯 가지 감각대상인 육경六境이 각각 즐겁고 즐길 만한 대상이라면 갈망,

즉 갈애가 발생하고 머무른다는 것이다. 그런데 아직 갈망(갈애)이 어떤 과정을 거쳐 발생하는지에 대한 구체적인 모습은 이 초기경전에는 나타나 있지 않은데, 이에 대해 더 살펴보도록 하자.

중부 경전(中部經典, MN)에서는 갈망(갈애)이 현상의 조건에 의해 발행하게 된다고 구체적으로 설명하고 있다.

"비구들이여, 눈으로 대상을 볼 때, 즐거운 대상이면 그 대상에 집착하고, 즐거운 대상이 아니면 싫어한다. 귀로 소리를 들을 때, …… 코로 냄새를 맡을 때, …… 혀로 맛을 볼 때, …… 몸으로 접촉을 할 때, 마음으로 마음속의 현상들을 생각할 때, 즐거운 대상이면 그 대상에 집착하고, 즐거운 대상이 아니면 싫어한다. 그리고 몸에 대한 마음 챙김〔身念處〕을 지니지 않고, 좁은 마음으로 지내면서, 마음의 해탈과 지혜의 해탈을 있는 그대로 알지 못한다. 이러한 모든 악하고 좋지 않은 현상들이 부지불식간에 감추어져 버린다. 이처럼 집착하는 마음과 싫어하는 마음을 지닌 채로 즐겁거나, 괴롭거나, 즐겁지도 괴롭지도 않은 그 어떤 느낌이 생겨났을 때, 그 느낌을 즐기고 받아들이고 붙잡게 되면 즐거움이 생겨나게 되는데, 이렇게 느낌에서 생겨난 즐거움은 바로 집착〔取〕이며, 이 집착을 조건으로 해서 존재양식〔有; 업에 의한 존재 또는 업의 과정〕이 생겨나며, 이 존재양식에 의존하여 새로운 태어남〔生〕이 생겨나게 되며, 이 태어남을 의존해서 늙음, 죽음, 슬픔, 비탄, 고통, 비애, 절망 등의 온갖 괴로움의 무더기가 생겨나게 된다."[78]

이상 경전에 의하면 갈망(갈애)은 집착에서 발생한다는 것이다. 눈, 귀, 코, 혀, 몸, 마음 등이 각각의 대상에 집착할 때 느낌이 발생하는데, 느낌을 받아들이고 즐거워하면 집착이 있게 되고, 집착은 조건이 되어 존재양식(有)이 생겨나고, 이어서 존재양식을 조건으로 하여 새로운 태어남(生)이 있게 되고, 이어서 태어남을 조건으로 하여 늙음, 죽음, 슬픔, 비탄, 고통, 비애, 절망 등의 온갖 괴로움의 무더기가 생겨나게 된다. 즐거워함으로써 집착하는 것이 갈망(갈애)이 된다는 것을 이 경전에서는 말하고 있는데, 이러한 갈망이 유전문流轉門의 과정인 열두 가지 십이연기법十二緣起法으로 나타나고 있다.

그런데 즐거운 느낌을 받아들여 집착하는 것이 갈망(갈애)이고, 이로써 열두 가지 연기의 과정인 윤회가 전개된다는 설명만으로는 무엇인가 구체적이지 못하다. 이에 대해 증지부增支部 경전에서는 탐·진·치에서 각각 비롯되고, 생겨나고, 원인으로 하는 업이 윤회의 원인이라고 설하고 있어서 설득력이 있다.

"비구들이여, 탐욕(貪)에서 비롯된 업業, 탐욕에서 생겨난 업, 탐욕을 원인으로 하는 업, 탐욕을 조건으로 하는 업, 성냄(瞋)에서 비롯된 업, 성냄에서 생겨난 업, 성냄을 원인으로 하는 업, 성냄을 조건으로 하는 업, 어리석음(痴)에서 비롯된 업, 어리석음에서 생겨난 업, 어리석음을 원인으로 하는 업, 어리석음을 조건으로 하는 업이 있다. 이러한 업이 있는 사람이 태어나는 곳, 그곳이 그 업이 무르익는 곳이다. 그 업이 무르익을 때, 현재의 삶(現生)이든지, 다음 생(來生)이든지, 아주 먼 후생後生이든지 간에 그 업의 과보를 받게 된다."[79]

교육적 측면에서 볼 때, 인간이 태어나서 살면서 겪는 괴로움과 윤회의 괴로움 등의 원인이 비로소 밝혀지게 되었다는 점에서 불교교육의 철학적 기초의 바탕이 마련되었다고 하겠다. 왜냐하면 인간이 당면하고 있는 실존적 괴로움의 문제가 존재론적인, 인식론적인 접근으로 파악되었기 때문에 이와 같이 말하는 것이다. 철학은 인간의 궁극적인 실체가 정신인지 물질인지, 또는 인간이 이 세상에서 산다고 하는 것이 우주 전체에서 어떤 의미를 갖는지 등에 대해 탐구하는 것이 그 영역[80]이기 때문이다.

그리고 세 번째는 '괴로움의 소멸'의 고귀한 진리인 고멸성제苦滅聖諦이다. 장부長部 경전에서는 다음과 같이 설하고 있다.

"비구들이여, '괴로움의 소멸'의 고귀한 진리(苦滅聖諦)란 무엇인가? 탐욕을 버림〔無貪〕에 의한, 저 갈망(갈애)의 남김 없는 소멸, 떠남, 완전한 파기, 해탈, 무집착 – 이것을 '괴로움의 소멸'의 고귀한 진리라〔고〕 한다. 그러면 이 갈망(갈애)은 어디에서 버려지며, 어디에서 소멸해버리는가? 이 세상에서 즐거운 대상, 즐길 만한 대상이 있는 곳에서 이 갈망은 버려지고, 소멸한다. 이 세상에서, 눈, 귀, 코, 혀, 몸, 마음〔六根: 여섯 가지 감각기관〕이 즐겁고 즐길 만한 대상이라면 그곳에서 이 갈망은 버려지고, 소멸한다. 보이는 것〔色〕, 들리는 것〔聲〕, 냄새〔香〕, 맛〔味〕, 육체의 촉감〔觸〕, 마음속의 현상들〔法〕〔六境: 여섯 가지 감각대상〕이 즐겁고 즐길 만한 대상이라면 그곳에서 이 갈망(갈애)은 버려지고 소멸한다. 그리고 [눈, 귀, 코, 혀, 몸, 마음]의 각각 여섯 가지 의식[六識], 여섯 가지 접촉[六觸], 여섯 가지 접촉에서 생긴 느낌[六受], 여섯 가지 지각[六想], 여섯 가지 의지작용[六思], 여섯 가지 갈망[六愛], 여섯 가지 향하는 생각[六尋], 여섯 가지 머무는 생각[六伺]이 즐겁고 즐길 만한 대상이라면 그곳에서 이 갈망은 버려지고, 소멸한다."[81]

눈, 귀, 코, 혀, 몸, 마음[六根: 여섯 가지 감각기관]이 각각 보이는 것[色], 들리는 것[聲], 냄새[香], 맛[味], 육체의 촉감[觸], 마음속의 현상들[法][六境: 여섯 가지 감각대상]을 대상으로 하여 즐겁고 즐길 만한 대상이 있더라도 갈망(갈애)이 버려지고 소멸한 상태가 '괴로움의 소멸'의 고귀한 진리인 고멸성제이다. 그런데 이 갈망(갈애)이 어떻게 끊어지는가 하면, 무상無常·고苦·무아無我 등 세 가지 진리[『淸淨道論』에서는 三特相이라고 표현한다]에 대한 통찰洞察에 의해 끊어진다. 다음 상응부相應部 경전에서는 이것을 설하고 있다.

"비구들이여, 과거의 것이나, 현재의 것이나, 미래의 것이나, 이 세상에서 즐거운 대상, 즐길 만한 대상에 대해서, 그것은 영원하지 않다[無常], 만족스러운 것이 아니다[苦], 불변하는 실체가 아니다[無我], 질병이다, 두려움이다라고 보면, 저 갈망[갈애]은 끊어져 버린다. 갈망[갈애]이 끊어져 버리면, 집착(upadhi)이 끊어져 버린다. 집착이 끊어져 버리면, 괴로움이 끊어져 버린다. 괴로움을 끊어버린 사람은 태어남, 늙음, 죽음, 슬픔, 비탄, 고통, 비애,

우수로부터 해탈하게 된다. 이것을 괴로움으로부터의 해탈이라고 나는 말한다."[82]

'괴로움의 소멸'의 상태에 이르는 모습에 대해 보다 구체적으로 상응부 경전에서는 다음과 같이 설하고[83] 있다.

"탐욕을 버림〔無貪〕에 의한, 저 갈망의 남김 없는 소멸에 의해 집착〔取〕이 소멸한다. 집착의 소멸에 의해 (새로운) 존재양식〔有〕이 소멸한다. 존재양식의 소멸에 의해 태어남이 소멸한다. 태어남의 소멸에 의해 늙음, 죽음, 슬픔, 비탄, 고통, 비애, 우수憂愁가 소멸한다. 이와 같이 괴로움의 전체 무더기의 소멸이 있게 되는 것이다."

"물질〔色〕의 소멸, 적멸, 종식終熄, 느낌〔受〕의 …… 지각〔想〕의 …… 형성〔行〕의 …… 의식〔識〕의 소멸, 적멸, 종식, 이것을 괴로움의 소멸, 질병의 적멸, 늙음과 죽음의 종식이라고 한다."

탐욕을 버림에 의해 갈망(갈애)이 완전히 소멸하고, 갈망이 완전히 소멸함에 의해 집착이 소멸하고, 집착이 소멸함에 의해 (새로운) 존재양식〔有〕이 소멸하고, 존재양식의 소멸에 의해 태어남이 소멸하고, 태어남의 소멸에 의해 늙음, 죽음, 슬픔, 비탄, 고통, 비애, 우수가 소멸하는 등 모든 현상의 조건에 의한, 즉 열두 가지 연기에 의한 소멸이 이루어진다. 이 괴로움의 소멸의 상태를 증지부 경전에서는 다음과 같이 열반이라고[84] 표현하고 있다.

"실로 이것은 평온이며, 뛰어난 것이며, 모든 형성[諸行]의 종식終熄이며, 모든 존재의 의지처(upadhi)의 파기이며, 갈망(갈애)의 소진消盡이며, 무탐(virāga)이며, 멸(滅, nirodha)이며, 열반이라고 한다."

"벗이여, 탐욕의 소진消盡, 성냄의 소진, 무지無知의 소진, 이것을 열반이라고 한다."

그 다음, 고통의 원인을 밝혀 그 해결방법을 제시한 것은 고멸도성제苦滅道聖諦이다. 우리가 팔정도八正道라고 알고 있는 것이 그것이다. 인간이 태어나서 겪는 여덟 가지 괴로움과 업의 결과로 경험하는 괴로운 윤회의 길은 갈망(갈애)이 원인이라는 것이 고집성제에서 밝혀졌다. 그런데 출가 수행자가 갈망(갈애)이 괴로움의 원인이라고 안다고 해서 바로 열반에 이르는 것이 아니다. 열반이라고 하는 목표에 도달하기 위해서 출가 수행자가 밟아야 하는 여덟 가지 길이 있는데, 그것은 단계적 수련의 과정, 즉 점진적으로 실천을 해야 하는 과정이다. 이 여덟 가지 길은 올바른 견해[正見], 올바른 사유[正思惟], 올바른 말[正語], 올바른 행동[正業], 올바른 생활[正命], 올바른 노력[正精進], 올바른 마음가짐[正念], 올바른 정신집중[正定] 등으로서, 달리 이 여덟 가지 길을 표현하면 '도덕적 완성의 길'이라고 할 수 있다.

부처님은 팔정도의 길이 중도中道라고 표현하고 있는데, "여래가 발견한, 보는 눈을 주고, 앎을 주는 중도, 평온에 이르게 하고, 뛰어난 앎을 얻게 하며, 깨달음을 이루게 하고, 열반을 얻게 하는 중도이다."[85] 라고 설하고 있다.

팔정도는 정견正見이 맨 앞에 있어서 정견부터 닦아야 하는 것으로 여겨질 수 있다. 그러나 윤리적인 계戒의 특성을 띠고 있는 바른 언어[正語], 바른 행위[正業], 바른 생계[正命] 등이 먼저 실천 수행되고, 그 다음 마음 집중인 정(定)에 해당하는 바른 노력[正精進], 바른 마음챙김[正念], 바른 마음 집중[正定] 등이 실천 수행되고, 그 다음 지혜[慧]에 해당하는 바른 이해[正見], 바른 사유[正思惟] 등이 실천 수행된다. 즉 팔정도를 수행하는 길은 계→정→혜의 차제적 수행의 길이라고 할 수 있다.[대체적으로 계→정→혜의 차제적 수행의 길이라는 것이다]

팔정도 수행의 길에서 출가 수행자가 계를 먼저 닦아야 하는 까닭은 여섯 가지 감각기관을 우선 방호防護하지 않고서는 선정[定]과 혜[慧, 위빠사나의 洞察智]를 닦는다는 것이 어불성설이기 때문이다. 그러므로 우리는 팔정도에서의 바른 언어[正語], 바른 행위[正業], 바른 생계[正命] 등의 도덕적 수행을 '불교교육의 철학적 기초'에서 제일 먼저 밑바탕에서 이루어져야 하는 도덕적 인격의 완성, 즉 불교 윤리적 특성을 띠는 교육적 가치라고 말하는 것이다.

그리고 동시에 이것은 종교적 가치가 되기도 한다. 이것은 자신과 타인뿐만 아니라 자연과 우주를 연결하는 의미구조를 지니고 있기 때문에 종교적 가치라고[86] 말하는 것이다. 구체적으로 말하면, 살생하지 않고, 도둑질하지 않고, 거짓말하지 않는 등 계를 지키는 것은 타인뿐만 아니라 세상을 향해 갖게 되는 종교적 가치로서의 의미인 것이다. 물론 그 다음 단계로 닦는 바른 노력[正精進], 바른 마음챙김[正念], 바른 마음 집중[正定] 등의 선정[定] 수행과 이어서 닦는 바른 이해[正見], 바른 사유[正思惟] 등의 지혜[慧, 위빠사나의 洞察智]

수행도 도덕적 인격의 완성인 불교 윤리적 특성을 띠는 교육적 가치[종교적 가치도 된다]인 것은 분명하다.

그러므로 팔정도의 길은 통틀어서 도덕적 인격의 완성인 불교 윤리적 특성을 띠는 교육적 가치라고 말할 수 있다. 왜냐하면 팔정도 가운데 바른 언어[正語], 바른 행위[正業], 바른 생계[正命] 등의 계를 출가 수행자가 방호하는 것이 바탕이 되지 않고서는 팔정도의 길은 성취되기 어렵기 때문이다.

2. 압축과 발현의 교육적 전개에 대한 이해

우리나라 불교는 대승불교이다. 따라서 아무래도 불자들은 대승불교 경전에 익숙한 편이다. 『반야심경』을 비롯하여 『금강경』과 『천수경』 등 경전에 익숙하다는 말이다. 절에 가면 법회 때 스님과 불자들이 『천수경』과 『반야심경』, 그리고 『금강경』과 『아미타경』 등을 독송하곤 한다.

대승불교 경전은, 학설에 의하면 『반야경』은 기원전후 100년경에 인도 대륙에서 모습을 드러냈다고 전한다. 그러므로 『반야경』은 초기 대승경전이라고 말할 수 있고, 이어서 『법화경』, 『아미타경』 등 경전이 인도 대륙에서 그 모습을 드러냈다고 한다.

그런데 여기에서 대승불교 경전의 성립에 대해서 언급하는 까닭은, 우리는 무엇이 먼저이고 무엇이 나중인가에 대해서 한번쯤 생각해 볼 필요가 있다는 것을 말하는 것이다. 왜냐하면 초기불교의 교설은 간단명료한 압축적 양상을 띤 반면에 부파불교는 번쇄하고 복잡한 교리체계로서, 대승불교는 중관과 유식 등의 교리와 더불어 여러 불보살과 불국토가 출현하는 방대한 체계로서 발현의 양상을 띠고 나타났기 때문이다. 이와 같이 시대별로 압축(壓縮, Condensation)과 발현(發顯, Representation)의 특성을 띠는 교설의 양상으로 인해 부처님의 가르침을 펴는 불교적 교육자인 출가승들의 교육내용과 교육방법은 시대별로 달라질 수밖에 없었다.

불교 교설이 나타내고 있는 압축과 발현의 특성은 시대별로 수행과 교육에 영향을 끼쳤다. 시대별로 수행을 위해 의존하는 교설의 내용에서 차이가 나므로 수행하는 방법이 다를 수밖에 없었고, 수행하는 방법을 가르치는 교육방법 또한 달라질 수밖에 없었다고 하겠다. 즉 텍스트가 초기불교 경전인지, 아니면 대승불교 경전인지, 둘 다 아니고 선어록禪語錄인지에 따라서 각각 수행방법에서 차이가 났으며, 또한 이들 각각은 교육내용과 교육방법에서 다르게 나타났던 것이다.

이처럼 시대별로 교육내용과 교육방법이 달라졌다는 점은 시대별로 커리큘럼의 구성이 달라졌다는 것을 의미하는데, 교육과정의 체계가 시대별로 차이가 났음을 나타낸다. 그러므로 교설에 대해 순서를 정해서 체계적 이해와 더불어 효율적 교육을 하는 것이 필요함은 당연하다. 우리가 고등학교 시절 영어와 수학을 공부할 때 기본적으로 기본영어와 수 I 을 배운 후 종합영어와 수II를 배웠듯이, 불교에서도 교육과정 시 먼저 순차적으로 불교의 기초교리를 학습한 후 차제적으로 주요 개념과 구체적 내용을 학습하는 것이 필요한 것이다. 즉 불교적 교사가 불교적 학생을 대상으로 이와 같이 교육할 필요가 있는 것이다. 다만 이때 불교적 교사는 불교적 학생의 근기, 즉 학습능력과 주변 학습환경 등을 고려해서 교육해야 한다.

순차적 교육과정을 세워 실천하는 것이 가능한 것은 초기불교 경전에 나타나는 온(蘊; 5蘊)·처(處; 12處)·계(界; 18界)·근(根; 5根 또는 22根)·제(諦; 四聖諦)·연(緣; 12緣起) 등의 용어와 그 개념이 부파불교 논서와 대승불교 경전 등에 계승되어 계속해서 나타나고 있다는 데 있다. 예를 들어 대승불교 경전들에 대해 설명하면, 대승불교 경전들에는 수많은 부처님〔多佛〕과 수많은 보살〔多菩薩〕의 등장과 함께 그 당시 환경에 영향을 받은 요소와 용어의 변천 등이 다수 있어서 복잡해 보이지만, 자세히 들여다보면 공통적으로는 초기불교 경전에서 인용하고 있는 온蘊·처處·계界·근根·제諦·연緣 등의 용어와 개념들이 계속해서 이어지고 있다는 것을 발견할 수 있다. 이러한 점은 저학년에서 배운 수학의 기본개념 또는 영어의 기본 단어와 문법 등이 고학년의 수학과 영어 과목에서 그 기본개념으로서 이어지고 있는 경우와 비슷하다.

서구 교육학자인 제롬 브루너(J. Bruner, 1915~2016)는 「구조의 중요성(The imporance of structure)」이라는 글에서 학습내용의 기본 구조를 교육 현장에서 학생들에게 가르치기 위한 일반적인 요구사항들을 다음과 같이 언급하고 있다.[87] 첫째, 기본적인 것, 즉 기본원칙들에 대한 이해는 학습내용을 이해하기 쉽게 만든다는 것이다. 이와 같은 원칙은 수학과 물리학뿐만 아니라 사회과학이나 문학 등에서도 그렇다는 것이다. 둘째, 인간의 기억과 관련하여 내용이 구조화된 형태로 되어 있지 않으면 빠르게 기억이 잊혀진다는 것이다. 그 한 예로서 과학자들은 쉽게 기억이 가능한 공식에 기반으로 두고 자세한 내용들을 재생하게 되는데, 비록 여러 가지 내용들이 기억나지 않는다고 하더라도 공식의 기본원리를 학습함으로써 필요할 때 자세한 내용들을 다시 구축하는 것이 가능하다고 하는 것이다. 셋째, 그러므로 기본적인 원리들과 개념에 대한 이해는 이후 전개되는 훈련의 전이를 위해서 주요한 길이라는 것이다.

예를 하나 들어 설명해 보겠다. 공식 $s=\frac{1}{2}gt^2$은 매우 짤막한 공식이다. 그러나 이 간단한 공식은 압축과 발현의 모습으로 나타나는 모든 기술들을 갈무리한 정수精髓로서 나타나고 있다. 즉 간단하게는 공식으로 표현되지만 이 공식에는 여러 가지 상황과 장면들이 함축된 생생하게 자세한 모습으로 나타나고 있다. 그런 점에서 초기불교와 이후 전개된 부파불교와 대승불교의 관계 등도 이와 같은 모습으로 이해할 필요가 있다. 번쇄한 교설이라고 할 수 있는 부파불교와 대승불교 가운데에서 부처님 당시의 일반적이고 기본적인 원리라고 할 수 있는 핵심 교설을 추려내어 교육한다면 불교가 대중들에게 보다 쉽게 이해되는 모습으로 다가갈 것이다.

앞에서 다룬 사성제는 초기불교의 중심 교설이라고 하겠다. 그런데 사성제뿐만 아니라 이 글에서 이미 다룬 연기설도 중요한 교설로서 자리매김하고 있다. 다만 사성제의 교설이 연기설을 비롯한 중요 교설들을 갈무리한 종합의 모습으로 나타나고 있다는 점에서 중심 교설이라고 말하는 것이다. 그러므로 사성제는 매우 중요한 불교교육의 철학적 기초가 된다고 말하는 것이다.

사성제가 됐든 연기설이 됐든, 이들 교설은 부처님 입멸 후 변천을 겪게 된다. 사성제는 부파불교의 대표 논서인 『아비달마구사론』에 보면 사성제의 교설이 중심이 되는 4제 16행상四諦十六行相의 교설로서 전개되고 있다.[88] 그리고 초기불교의 십이연기설十二緣起說은 『중론中論』의 '관십이인연품觀十二因緣品'을 보면 중도적中道的 의미의 연기緣起 공空의 교설로 전개되고 있으며, 유식학唯識學에서는 아뢰야연기설阿賴耶緣起說로서 전개되고 있다. 이들 사성제와 십이연기 교설의 시대적 전개가 초기불교와 비교할 때 교학적으로 서로 같은 의미를 갖는다고 말할 수는 없다. 그러나 이들 시대적 교설의 전개로 나타난 사성제와 십이인연설의 원천源泉이 석가모니 부처님이라는 점에 주목해야 한다. 그러므로 교설의 압축이 어디에 있는지, 그리고 그 발현의 모습이 어떻게 전개되었는지 잘 알면 불교교육의 현장에서 불교교육의 철학적 토대에 바탕을 두고 교육 실천의 효과를 가져올 것이다. 나아가 비록 초기불교와 부파불교, 그리고 대승불교 사이의 시대적 간격과 차이점 등이 있음에도 불구하고 교육적 측면에서 공통적으로 사용하는 용어에 주목하고 비교 연구함으로써 이해의 폭을 넓히고 연속적 불교교육의 방향을 지향하는 것도 가능할 것이라고 전망한다.

3. 종교교육으로서의 불교교육과 교육내용·교육방법, 종교교육의 가치

이 글을 지금까지 읽은 독자들은 불교교육이 일반적으로 우리가 경험했던 교육과는 달라도 너무 다르다는 것을 알게 되었을 것이다. 출가한 비구 스님이나 재가자들이 부처님이 설하신 가르침을 스승 비구 스님으로부터 배우는 과정을 보면, 가르치고 배우는 측면만 볼 때는 일반 학교에서 가르치고 학습하는 '교수학습'의 모습과 같은 것처럼 여겨지지만, 가르침의 내용과 가르침과 학습의 과정을 통해서 도달하고자 하는 목표 등을 볼 때 실제적으로 전혀 다르다. 즉 불교교육은 종교교육인 것이다. 달리 표현하면 세속적이지 않은 교육인 것이다.

1) 경전 내용의 교육적 효과와 그 의의

지금부터 세속적이지 않은 종교교육으로서의 불교의 교육내용을 경전에 근거해서 개괄적으로 서술해 보기로 한다.

우리가 알고 있는 『본생담』과 『법구비유경』, 『현우경』, 『선생자경 善生子經』 등의 경전을 보면 불교의 윤리적 덕목과 그 실천을 내용으로 하고 있다. 지금까지 수많은 세월 동안 사람들에게 이러한 내용을 담고 있는 경전이 설해짐으로써 많은 감화를 주었다는 점에서 이들 경전의 인간 형성의 가치는 크다고 하겠다. 그 근거로서 내용을 보면, 『본생담』에서는 부처님의 과거 전생에서의 보시, 인욕 등 실천행을 설하면서 권선징악勸善懲惡을 지향하고 있으며, 『선생자경』에서는 부모와 자식 간에, 사용주와 근로자 간에 어떻게 해야 하는가를 담고 있기 때문에 오랜 세월 동안 출가 비구들에 의해 사람들에게 설해져서 많은 감화를 주었다. 지금도 이들 경전의 내용은 일반 재가불자들에게, 그리고 종립학교 학생들에게 전해지고 교육되고 있으므로 그 가치를 알 수 있다.

한편으로 이처럼 가치가 있는 불교의 『본생담』, 즉 『자타카』 등과 비교될 만한 것으로는 서양의 『이솝 이야기』를 예로 들 수 있는데, 『이솝 이야기』가 세계 아동들에게 지대한 인성교육과 관련하여 교육적 효과가 큰 것은 전래되는 이야기를 내러티브(narrative)의 형태로 아동들에게 쉽게 전달함으로써 교훈을 줬기 때문이다.

『본생담』을 비롯한 『현우경』, 『선생자경』 등의 내용은 불자가 아닌 일반 사람들에게는 낯설지만 내러티브의 교육방법으로 사용할 수 있는 우수한 교육내용을 담고 있으므로 『이솝 이야기』 못지않게 교육적 의의가 있다. 그 근거로 『본생담』, 즉 『자타카』의 이야기를 스토리텔링 프로그램으로 실시하기 전과 후에 친사회적 행동발달의 변화가 다음과 같이 나타났다고 하는 종교교육학 연구 논문[89]이 있어서 주목된다.

이 논문에서는 유아들이 『자타카』 스토리텔링 프로그램에 참여한 후에 참여하기 전보다 행동발달 영역 가운데 자기 존중은 1.87에서 2.50으로, 자기 조절은 2.07에서 2.50으로, 타인 존중은 1.63에서 2.40으로, 우정은 1.30에서 2.20으로, 배려는 1.87에서 2.37로, 협동은 1.17에서 2.27으로, 도움은 1.90에서 2.30으로, 존경과 고려는 1.97에서 2.57로 각각 향상하는 결과를 나타냈다고 기술하고 있다. 이것을 보더라도 이와 같은 내러티브 형태의 인성교육적 효과는 크다고 하겠다.

내러티브는 단순한 이야기가 아니라 인생이 되고, 문화가 되며, 도덕이 된다. 우리가 어렸을 때 전래되고 있는 이야기를 가까운 부모님 또는 할아버지, 할머니 등에게 들었을 때 흥미를 가지고 재미있게 들은 기억이 있을 것이다. 이와 같이 이상의 논문에서 예로 든 프로그램에서 『자타카』의 이야기를 듣고 행동발달의 각 영역에서의 수치 변화가 바람직한 방향으로 증가한 것처럼 내러티브의 성향이 있는 이야기의 교육 효과는 분명히 크다고 하겠으며, 이에 내러티브의 특성을 띤 『자타카』 등 경전에 우리가 주목할 수밖에 없는 것이다.

2) 교육방법: 연령과 능력, 발달과업 등에 따라 적정한 교육을 해야 함

이상 예로 든 본생담 등 경전의 윤리적·인성교육적 의의는 훌륭하다고
하겠다. 그러나 『본생담』의 경우 보시에 관한 내용과 관련하여 교육자
가 어린 아동에게 교육할 때 주의해야 한다. 『본생담』에 보면 자신의
몸을 거리낌 없이 보시하는 내용이 있는데, 이런 보시의 내용이 갖는
취지는 종교적으로는 좋을지 모르지만, 어린 아동에게는 거부감으로
다가올 수도 있는 측면이 있기 때문이다. 그러므로 연령에 따라 적합한
내용과 교육방법을 선택해야 할 이유가 여기에 있는 것이다. 그러기에
존 듀이(John Dewey, 1859~1952)도 종교교육을 할 때 교육자가 주의해
야 할 필요가 있음을 언급하고 있는 것이다.

듀이는 종교교육을 반대했다고 하는데, 그 이유로서 그는 어린
나이의 학생들에게 종교적인 가르침을 주는 것은 학생 개개인의 독립
적인 사고능력을 심하게 약화시키고, 미래의 탐구를 종교에 의해
왜곡하는 편견을 만들어내는 결과를 가져올 우려가 있기 때문이라는
것이다.

그러므로 우리가 불교교육을 교육 현장에서 할 때 교육받는 대상의
연령과 그 성격과 능력 등 여러 가지 요인들을 종합적으로 고려해야
하는 것이다. 이때 아동의 심리와 발달과업 등에 대한 고려가 뒷받침되
어야 하는 것은 너무나 당연하다고 할 것이다.

3) 종교교육의 가치

존 듀이가 어린 아동들이나 청소년들에게 종교적 교리를 교육하는 것은 적합하지 않다고 주장한 것은 나름대로 그 타당성이 있다고 할 것이다. 그러나 그럼에도 불구하고 종교교육의 가치는 매우 중요하다. 왜냐하면 종교교육의 영역은 제도적인 학교교육을 통해서 달성하기 힘든 것을 달성하도록 한다는 점, 즉 종교교육을 통해 학생들의 인성이나 도덕성의 발달에 효과를 가져온다는 점에서 종교교육의 중요성과 함께 그 가치는 매우 크기 때문이다. 그러므로 종교교육 가운데 불교교육에 대해 사회적으로 관심을 가질 필요가 있다. 불교가 종교인 것은 맞지만 지금은 21세기로서 종교와 세상이 서로 동떨어져 있는 세상이 아니므로 사회에서는 불교에서 배울 만한 점은 배울 필요가 있다. 과거 르네상스 시절에 인문주의가 부흥한 후 포스트모더니즘 이래 종교와 인문학 간에 연계한 학문적 활동이 있어 왔으므로 이제는 종교교육으로부터, 즉 불교교육으로부터 도움을 받을 필요도 있다고 보는 것이다.

필자의 바람은 불교계 종단에서 불교교육학에 대한 관심을 가지고 불교계 안으로 받아들여 불교교육학의 장場을 만들었으면 한다. 불교 심리학에만 관심을 가지지 말고 불교교육도 중요하므로 이와 같은 노력을 기울였으면 하는 것이다. 교육은 '백년지대계百年之大計'가 아니라 '만년지대계萬年之大計'일 수 있기 때문이다.

4장

남방 테라와다 불교의 교육과정

남방불교는 테라와다라고 불리어지는데, 아쇼카왕의 아들 마힌다가 출가한 후 부처님이 설한 정법을 스리랑카에 전한 데서 비롯한다. 부처님의 법이 바로 전해졌다는 점에서 남방불교는 그 가치가 큰 것과 함께 중요성 또한 적지 않다고 할 수 있다. 남방 테라와다 불교의 대표적인 저서인 『청정도론』 가운데 사마타 수행과 위빠사나 수행과정의 개요槪要를 통해 교육과정의 모습을 살펴보고자 한다.

1. 네 가지 선(四禪)의 수행과 그 단계별 과정

1) 초선(初禪, Pathamaṃ jhānaṃ)

『청정도론』은 비구가 본삼매本三昧에 들었을 때 비로소 감각적 욕망들을 완전히 떨쳐버리고[90] 해로운 법[不善法]들을 떨쳐버린 뒤 일으킨 생각[尋]과 지속적인 고찰[伺]이 있으며, 떨쳐버렸음에서 생긴 희열[喜, pīti]과 행복[樂, sukha][91]이 있는 초선에 들어 머문다고 설한다.[92] 비구가 초선에 들었을 때 예전에 있었던 감각적 욕망들을 완전히 떨쳐버렸고, 해로운 법들을 떨쳐버리게 되었다는 것은 어떤 인간으로 형성이 되었는가에 대해 심리적으로 나타내고 있는 것이라고 하겠다. 왜냐하면 초선이 감각적 욕망들이 조금이라도 있을 때 절대로 일어나지 않으며, 그것은 마치 어둠이 있을 때는 등불이 없는 것처럼, 감각적 욕망들을 완전히 버릴 때만 이 선禪의 상태를 얻게 되며, 또한 해로운 법[不善法]들을 완전히 떨쳐버리지 않고서는 이 초선에 들어 머물 수 없다고 설명하고[93]있기 때문이다.

그런데 여기서는 떨쳐버림을 몸으로 떨쳐버림, 마음으로 떨쳐버림, 다섯 가지 무더기[五蘊]의 떨쳐버림 등 두 가지 떨쳐버림의 의미로 봐야 한다. 즉『Pm.』에 따르면, 마음으로 떨쳐버림(cittaviveka), 몸으로 떨쳐버림(kāyaviveka), 다섯 가지 무더기(五蘊)의 떨쳐버림(upadhiviveka) 등이다.

마음으로 떨쳐버림은 해로운 법[不善法]과 함께하지 않는 것이고, 몸으로 떨쳐버림은 감각적 욕망을 충족시킬 대상과 함께하지 않는 것이고, 5온의 떨쳐버림은 닙빠나를 의미한다.[94]

몸으로 떨쳐버림은 감각적 욕망들을 떨쳐버리는 것으로서, 감각적 욕망이란 여섯 가지 감각기관[六根]이 마음에 들어 하는 형상들, 즉 눈에 보이는 색色을 비롯한 여섯 가지들이다.『청정도론』은『위방가』를 인용하여, "열의熱意인 감각적 욕망, 탐욕인 감각적 욕망, 열의와 탐욕인 감각적 욕망, 생각(saṅkappa)인 감각적 욕망, 탐욕인 감각적 욕망, 생각과 탐욕인 감각적 욕망, 이들을 일러 감각적 욕망이라고 한다."라고 감각적 욕망을 설명하면서, 감각적 욕망들을 완전히 떨쳐 버린다는 것은 몸으로 떨쳐버리는 것을 말한다고 설명하고 있다.[95]

그러면 해로운 법[不善法]들이란 무엇인가?『위방가』에서는 해로 운 법들은 욕탐이라고 하면서, 장애들[五蓋]을 설명하고 있다. 왜냐하 면 장애들[五蓋]은 선禪의 구성요소들과 다음과 같이 반대가 되기 때문이다.『뻬따까(peṭakopadesa, 藏釋論)』는 "삼매는 욕탐과 양립하 지 못하고, 희열은 악의惡意와, 일으킨 생각은 해태·혼침과, 행복은 들뜸·후회와, 지속적인 고찰은 의심과 양립할 수 없다."라고 설명하 고 있다.[96]

『아비담마타상가하(Abhidhammatta Saṅgaha)』에 의하면, 장애障碍 는 원어가 니와라나(nīvaraṇa)이다. 이 말은 nis(밖으로)+√vṛ(to cover)에서 파생한 중성명사로 원래 '덮어버림'이란 의미가 되나 장애의 의미를 살려 '개蓋'로 한역漢譯되었다. 경에서는 애욕, 악의, 해태와 혼침, 들뜸과 후회, 의심 등 다섯 가지만 언급되고 있으며, 이것을 '다섯 가지 장애[五蓋, pañca-nīvaraṇa]'라고 부른다. 지금은 이 말로 정형화되어 있다. 아비담마에서는 여기에 무명無明이 추가된다.[97]

이처럼 장애의 의미를 지니는 해로운 법[不善法]들을 완전히 떨쳐버 린다는 것은 오염원汚染源이 되는 감각적 욕망들과 모든 해로운 법들을 마음으로 완전히 떨쳐버린 상태를 말한다.[98]

비구가 신체에 의한 감각적 욕망들과 모든 해로운 법들을 몸과 마음으로 완전히 떨쳐버렸을 때 비로소 일으킨 생각[尋]과 지속적인 고찰[伺]이 있게 된다. 그 의미와 특성에 대해『청정도론』은 다음과

같이 설명한다.[99]

일으킨 생각[尋]은 생각함(vitakkana)이다. 이 말의 의미는 친다(ūhana)이고, 마음을 대상으로 향하여 기울이는 특징을 갖는다. 마음을 대상으로 인도하는 형태로 나타난다. 이것은 지속적인 고찰보다 거칠고, 지속적인 고찰에 앞서며, 마치 종을 치는 것처럼 처음으로 마음이 대상을 향하여 돌진하는 특성을 갖는다.

지속적인 고찰[伺]은 지속함(vicaraṇa)이다. 이 말은 계속해서 따라 움직인다(anusañcaraṇa)는 의미이다. 이것은 대상을 계속해서 문지르는 특성을 지니며, 함께 생긴 법들을 대상에 묶는 역할을 한다. 마음이 대상에 계속해서 일어남으로 나타난다. 이것은 미세하다는 뜻과 고찰하는 고유 성질로, 마치 종의 울림처럼 계속해서 일어나는 특성을 갖는다.

『아비담마타상가하』에 의하면, 'vitakka'는 'vi(분리해서)' + √tark (to think)'의 남성명사이다. 이 '√tark(to think)'에서 파생된 동사 'takketi'는 계량計較하고 사량분별思量分別하는 의미이다. 그러므로 '위딱까'는 마음속에서 이리저리 사량분별하고 논리적으로 따지는 의미를 가리킨다. 그리고 'vicaraṇa'는 'vi(분리해서)' + '√car(to move)' 의 남성명사로서 초기경전에서는 거의 'vitakka'라는 말과 함께 합성되어 나타난다. 이 말의 의미는 지속적으로 고찰하고 추론하는 것이다. 그러므로 어떤 것에 대해 사량분별하는 마음을 일으키는 '위딱까(vitakka)'와 그것을 지속적으로 고찰하고 추론하는 '위짜라(vicaraṇa)'는 마음의 중요한 기능에 속한다고 할 수 있다.[100]

그리고 '위딱까'는 마음을 대상으로 향하게 하고, '위짜라'는 마음이 계속해서 그 대상에 작용하게 한다는 의미가 있다. 이러한 기능을 보여주는 여러 가지 비유가 있다. '위딱까'는 새가 날기 위해 날개를 펴는 것과 같고, '위짜라'는 편 날개로 창공을 나는 것과 같다고 한다. 또한 '위딱까'는 벌이 꽃을 향해 날아드는 것과 같고, '위짜라'는 꽃 위에서 윙윙대는 것과 같다고 한다. 또한 '위딱까'는 녹슨 금속그릇을 들고 있는 손과 같고, '위짜라'는 그것을 닦는 손과 같다고 한다.[101]

『청정도론』은 초선이 마치 나무가 꽃과 열매와 함께하듯이 일으킨 생각과 지속적인 고찰 등과 함께 일어난다고 설명한다. 마찬가지로 초선은 떨쳐버린 희열과 행복이 있는 상태에서 일어나는데, 여기서 '떨쳐버림'은 떨침(vivitti)의 과거인 떨쳐버렸음(viveka)이고, 그 의미는 '장애가 없어졌다'이다. 혹은 떨쳐졌음(vivitta)이 떨쳐버렸음이고, '장애가 떨쳐진 선禪과 함께한 법의 더미'라는 의미가 된다고 설명한다.[102]

그 다음 '희열과 행복이 있고'에서 유쾌하게 하는 것(pīṇayati)이 희열이고, 충분히 유쾌함을 특징으로 한다는 것이다. 몸과 마음을 유쾌하게 하는 것으로 이러한 희열은 작은 희열, 순간적인 희열, 되풀이 해서 일어나는 희열, 용약하는 희열, 충만한 희열 등 다섯 가지라고 한다.[103]

『아비담마타상가하』에 의하면, 희열은 원어가 'pīti'로 √prī(to please)에서 파생된 여성명사이다. '환희, 희열, 황홀' 등 큰 기쁨이나 만족을 뜻하는 말이다. 초기경전에서는 선禪의 요소로 많이 나타난다. 그런데 이 말은 법 등을 체험하는 데에서 나타나는 내면의 기쁨을 가리킨다.[104]

『청정도론』은 행복(sukha)에 대해 행복해함(sukhana)이고, 또한 육체적이고 정신적인 괴로움을 몽땅(suṭṭhu) 먹어버리고(khādati), 뿌리째 뽑아버리기(khaṇati) 때문에 행복이라고 한다고 설명한다. 이것은 수행하는 비구를 기쁘게 함이 특징이고, 그가 함께한 법들을 증장시키는 역할도 한다.[105]

『아비담마타상가하』에 의하면[106] 이 행복은 즐거운 정신적인 느낌(somanassa)를 의미한다. 이것은 몸의 알음알이에서 생기는 즐거운 몸의 느낌으로서의 '수카(sukha)'가 아니라, 감각적 욕망에서 초연한 상태에서 생긴다. 『니까야』[107]에서 이것은 '세간을 벗어난 행복(nirāmisa-sukha)'으로 설명된다.

희열은 상카라의 무더기인 행온行蘊에 포함되고, 행복은 느낌의 무더기인 수온受蘊에 포함된다고 하면서, 『청정도론』은 오온 가운데 서로 다른 곳에 포함되어 있다고 설명한다. 그리고 희열은 사막에서 목말라 기진맥진한 사람이 숲속의 물을 보거나 들을 때와 같고, 행복은 숲속의 그늘에 들어가 물을 마실 때와 같다고 설명한다.[108]

떨쳐버렸음에서 생긴 희열과 행복은 선禪의 것이거나 선禪에 있는 것, 즉 이 선禪에 속한 것이다. 그것이 바로 초선인 것이다. 비구는 이 초선의 상태에 머물게 되는데, 『청정도론』은 비구가 이 상태를 구족하여 머문다고 표현한다.[109]

비구가 도달한 초선은 네 가지 선(四禪) 가운데 첫 번째로 일어났기 때문에 처음〔初〕이고, 대상을 정려(靜慮, upanijjhāna)하고, 반대되는 것을 태우기(jhāpana) 때문에 선(禪, jhāna)이라고 『청정도론』은 설명한다.[110]

『아비담마타상가하』에 관한 대림·각묵의 주해에서는 선禪의 빠알

114

리어 'jhāna'가 화재火災를 뜻하는데, 이 말은 '√kṣai(to burn)'에서 파생하였다고 하면서, 선정禪定과 반대되는 것, 즉 감각적 욕망, 악의, 해태와 혼침, 들뜸과 후회, 의심 등 다섯 가지 장애〔五蓋, nīvaraṇa〕를 태워버리기 때문에 선禪이라고 정의한다고 설명한다. 또한 이것은 땅의 까시나의 표상에서 얻은 선禪이므로 땅의 까시나라고도 부른다. 그러므로 이것을 '땅의 까시나를 가진 초선을 얻는다'라고 말하기도 한다.[111]

초선에 관한 설명이 이와 같다면, 이제부터는 초선의 상태를 인식과 정에 의해 살펴보기로 한다. 의문意門에 사상似相이 나타나면 2심찰나二心刹那의 유분有分의 동요가 있고, 이어서 1찰나一刹那의 의문 인전심引轉心이 생생生하며, 이어서 3찰나 또는 4찰나의 욕계선심欲界善心이 속행작용速行作用으로서 일어나고, 제4 또는 제5찰나에 색계초선심色界初善心이 1찰나 속행하며, 그 후에 유분有分으로 떨어지게 된다. 여기서 최초의 3찰나 또는 4찰나의 욕계선심을 근행정近行定, 즉 근접삼매라고 부르고, 마지막의 색계초선심에 의한 속행을 안지정安止定, 즉 본삼매本三昧라고 부른다. 여기서 근지정은 욕계정欲界定이고, 안지정은 색계정色界定이다.[112]

근행정이 3찰나 또는 4찰나의 욕계속행이 일어나는 까닭은 수행 비구가 빠르게 입정의 상태에 들어갈 경우에는 3찰나의 욕계속행이 일어나고, 반면에 느리게 입정에 들어가는 경우에는 4찰나의 욕계속행이 일어나기 때문이다.[113]

3찰나 또는 4찰나의 욕계속행 과정은 3찰나의 경우는 첫 번째가 근행이고, 두 번째가 수순이고, 네 번째가 종성이 된다. 4찰나의 경우에는 첫 번째가 편작遍作이고, 두 번째가 근행近行이고, 세 번째가 수순隨順이고, 네 번째가 종성種姓이 된다.[114]

초선에 들어온 비구는 욕계선심에 의한 의문작용에 의해 초선의 다섯 가지 요소인 심尋, 사伺, 희喜, 락樂 심일경성心一境性의 상태를 관찰할 필요가 있다. 이러한 훈련과정을 통해서 비구는 초선정에 들어갈 때 의문인전意門引轉이 자유롭게 일어날 수 있게 된다.[115]

초선에 들어간 비구가 계속해서 이선, 삼선, 사선, 그밖에 오선, 공무변처, 식무변처, 무소유처, 비상비비상처에 들어가기를 원한다면 앞에서 살펴본 인식과정을 똑같이 거쳐야 한다. 이 과정에서 근행정은 욕계심에서 행해지지만 안지정은 색계, 무색계심에 의해서 행해짐을 말해두고자 한다.[116]

초선에 들어간 비구는 이와 같은 인식과정을 거친다. 그런데 비구가 초선 수행에서 그 상태를 파악하는 것은 매우 중요하다. 우리가 어떤 목적지를 제대로 찾아가기 위해서 그 길을 파악하는 일과 길을 찾아가는 방법 등에 관해 반드시 알아야 하듯이, 초선 수행에서도 마찬가지이다.

『청정도론』은 이것을 다음과 같이 설명한다.[117] 비구는 이와 같은 초선을 얻을 때 머리카락을 맞추는 궁수나 솜씨 있는 요리사처럼 이것을 얻은 상태를 파악해야 한다는 것이다. 왜냐하면 머리카락을 맞춘 궁수가 활을 쏠 때 발을 둔 위치와 활과 활시위와 화살을 잡은 상태를 파악하고 있어야만 다음부터 실패를 하지 않고 머리카락을 맞힐 수 있고, 또한 솜씨 있는 요리사가 주인에게 음식을 올릴 때 주인이 선택하여 먹는 음식을 주시注視한 뒤 그 후 그런 종류의 음식을 올려 상을 받게 되는 것처럼, 비구도 선禪의 수행을 하다가 수행했던 길이 어느 길인지 잃어버렸을 때에 그 상태를 성취하면서 일으킬 수 있고, 익숙하지 않은 선禪에 차차 익숙해지면서 계속해서 그 상태를 유지할 수 있기 때문이다.

『청정도론』은 『상윳따 니까야』를 다음과 같이 인용하면서 비구가 표상을 파악해야 한다고 설명한다.

> "현명하고 슬기롭고 능숙한 비구는 몸에서 몸을 관찰하면서 머문다. …… 느낌에서 느낌을 …… 마음에서 마음을 …… 법에서 법을 관찰하면서 머문다. 세상에 대한 욕심과 싫어하는 마음을 버리면서 근면하게 분명히 알아차리고 마음 챙기는 자가 되어 머문다. 그가 법에서 법을 관찰하면서 머무를 때 마음은 삼매에 들고 오염원汚染源들은 사라진다. 그는 그 표상을 배운다."[118]

비구가 표상을 파악하여 그 상태를 성취할 때 본삼매에 들게 된다. 그러나 그는 그 상태에 오래 머묾을 성취하지 못한다고 한다. 왜냐하면 비구가 감각적 욕망의 위험을 반조함 등에 의해 감각적 욕망을 완전히 억압하지 않고, 몸의 편안함으로 몸의 흥분을 미리 완전히 가라앉히지 않고, 정진을 시작하는 요소를 마음을 다잡음 등[정진의 깨달음의 구성요소(精進覺支)의 표상과 광명상 등을 포함한다]으로 해태와 혼침을 미리 완전히 제거하지 않고, 사마타의 표상을 마음 다잡음 등으로 들뜸과 후회를 미리 완전히 뿌리 뽑지 않고, 삼매를 방해하는 다른 법들을 미리 정화淨化하지 않고 선禪을 증득하게 되어, 곧바로 그 상태에서 나오게 되기 때문이다. 이것은 불결한 벌통에 들어간 벌과 청결하지 않은 정원에 들어간 왕이 곧바로 나오는 것과 같다고[119] 비유된다. 심리적으로 인간 형성이 아직 불완전하고 미성숙한 상태임을 나타내고 있다.

그렇다면 비구가 본삼매의 상태에 오랫동안 머물기 위해서는 어떻게 해야 할까? 『청정도론』은 깨끗한 벌통에 들어간 벌과 매우 청결한 정원에 들어간 왕처럼 비구가 삼매를 방해하는 법들을 미리 깨끗이 한 뒤 선을 증득해야 한다는 것이다. 그런 다음에 마음 닦는 수행을 완전히 하기 위해서 비구는 이미 얻은 닮은 표상을 확장해야 한다는 것이다.[120]

표상을 확장하는 방법은 옹기와 떡과 밥과 덩굴과 천 조각을 확장하듯이 해서는 안 되며, 농부가 농사지을 땅을 쟁기로 가늠하여 한정한 뒤에 그 범위 내에서 땅을 갈고, 표식을 주시한 뒤에 경계선을 긋는 것처럼, 비구가 이미 얻은 표상을 차례대로 손가락 한 마디, 두 마디, 세 마디, 네 마디 정도로 마음으로 한정한 뒤에 한정한 만큼 확장해야 한다. 그러므로 비구는 한정하지 않은 채 확장해서는 안 된다. 그는 그 다음 단계로 한 뼘, 두 뼘, 툇마루, 주변의 공간, 절의 한계, 마을, 읍, 지방, 왕국, 바다로 한계를 차례대로 한정하여 확장한다. 그런 다음에 전 우주로 한정하며, 혹은 그보다 더 한정한 뒤에 확장하는 것이다.[121]

그렇지 않고 비구가 한정하지 않은 채 계속적으로 확장을 하게 되면, 선禪의 구성요소들이 거칠고 힘없이 나타나고, 다음 단계의 선禪에 이르고자 하지만 초선을 잃게 되고, 또한 2선二禪도 얻을 수 없게 된다. 『앙굿따라 니까야』는 이와 같은 상태와 관련하여, 산악의 소가 어리석고, 우둔하고, 들판을 모르고, 바위가 울퉁불퉁 돌출한 산을 걷는 데 서투른 것과 같다고 설한 것처럼, 비구 또한 마찬가지로 초선에 머무는 데 서툴러서 표상을 반복하지 않고, 닦지 않으며, 많이 공부 짓지 않고, 바르게 확립하지 않으면 초선에 머무를 수 없고, 2선에 들어 머물 수도 없다는 것이다.[122] 비구가 표상을 반복한다는 것은 앞에서 잠깐 살펴보았듯이, 욕계선심欲界善心에서 초선에 들어가는 훈련을 해야 한다고 말한 것과 같다.

비구가 앞에서 예로 든 것처럼 열의熱意인 감각적 욕망, 탐욕인 감각적 욕망, 열의와 탐욕인 감각적 욕망, 생각(saṅkappa)인 감각적 욕망, 탐욕인 감각적 욕망, 생각과 탐욕인 감각적 욕망 등을 완전히 떨쳐버리고, 해로운 법(不善法)들을 떨쳐버린 뒤, 3찰나, 4찰나의 근행정近行定을 거쳐 4찰나, 5찰나의 색계초심色界初心이 일어나서 비로소 일으킨 생각[尋]과 지속적인 고찰[伺], 희열과 행복 등의 초선에 들어가게 된다. 이러한 과정은 비구가 입정入定에 의해 들어가 있는 초선의 심리적 모습을 표현하고 있다는 점에서 인간 형성의 상태를 나타내고 있다고 할 수 있다.

2) 2선(二禪, Dutiyaṃ jhānaṃ)

『청정도론』은 비구가 비록 초선初禪의 경지에서 다섯 가지 형태의 자유자재(vasī), 즉 ①전향의 자유자재, ②입정入定의 자유자재, ③머묾의 자유자재, ④출정出定의 자유자재, ⑤반조返照의 자유자재[123] 등을 얻었지만, 초선에서 출정하여 얻은 상태가 아직 다섯 가지 장애(五

蓋]와 가깝고, 또한 일으킨 생각(尋)과 지속적인 고찰(伺)이 거칠기 때문에 구성요소가 약하다고 설명한다. 그래서 비구는 제2선禪에 들어가기 위해서 고요한 마음의 상태에서 마음을 다잡은 다음에 초선에 대한 집착을 종식시켜야 한다. 그리고 이처럼 마음을 챙기고 알아차리면서 선禪의 구성요소들을 반조할 때 일으킨 생각(尋)과 지속적인 고찰(伺)이 거칠게 나타나고, 희열과 행복과 마음의 하나 됨이 고요하게 나타나면, 그는 이와 같은 거친 구성요소를 버리고 고요한 구성요소를 얻기 위해 표상에 대해 초선에서처럼 '빠따위(땅), 빠따위' 하면서 계속 마음에 다잡는다. 그렇게 해서 '막 2선禪이 일어나려는' 순간에, 그는 잠재의식을 끊고 그 땅의 까시나를 대상으로 의문전향(意門轉向: 마노의 문門을 통한 전향)이 일어나게 된다. 그 다음에 그 대상에 대해 네 번이나 다섯 번의 속행速行이 일어난다. 그들 가운데 마지막 하나가 색계色界의 속행이고, 2선에 속한다. 나머지는 이미 그 종류를 설했고 욕계의 것이다.[124] 2선의 과정에서도 초선에서 살펴본 오문 의식과정과 인식과정이 동일하게 일어난다.

이렇게 함으로써 비구가 경험하는 2선의 상태에 대해 『청정도론』은 다음과 같이 설명한다.[125]

"이때에 비구는 일으킨 생각(尋)과 지속적인 고찰(伺)을 가라앉혔기 때문에 자기 내면의 것이고, 확신이 있으며, 마음의 단일한 상태[오로지 하나에만 몰입해 있는 상태]이고, 일으킨 생각과 지속적인 고찰이 없으며, 삼매에서 생긴 희열과 행복이 있는 2선二禪에 들어 머문다. 2선에 들어선 순간 비구가 일으킨 생각(尋)과 지속적인 고찰(伺)을 가라앉혔기 때문에, 즉 극복했기 때문에 더 이상 이 둘이 나타나지 않는다. 그렇게 해서 마음으로 확신을 가지고, 마음은 최고로 단일한 상태가 된다. 초선은 잔물결로 인해 일렁이는 파도처럼 일으킨 생각(尋)과 지속적인 고찰(伺)의 방해로 확신에 차 있지 않아서 삼매 또한 분명하지 않다. 그러므로 삼매가 단일한 상태가 아니다. 그러나 2선은 일으킨 생각과 지속적인 고찰의 방해가 없기 때문에 믿음은 강하고, 삼매 또한 분명하다."

또한 2선에는 일으킨 생각(尋)과 지속적인 고찰(伺)이 없다. 이러한 상태를 『위방가』에서는 다음과 같이 말한다. "이와 같이 이 일으킨 생각(尋)과 지속적인 고찰(伺)이 고요해지고, 적정해지고, 가라앉고, 없어지고, 완전히 없어지고, 소멸해버리고, 완전히 소멸해버리고, 말라버리고, 완전히 말라버리고, 완전히 끝나버렸다. 그러므로 '일으킨 생각(尋)과 지속적인 고찰(伺)은 없다.'라고 한다."

이제 비구는 일으킨 생각(尋)과 지속적인 고찰(伺)이라고 하는 두 가지 구성요소들을 버리고, 희열과 행복과 마음의 하나 됨이라고 하는 두 가지 구성요소들을 가지게 되는 것이다. 초선에서 있었던 일으킨 생각(尋)과 지속적인 고찰(伺)의 거친 구성요소가 2선에서 없어졌다는 것은, 이것들이 없어지고 삼매에서 비롯되는 희열과 행복의 상태가 있게 되어 수행의 정도가 점차적으로 깊어지는 단계에 들어가고 있음을 의미한다. 또한 교육적으로는 인간 형성과 관련하여 초선에서 2선의 경지에 들어갔을 때 일으킨 생각(尋)과 지속적인 고찰(伺)의 거친 구성요소가 심리적으로 말끔히 없어지고 희열과 행복의 상태가 되었음을 의미한다.

3) 3선(三禪, Tatiyaṃ jhānaṃ)

비구가 2선에서 출정한 뒤 마음을 챙기고 알아차리면서 선禪의 구성요
소들을 반조할 때 희열이 거칠게 나타나고 행복과 마음의 하나 됨이
고요하게 나타나면, 거친 구성요소를 버리고 고요한 구성요소를 얻기
위하여 2선때와 마찬가지로 그 표상에 대해 '빠따위(땅), 빠따위' 하면
서 계속 마음을 다잡는다. 그렇게 해서 '막 3선三禪이 일어나려는'
순간에, 그는 잠재의식을 끊고 그 땅의 까시나를 대상으로 의문전향意
門轉向이 일어나게 된다. 그 다음에 그 대상에 대해 네 번이나 다섯
번의 속행이 일어난다. 그들 가운데 마지막 하나가 색계의 속행이고,
3선에 속한다. 나머지는 이미 그 종류를 설했고 욕계의 것이 된다.[126]
3선의 과정에서도 초선에서 살펴본 오문 의식과정과 인식과정이 동일
하게 일어난다.

　비구는 희열이 사라졌기 때문에 평온하게 머문다. 마음 챙기고
알아차리며〔正念正知〕 몸으로 행복을 경험한다. 이 선禪 때문에 그가
'평온하게 마음 챙기며 행복에 머문다.'라고 성자聖者들이 설한 3선에
들어 머문다. 여기서 '희열이 빛바랬기〔사라졌기〕 때문에'는 희열에
대해 염오厭惡하기 때문에, 더욱이 가라앉기 때문에라는 뜻이다. 그러
므로 희열에 대해 염오하는 비구는 일어나는(upapatti) 대로 보기
(ikkhati) 때문에 평온(upekkhā)하게 머물게 되는 것이다. 이때 비구는
맑고 넉넉하고 굳건한 평온을 갖추게 되었으므로 평온하다고 하는
것이다.[127] 그리고 '마음 챙기고 알아차리며'는 비구가 기억하기 때문에

마음 챙기는 자가 되는 것이고, 알아차리기 때문에 알아차리는 자가 되는 것이다. 그러면 왜 비구가 기억하고 알아차리는 자가 되어야 하는가 하면, 그것은 3선의 행복도 희열에서 분리되어 있을 때 마음 챙김과 알아차림으로 수호하지 않는다면 다시 희열에 다가가 희열과 함께하기 때문이다.[128]

2선으로부터 3선이 되었을 때 비구는 희열이 사라지고 평온하게 마음 챙기며 행복에 머문다. 이것 또한 점차적으로 비구의 수행의 정도가 깊어졌음을 의미하며, 인간 형성과 관련해서는 비구가 평온한 심리상태에 있음을 의미한다.

4) 4선(四禪, Catuttham jhānam)

비구가 3선에서 출정한 뒤 마음 챙김으로 알아차림으로써 선禪의 구성요소들을 반조할 때 희열이라는 적과 가깝고, 또한 행복이 거칠기 때문에 구성요소가 힘이 없다는 결점을 본다. 그러나 그는 평온 (upekkhā)한 느낌과 마음의 하나 됨[心一境性]이 고요하게 나타나면 그러한 거친 요소를 버리고 고요한 구성요소를 얻기 위하여 바로 그 표상에 대해 '빠따위(땅), 빠따위' 하면서 계속해서 마음을 다잡는다. 그렇게 해서 '막 4선四禪이 일어나려는' 순간에, 그는 잠재의식을 끊고 그 땅의 까시나를 대상으로 의문전향意門轉向이 일어나게 된다. 그 다음에 그 대상에 대해 네 번이나 다섯 번의 속행이 일어난다. 그들 가운데 마지막 하나가 색계의 속행이고, 4선에 속한다. 나머지는 이미 그 종류를 설했고 욕계의 것이 된다.[129] 사선도 초선에서와 마찬가지로 오문 인식과정과 의문 인식과정이 일어난다.

4선에서는 선의 다섯 가지 구성요소들 가운데 네 가지는 소멸하고, 마지막으로 평온만이 남는다. 평온은 괴롭지도 즐겁지도 않은 상태를 말한다. 초선과 2선, 3선 등 낮은 단계에서도 평온이 있기는 하지만, 이들의 단계에서는 낮에 떠오른 초승달의 빛처럼 마음 챙김의 상태도 청정하지 않다. 그러나 4선의 단계에서는 초승달의 비유처럼, 평온의 초승달은 매우 청정하다. 그러므로 마음 챙김의 상태 또한 청정하고 깨끗하다.[130] 이것은 심리적인 상태가 청정하고 깨끗하므로 인간 형성, 즉 인간됨의 상태가 성숙했음을 의미한다.

4선에서 비구는 평온한 상태에 있되, 그 상태가 청정하다는 것이다. 그러므로 비구가 이르고자 하는 선禪의 상태 가운데 제일 최상의 경지가 되는 것이다. 이 경지는 사마타 수행의 점진적 전개과정에 있어서 제일 깊은 선정의 상태를 말한다.

그러나 사마타 수행의 결과 4선에 이른 것만으로는 닙빠나에 이를 수 없다. 계속적으로 사념처 수행에 의한 통찰지로 온, 처, 계 등과 사성제에 대한 관찰이 제대로 이루어질 때 상카라와 갈애를 소멸하고 닙빠나에 이르게 되는 것이다.

2. 사마타 수행의 인간 형성

'사마타' 수행은 초선初禪으로부터 4선四禪에 이르기까지 단계를 밟아 차례대로 이루어지는 것이다. 기본적으로 대부분의 비구들은 사마타 수행을 하기에 앞서서 계를 통해 감각기관을 다스림으로써 '사마타' 수행을 하기 위한 토대를 마련한다. 그리고 비구들은 들숨 날숨의 호흡을 통한 미세한 호흡으로 마음의 고요함을 유지한 채 안정을 이루어야 한다. 그러나 이것은 사람의 근기에 따라 다르기 때문에 누구나 반드시 이러한 과정을 밟아야만 하는 것이라고 볼 수만은 없다. 대부분 출가 비구들은 처음에 계를 지키는 수행을 한 다음에 비로소 '사마타' 수행을 하게 되지만, 비구들 가운데 들숨 날숨의 호흡을 시작하고, 계속해서 '사마타' 수행을 시작하는 사람도 있고, 근기가 뛰어나 바로 위빠사나 수행을 시작하는 사람도 있기 때문이다.

어찌 됐든, '사마타' 수행은 땅의 까시나 등 열 가지 까시나 수행에 의해 4선에 이르러 '마음이 산란하지 않고 하나로 통일되는' 상태가 되도록 하는 데 우선 일차적인 목적을 둔다. 왜냐하면 이러한 상태에 도달하지 않고, 마음이 고요하게 되지 않고서는 앞으로 전개되는 어떠한 수행도 할 수 없기 때문이다.

초선 수행에 들어가기 이전의 40가지 명상주제의 선택과 까시나 수행 등의 삼매 수행을 비롯하여 초선으로부터 4선에 이르기까지의 수행과정은 위빠사나 수행에 들어가기에 앞서 삼매의 견고하고 집중된 상태와 평온에 이르는 방법 등을 논하고 있다는 점에서 시사하는 바가 크다고 할 것이다.

이러한 삼매 수행의 상태에 대해 '일체의 선입관이나 전제로부터 벗어나 통일된 집중의 정신 상태'[131]라는 설명이 있는데, 이와 같이 어떤 하나의 대상을 상대로 통일된 집중의 정신 상태를 유지함으로써 비구는 평온의 상태인 4선에 이르러 탐구나 지식의 형태가 아닌 지혜의 힘에 의지해, 즉 통찰지에 의해 인간 형성의 최상의 상태인 닙빠나로 나아갈 수 있다는 점에서 그 의의가 있는 것이다. 이와 같이 감각적 욕망이 완전히 소멸된 초선으로부터 4선의 청정하고 깨끗한 평온한 상태에 머문 인간은 정규 학교교육에서 목적으로 삼는 인간 형성의 모습과는 전혀 다른, 불교만의 드물고 특색 있는 인간 형성 모습을 나타내고 있다고 할 수 있다. 통찰지에 의해 닙빠나의 인간 형성을 이루기에 앞서 사마타의 인간 형성을 이루는 것이다.

3. 위빠사나 수행의 전개

1) 들숨 날숨의 수행

『청정도론』에 의하면, 들숨 날숨으로 수행하는 방법에는 4개조로 수행하는 방법의 네 가지가 있다. 첫 번째, 4개조로 수행하는 방법은 길게 들이쉬면서 하는 방법, 짧게 들이쉬면서 하는 방법, 온몸을 경험하면서 들이쉬고 내쉬며 하는 방법, 몸의 작용을 편안히 하면서 들이쉬고 내쉬며 공부 짓는 방법이 있다. 두 번째, 대상을 경험하면서 희열을 경험하고, 미혹하지 않음으로 희열을 경험하며, 행복을 경험하고, 마음의 작용을 편안히 하는 방법 등이 있다. 세 번째, 네 가지 선禪들로 마음을 경험하며, 삼매와 위빠사나의 두 가지 방법으로 마음을 기쁘게 하고, 초선初禪 등으로 마음을 집중하며, 네 가지 선禪을 통해 마음을 해탈케 하는 방법 등이 있다. 네 번째, 무상無常을 관찰하고, 탐욕이 빛바램[소멸함]을 관찰하며, 소멸을 관찰하고, 버리거나 들어감으로 써 놓아버림을 관찰하는 방법 등이 있다.[132]

이상에서 살펴본 것처럼, 들숨 날숨으로 수행하는 방법에는 열여섯 가지가 있다. 사마타와 위빠사나의 수행은 들숨 날숨 수행을 통해서 같이 이루어진다. 비구가 해탈에 이르기 위해서는 들숨 날숨부터 닦을 필요가 있다. 즉 들숨 날숨에 대한 마음 챙김(入出息念)을 닦아 자주 익힌 수행자는 네 가지 마음 챙김을 완성한다. 네 가지 마음 챙김(四念處)을 닦아 자주 익힌 수행자는 일곱 가지 깨달음의 요소(七覺支)를 완성한다. 일곱 가지 깨달음의 요소를 닦아 자주 익힌 수행자는 지혜에 의한 해탈을 이루게 된다.[133]

그러면 『입출식경入出息經』에 의해 들숨 날숨의 호흡 과정을 살펴보자. 비구는 숲속이나 나무 아래나 비어 있는 방에 가서 가부좌를 하고 앉되, 상체를 곧바로 세우고 전면에 마음 챙김을 확고히 하며 앉는다. 그리고 그는 마음을 챙겨서 숨을 들이쉬고 마음을 챙겨서 숨을 내쉰다.[134] 지식을 배워 쌓아나가는 공부가 아니라 마음을 닦는 불교는 이처럼 고요한 숲속이나 나무 아래, 또는 비어 있는 방에서 자세를 바르게, 즉 상체를 곧바로 세우고 마음을 챙겨서 숨을 들이쉬고 숨을 내쉬는 수행으로부터 시작한다.

『청정도론』은 형상〔色〕과 소리〔聲〕 등 대상을 먹을 것과 마실 것에 비유하며, 비구가 이것들을 먹고 마시고 자란 못된 마음을 단련시키기 위해서는 형상과 소리 등 대상으로부터 격리시켜 숲속이나 빈 방으로 가서 들숨과 날숨의 기둥에 마음 챙김의 밧줄로 묶어야 한다고 설명하고 있다.[135] 그리고 『청정도론』은 비구가 들숨과 날숨의 호흡으로 마음 챙김을 숲속이나 비어 있는 등 고요한 곳에서 할 때 이전에 친숙했던 형상이나 소리 등 대상을 찾을 수 없고, 붙들어 맨 마음 챙김의 밧줄을 끊고 도망갈 수 없게 되어 근접삼매와 본삼매를 닦게 된다고 설명하고 있다.[136] 그러므로 이와 같이 비구가 숲속이나 나무

아래, 비어 있는 방 등 고요한 장소에서 수행하는 것과 앉는 자세로부터 다음과 같이 호흡하는 과정 등을 보더라도 가르치는 내용이나 방법 등이 불교만의 특색을 가질 수밖에 없다고 말할 수 있는 것이다.

"비구는 길게 들이쉴 때 '길게 들이쉰다'고 분명히 알고, 길게 내쉴 때 '길게 내쉰다'고 안다. 짧게 들이쉴 때 '짧게 들이쉰다'고 분명히 알고, 짧게 내쉴 때 '짧게 내쉰다'고 안다. '온몸(호흡의 전과정)을 느껴 알면서 들이쉬리라'고 수행하며 '온몸을 느껴 알면서 내쉬리라'며 수행한다. (호흡이라는) '몸의 작용을 가라앉히며 들이쉬리라'며 수행하며, '몸의 작용을 가라앉히며 내쉬리라'며 수행을 한다. (수행에 의해 생겨난) '기쁨(喜)을 느껴 알면서 들이쉬리라'고 수행하며, '기쁨을 느껴 알면서 내쉬리라'며 수행한다. '행복(樂)을 느껴 알면서 들이쉬리라'고 수행하며, '행복을 느껴 알면서 내쉬리라'며 수행한다. (기쁨이나 행복이라는) '마음의 작용을 느껴 알면서 들이쉬리라'고 수행하며, '마음의 작용을 느껴 알면서 내쉬리라'며 수행한다. (느낌이라는) '마음의 작용을 가라앉히며 들이쉬리라'며 수행하며, '마음의 작용을 가라앉히며 내쉬리라'며 수행한다. '마음 상태를 느껴 알면서 들이쉬리라'고 수행하며, '마음 상태를 느껴 알면서 내쉬리라'며 수행한다. '마음을 기쁘게 하면서 들이쉬리라'고 수행하며, '마음을 기쁘게 하면서 내쉬리라'며 수행한다. '마음을 집중하면서 들이쉬리라'고 수행하며, '마음을 집중하면서 내쉬리라'며 수행한다. '마음을 해탈시키면서 들이쉬리라'며 수행하며, '마음을 해탈시키면서 내쉬리라'며 수행한다. '무상을 거듭

관찰하면서 들이쉬리라'고 수행하며, '무상을 거듭 관찰하면서 내
쉬리라'며 수행한다. '탐욕을 멀리함을 거듭 관찰하면서 들이쉬리
라'고 수행하며, '탐욕을 멀리함을 거듭 관찰하면서 내쉬리라'며
수행한다. '소멸을 거듭 관찰하면서 들이쉬리라'고 수행하며, '소멸
을 거듭 관찰하면서 내쉬리라'며 수행한다. '놓아버림을 거듭 관찰
하면서 들이쉬리라'며 수행하며, '놓아버림을 거듭 관찰하면서 내
쉬리라'며 수행한다."[137]

한편, 『무애해도無碍解道』는 아홉 가지 방법에 의해 길게 들이쉬고
길게 내쉬며, 짧게 들이쉬고, 짧게 내쉰다고 설하고 있으나 그 내용은
『청정도론』과 대동소이하다. 다만 들숨과 날숨을 길게 들이쉬고 길게
내쉴 때 열의(chanda)가 난다고 설명하고 있는 점이 다를 뿐이다.[138]
들숨과 날숨은 처음에는 거칠다. 그러나 거친 들숨과 날숨의 표상을
비구가 잘 취했고, 잘 마음을 다잡았으며, 잘 주시했을 때 거친 들숨과
날숨이 멸하고, 마음이 흩어지지 않으며, 미세한 들숨과 날숨이 일어난
다. 미세한 들숨과 날숨의 표상을 잘 취했고, 잘 마음을 다잡았으며,
잘 주시했을 때 미세한 들숨 날숨이 멸하고 마음이 흩어지지 않는다.[139]
　마음을 다잡는 방법은 여덟 가지[140]가 있다. 헤아림, 연결, 닿음,
안주함, 주시, 환멸, 두루 청정함, 그들을 되돌아봄이다.
　첫째, 헤아림은 들숨 날숨 시에 명상주제를 헤아림으로써 마음에
다잡는 것을 가리킨다. 비구가 헤아릴 때 다섯이 되기 전에 멈춰서도
안 되고, 열 번 이상 헤아려서도 안 된다. 그리고 그는 헤아릴 때
처음에는 곡식을 되는 사람처럼 천천히 헤아린다. 그러나 들숨 날숨이

분명해질 때 비구는 천천히 들이쉬고 내쉬던 호흡을 멈추고, 목동이 밤의 삼경에 비좁은 공간에서 불편하게 지내던 소떼들이 서로 밀어제치면서 나올 때 급히 소떼들을 헤아리는 것처럼 들이쉬고 내쉬면서 빠르게 헤아린다. 그는 들숨 날숨의 대상에 마음 챙김이 확립될 때까지 헤아린다.

둘째, 연결이다. 연결은 이제까지 하던 헤아림을 내려놓은 뒤 마음 챙김으로 끊임없이 들숨 날숨을 좇아가는 것을 말한다. 호흡은 코끝과 심장, 배꼽에서 이루어진다. 내쉴 때 나가는 바람은 배꼽에서 시작하고, 내쉴 때 나가는 바람의 중간에 머무는 곳은 심장이고, 내쉴 때 나가는 바람이 마지막으로 머무는 곳은 코끝이다. 그리고 들이쉴 때 들어오는 바람은 코끝에서 시작하고, 들이쉴 때 들어오는 바람이 중간에 머무는 곳은 심장이고, 들이쉴 때 들어오는 바람이 마지막으로 머무는 곳은 배꼽이다.

셋째, 닿음은 숨이 닿는 곳에서 헤아림으로써 헤아림과 닿음으로 마음을 다잡는 것을 말한다.

넷째, 안주는 마음 챙김으로 연결하고, 그런 후에 본삼매로 안주하는 것을 말한다. 들숨과 날숨으로 마음 챙김과 연결될 때 별빛, 마니주, 진주, 거친 촉감의 목화씨, 한 모금의 연기, 구름의 장막, 연꽃, 수레바퀴, 월륜, 일륜 등의 모습처럼 나타난다. 그리고 이러한 표상이 나타남으로써 장애들이 억압되고, 오염원들은 가라앉고, 마음 챙김은 확립되고, 마음은 근접삼매와 본삼매에 들게 된다.

다섯째, 주시注視이다. 들숨과 날숨은 물질로 된 몸과 마음이 원인이 되어 생긴 것이라고 아는 것을 말한다.

여섯째, 환멸幻滅은 위빠사나의 지혜로 무너짐을 관찰함으로써 상카라들이 공포로 나타날 때 이러한 상카라들을 역겨워하는 것을 말한다.

일곱째, 두루 청정함은 네 가지 성스러운 도道에 이르러 아라한과를 이루는 것을 말한다.

여덟째, 예류과, 일래과, 불환과까지 각각 도道, 과果, 열반涅槃, 버린 오염원汚染源, 남아 있는 오염원 등 열다섯 가지 반조返照가 있고, 아라한과는 네 가지 반조만이 있어서 모두 열아홉 가지 반조하는 지혜를 얻게 되는 것을 말한다.

이처럼 들숨 날숨의 수행으로부터 시작하여 사념처 수행, 위빠사나의 지혜인 통찰지 수행의 차례〔次第〕로 수행이 이루어지는 것이다.

2) 위빠사나 수행의 인간 형성

위빠사나 수행에서 중요한 개념은 통찰이다. 통찰은 지혜(慧)로, 중부 경전에서는 크고, 넓고, 포괄적이고, 깊고, 넓으며, 빠르고, 가볍고 빠르며, 밝고, 민첩하고, 날카롭다는 의미[141]로 사용된다.

통찰은 불교수행의 핵심인 위빠사나의 마음 챙김(sati)에서 이루어진다. 마음 챙김을 위해서는 앞에서도 잠시 언급했듯이 사마타의 본삼매의 굳건히 산란하지 않은 상태[142]가 전제로 반드시 필요하다. 본삼매의 굳건하고 산란하지 않은 상태가 되기 위해서는 들숨 날숨의 호흡 시 길게 들이쉬고 길게 내쉬며, 짧게 들이쉬고 짧게 내쉬면서 마음의 평온함에 이르러야 가능하다.

통찰은 그것의 효능을 나타내는 의미처럼 대상을 '관통貫通하여'

보는, 즉 '꿰뚫어'보는 것을 말한다. 대상이란 사물을 말하는 것으로 구체적으로 일련의 변화과정에 놓인 사물을 지속적으로 따라가며 관찰한다는 의미[143]를 지닌다. 『무애해도』에서는 '일어남과 사라짐을 따라가며 보는 것(生滅隨觀, udayabbayānupassanā)'과 '달라짐을 따라가며 보는 것(變易隨觀, vipariṇāmānupassanā) 등[144]을 언급하고 있는데, 이것은 통찰의 예이다.

비구는 일어나고 사라짐을 관찰하는 지혜부터 시작하여 무너짐을 관찰하는 지혜, 공포로 나타나는 지혜, 위험함을 관찰하는 지혜, 역겨움을 관찰하는 지혜, 해탈하고자 하는 지혜, 깊이 숙고하여 관찰하는 지혜, 상카라에 대한 평온의 지혜인 위빠사나 지혜를 닦아 나아간다.

이처럼 위빠사나의 지혜를 닦아나가면서 대상을 무상·고·무아로 관찰하는 통찰은 탐·진·치의 오염원이 완전히 제거되고 닙빠나를 얻는 결과를 가져오므로 매우 중요한 의미를 갖는다고 하겠다. 통찰은 위빠사나의 지혜로 자신과 더불어 대상을 꿰뚫어 최상의 성숙된 경지인 닙빠나에 다가가는 점진적 변화가 마음의 내부에서 있게 하고, 결국 닙빠나에 이르게 하기 때문이다. 그러므로 통찰은 닙빠나에 이르도록 하는 인간 형성의 길이 되는 것이다. 그러나 탐·진·치의 오염원이 완전히 제거되는 것은 말처럼 쉬운 일이 아니다. 대부분의 사람들은 탐·진·치의 오염원을 제거하지 못하고 범부의 상태에 놓이게 된다. 범부들의 인간 형성이 어떤 상태에 있는지 나타내고 있는 것이다. 범부들은 마음이 오염되어 윤회로부터 벗어나지 못하고 윤회를 거듭하고 있다. 그들에게는 족쇄足鎖, 오염원, 삿됨, 세간적인 법, 인색, 전도顚倒, 매듭, 가지 않아야 하는 것, 번뇌, 폭류暴流,

속박, 장애, 고수固守, 취착, 잠재성향, 더러움, 열 가지 해로운 업의 길, 해로운 마음 등이 항상 일어난다. 이것들은 '버려야 할 법들(Pahātabbā dhammā)'로 불려진다. 이것들을 살펴보면, 족쇄[145]는 중생을 괴로움으로 결박하므로 족쇄라고 부른다. 오염원[146]은 스스로 오염되고 또한 관련된 법들을 오염시키므로 오염원이라고 부르는 것이다. 사견邪見, 의심疑心, 혼침昏沈, 들뜸, 양심 없음, 수치羞恥 없음 등 열 가지가 오염원이다.

삿됨[147]은 삿되게 마음속에서 일어나기 때문에 삿됨이라고 부른다. 삿된 견해, 삿된 사유, 삿된 말, 삿된 행위, 삿된 생계, 삿된 정진, 삿된 마음 챙김, 삿된 삼매의 여덟 가지가 있다. 이것은 팔정도의 반대라고 하겠다.

세간적인 법[148]은 세상이 계속 존속되고 있는 한 끊어지지 않는 여덟 가지 법을 말한다. 얻음, 잃음, 명예, 불명예, 즐거움, 괴로움, 비난, 칭찬의 여덟 가지이다.

인색[149]은 사는 곳, 가족, 얻은 것, 법, 칭찬 등 다섯 가지에 대한 인색을 말한다.

전도顚倒[150]는 무상無常하고, 괴로움이고, 무아無我이고, 부정不淨한 대상을 영원永遠하고, 행복하고, 자아自我가 있고, 깨끗하다고 여기는 것을 말한다.

매듭[151]은 정신적인 몸과 물질적인 몸을 매듭짓는 것을 말한다. 탐욕의 몸에 대한 매듭, 악의惡意의 몸의 매듭, 계율과 의식에 대한 집착의 몸의 매듭, 이것만이 진리라고 생각하는 독단적인 신조의 몸의 매듭을 말한다.

가지 않아야 하는 것[152]은 열의, 성냄, 어리석음, 두려움 등 때문에 하지 말아야 하는 것을 하고, 해야 하는 것을 하지 않는 것을 말한다.

번뇌[153]는 항아리의 갈라진 틈새로 쉴 새 없이 물이 흐르는 것처럼, 단속團束되지 않고 있는 감각의 문門으로부터 흐르거나, 항상 흐른다는 의미에서, 윤회의 괴로움이 흐르는 것이고, 이것을 번뇌라고 하는 것이다.

폭류[154]는 존재의 바다로 휩쓸려가고, 건너기 어렵다는 의미에서 폭류라고 부르는 것이다.

속박[155]은 대상으로부터 분리되지 않고, 또한 괴로움으로부터 분리되지 않기 때문에 속박이라고 부르는 것이다.

유익한 마음을 방해하고, 덮고, 가린다는 의미를 갖는 감각적 욕망 등 다섯 가지는 장애[156]라고 부른다.

고수固守[157]는 각각의 법의 고유 성질을 넘어서 다르게, 사실이 아닌 고유 성질에 집착함으로서 일어나는 것을 말한다.

취착[158]은 감각적 욕망에 대한 취착, 사견에 대한 집착, 계율과 의식에 대한 집착, 자아의 교리에 대한 집착을 말한다.

잠재성향[159]은 고질적이라는 의미를 갖는다. 감각적 욕망의 잠재성향, 적의敵意의 잠재성향, 자만의 잠재성향, 사견의 잠재성향, 의심의 잠재성향, 무명의 잠재성향이 있다.

더러움[160]은 기름이 섞여 있는 진흙 구덩이처럼 스스로 더럽고, 또 다른 이들을 더럽게 하는 것으로, 탐욕, 성냄, 어리석음의 세 가지가 있다.

열 가지 해로운 업의 길[161]은 해로운 업이 되고, 또한 악처惡處로 가는 길을 말한다.

해로운 마음의 일어남[162]은 탐욕에 뿌리박은 여덟 가지, 성냄에 뿌리박은 두 가지, 어리석음에 뿌리박은 두 가지의 열두 가지가 있다.

이상 버려야 할 법들이란 무엇인가 살펴보았다. 이들이 있는 한 범부이므로 닙빠나를 향해 나아가기 힘들다. 닙빠나의 길에 방해가 되는 이들 법들이 마음속에 있는 한 해탈하기도 힘들다는 점에서, 이들 버려야 할 법들은 불교에서 바라는 인간 형성의 모습과 거리가 멀다고 할 수 있다.

비구는 성자종성에 해당하는 수다원도, 사다함도, 아나함도, 아라한도의 각 단계에서 버려야 할 법들을 버릴 때 닙빠나에 이르게 된다. 이렇게 될 때 우리는 불교에서 바라는 인간 형성이 되었다고 말할 수 있고, 이에 위빠사나가 인간 형성의 교육적 기능을 한다고 주장할 수 있는 것이다. 이처럼 위빠사나의 수행과정은 사마타의 마음이 산란하지 않은 상태에서 이것을 바탕으로 통찰지로 대상을 안과 밖으로 꿰뚫어봄으로써 버려야 할 법들을 버리고 닙빠나에 이르도록 한다는 점[163]에서 인간을 형성시키는 교육적 의의가 있다고 보는 것이다.

5장

부파불교의 교육과정

주지하다시피 부처님이 입멸하신 후 교단은 가섭 존자를 필두로 하여 500명의 아라한 스님들이 모여 있는 가운데 부처님의 가르침에 대한 결집을 하였는데, 이것이 소위 왕사성 제1차 결집이다. 그런데 이와 같이 정통성(orthodoxy)이 있고 체계를 이룬 부처님의 가르침은 부처님 입멸 후 100년경에 이르러서는 상좌부와 대중부로 나눠지게 되는데, 이것은 근본 2부의 분열이라고 불린다. 이후 20개로 나눠지는데, 이것은 지말支末 20부파의 분열로 불리게 된다.

이와 같이 부처님의 가르침이 20부파로 나뉘어졌다는 것은 교학적으로는 법에 대한 해석이 이루어진 시대라고 말할 수 있지만, 한편으로 교육적 측면에서 보면 이처럼 법에 대한 해석이 이루어짐으로써 부처님 당시와는 달리 교육철학이나 교육방법에 있어서 어느 정도 차이가 있는 모습을 나타냈다고 말할 수 있다. 이러한 점은 후대 대승불교 시대에도 똑같이 적용된다고 볼 수 있다.

각 부파별로 사성제, 팔정도, 십이연기 등 법의 개념에 대한 근본적 이해는 같았다고 할 수 있지만, 이들 법을 둘러싼 존재론과 인식론 등에 대한 해석에 있어서는 서로 다르게 나타났다고 할 수 있다. 그러므로 법을 제자들에게 가르치는 각 부파의 스승인 출가 비구의 경우에는 교육철학이나 교육방법 등이 서로 다른 모습으로 나타났다고 유추할 수 있다.

부파불교 시대에 불교교학의 학문적 발달은 깊게 이루어졌으나 일반 대중들에게 교학이 담고 있는 교리는 너무 어려워서 다가갈 수 없었으며, 이로써 교단으로부터 일반 재가 대중들은 멀어져 갔다. 그러므로 이러한 환경에서 대승불교가 태동한 것은 너무나 당연한 일이었다고 할 수 있다.

부파불교의 교육과정 전개

교육과정(Curriculum)은 교육 현장에서의 교육에 관한 계획과 구체적 전개를 담고 있다는 점에서 중요한 의의를 갖는다. 교육을 통해 성취하고자 하는 목적에 맞게 교육하고자 하는 내용을 준비 또는 계획하고, 실제 교육 현장에서 교육을 함으로써 나타난 결과를 평가하며, 앞으로의 교육에 반영하는 일련의 과정이 교육과정이기 때문이다. 이 점은 불교교육에서도 마찬가지라고 할 수 있다. 초기불교를 비롯한 역사적으로 전개된 교설을 대상으로 교육목적의 설정과 교육내용의 선정, 교육 현장에서의 교육결과에 대한 평가, 그리고 미래 교육과정의 수립 등을 하는 것이 불교 교육과정이라고 할 수 있는데, 교육과정의 계획과 전개에 따라 교육 실천의 양상이 다르게 나타난다는 점에서 불교교육에서의 교육과정의 의의가 있다고 하겠다.

그러므로 부처님의 열반 후 교설이 어떻게 전개되었는지 살펴보는 것도 현대사회에서 불교교육에 관한 교육과정을 수립하는 데 도움이 된다고 하겠다. 왜냐하면 역사적으로 시대에 맞게 전개된 교설(여기서는 부파불교와 대승불교의 교설 등을 말한다)에서 무엇을 핵심 교설로 삼았는가를 안다면 당시 교육목적과 교육내용 등이 무엇이었으며, 교육과정이 어떻게 전개되었는지 파악할 수 있고, 현대사회에 걸맞은 교육과정의 설계 또한 가능하기 때문이다.

부처님의 열반 후 100년경 교단이 상좌부와 대중부 등 둘로 나뉘었다는 것은 이미 앞에서 설명하였다. 이러한 시대상 때문인지 부처님 열반 후 200년경 아쇼카왕의 시대에 이르러 교단은 교설에 대한 결집을 세 번째로 하게 된다. 이 결집은 제3결집이라고 부르는데 불교사에서 큰 족적을 남긴다. 왜냐하면 아쇼카왕 시대에 이루어진 제3결집 이후, 스리랑카의 경우 마하위하라(大寺派)는 부처님의 교설을 그대로 이어받은 정통성을 주장하면서 이단이라고 할 수 있는 아바야기리파와의 경쟁 속에서 앞서거니 뒤서거니 한 이후로 현재 스리랑카 불교의 중심으로 자리 잡게 되었으며, 반면에 인도 대륙에서는 부처님의 가르침에 대한 해석을 달리하게 됨에 따라 20부파로 나뉜 부파불교 시대가 전개되었고, 뒤를 이어 대승불교 시대가 열리고 전개되었기 때문이다. 그러므로 어찌 보면 아쇼카왕 시대의 제3결집은 교설의 분수령인 셈이다.

1) 3현三賢

이 글에서는 스리랑카의 남방불교와 다른 모습으로 인도 대륙에서 전개된 부파불교에 대해 다루고자 한다. 특히『아비달마구사론阿毘達磨俱舍論』(이하『구사론』)을 중심으로 교육과정의 모습이 어떻게 전개되었는지 개괄적으로 살펴보고자 한다. 왜냐하면 초기불교의 핵심 교설인 사성제가『구사론』에서는 부파적 발현發顯인 16행상十六行相의 현관現觀 수행으로 나타나고 있는데, 이것에는 범부에서 성인으로 되는 인간 형성의 교육적 의미가 내포되어 있기 때문이다.

『구사론』은 전체적으로 고苦-집集-멸滅-도道 사성제四聖諦의 구조로 구성되어 있다. 그러므로『구사론』은 깨닫지 못한 미혹의 상태에서 깨달음의 상태에 도달하기까지의 과정을 기술하고 있다. 구체적으로 살펴보면, 모든 유정 존재는 고통을 겪게 되는데 이러한 고통은 번뇌煩惱를 끊지 못한 데에서 비롯한다. 번뇌는 부파불교의 용어로 수면혹隨眠惑이라고 하는데, 98개의 수면혹, 즉 번뇌가 있다고 한다. 욕계 32개, 색계 31개, 무색계 31개. 모두 합해서 총 98개의 번뇌가 이들 삼계三界의 중생에게 있으므로 미혹의 상태에 있는 중생으로 존재하게 되는 것이다. 교육적으로 볼 때 수면혹에서 벗어나지 못하고 있는 괴로움의 상태가 욕계, 색계, 무색계 중생의 인간 형성의 모습이 된다.

그러나 이와 같이 고통의 원인이 되는 98개의 수면혹, 즉 98개의 번뇌를 모두 끊을 때 깨달음에 도달하게 된다.『구사론』현성품賢聖品은 3현三賢·4선근四善根과 견도見道·수도修道·무학도無學道의 수행과정에서 4제 16행상四諦十六行相의 현관現觀으로 묘사하고 있다. 그러나『구사론』은 부처님의 교설을 정통적으로 계승했다고 하는『청정도론』이 계·정·혜 삼학三學의 교학체계로 구성되어 있는 데 반하여 사성제의 교학체계로 구성되어 있고, 또한 각 품品 간의 유기적 연결이 긴밀하게 되어 있지 않은 것 같은 인상이 짙다. 비록 현성품의 뒤에 정품定品과 지품智品이 있기는 하지만 현성품의 내용이 이들 정품과 지품과의 상관관계에서 논해지지 않고 있고, 또한 계戒에 관한 설명도『청정도론』보다 짧게 되어 있어서 이와 같은 인상을 받게 한다.

지금까지 살펴본『구사론』의 사성제 구조는 일종의 교육과정이라고 할 수 있다. 교육을 통해 도달하는 교육목적은 현성품에서의 무학도, 즉 성자위聖者位인 아라한의 경지이다. 그리고 교육내용은『구사론』의 전체 내용이라고 할 수 있다.

『구사론』의 교육과정은 이와 같다. 세친이 당시 전해 내려오는 부파불교의 교설을『구사론』에서 집대성했기 때문에『구사론』은 부파불교의 교육과정을 담지하고 있다고 말해도 무방하다. 세친은 주지하다시피 경량부의 견지에서『구사론』을 저술했는데, 그런 점에서 설일체유부 교설과의 차이점도『구사론』을 통해 배울 수 있는 장점이 있다. 그러므로『구사론』은 부파불교의 교육과정을 나타내고 있다고 할 수 있다.

이 글은 인간 형성의 과정을 살펴보는 것에 중점을 두고 있다. 그러므로 여기에서는 범부에서 성자가 되기까지의 인간 형성의 과정에 초점을 두고자 한다.『구사론』의 내용 가운데 현성품이 인간 형성의 과정을 기술하고 있다는 점에서 현성품을 중심으로 범부에서 성자에 이르기까지 어떤 모습으로 인간 형성을 했는가를 살펴보기로 한다.

그 첫 번째로 성자위聖者位에 도달하기 전 범부가 닦는 수행위인 3현三賢에 대해서 알아본다. 3현은 5정심五停心·별상염주別相念住·총상염주總相念住의 세 가지 선정수행법으로서 사성제의 관법觀法 수행 이전에 닦는 지계持戒에 의해 계를 닦는 수행으로부터 출발한다. 현장 스님 한역의 『아비달마구사론』에서는 사성제의 진리를 보는 도[見諦道]에 나아가기 위해서는 우선적으로 해야 하는 일로서 계에 머물러[住戒] 계를 실천 수행해야 한다고 설명하고 있다. 즉 "모든 유정이 발심하여 장차 사성제의 진리를 보는 데에 나아가기 위해서는 마땅히 먼저 청정한 계[淸淨尸羅]에 안주한 연후에 문소성혜聞所成慧 등을 부지런히 닦아야 한다."는 것이다. 이것을 봐도 모든 수행의 출발은 계를 지키는 데에서 출발하는 것임을 알 수 있다. 몸과 마음이 방호防護되어 도덕적으로 흠결이 없는 인간으로 형성된 다음에 불교수행의 핵심인 지止[사마타; 定]와 관觀[위빠사나; 慧]의 수행이 뒤따라 이루어지는 것이 가능하다는 것을 『아비달마구사론』은 설명하고 있는 것이다. 그리고 『아비달마구사론』은 계를 근면히 수행한 이후에 진리를 보는 법(見諦; 사성제를 보는 법)에 대해서 다음과 같이 설명하고 있다. 가르침에 대해 섭수하여 듣고[聞所成慧], 이어서 지금까지 들은 진리를 보는 법이란 무엇인지에 대해 알아보고, 그리고는 전도顚倒되지 않은 사유思惟를 하고[思所成慧], 사유를 한 다음에는 바야흐로 선정[定]을 닦아 익힌다는 것[修所成慧]이다.

그런 다음에 『아비달마구사론』은 세 가지로 요약되는 '신기청정身器淸淨'에 대해서 다음과 같이 설명하고 있다.[164] '신기청정'의 첫 번째는 신심원리身心遠離이다. 이것은 몸으로 잡되게 물든 상태에서 떠나고,

마음으로 선善하지 않은 것으로부터 떠나는 것을 의미한다. 두 번째는 '희족소욕喜足少欲'으로서 큰 욕심이 없어서 기쁘게 만족하지 않음이 없는 것[無不喜足]을 의미한다. 그러나 대부분의 사람들은 이미 얻은 빼어나게 예쁜 옷들이 있는데도 다시 많이 구하게 되는데, 이것은 '기쁘게 만족하지 않는 것[不喜足]'이고, 빼어나게 예쁜 옷을 얻지 못하였으면 이 옷들을 얻기를 많이 바라게 되는데, 이것은 큰 욕심[大欲]이라는 것이다. 이처럼 이 옷들을 구하는 까닭은 욕계에 결박되어 있고, 욕탐欲貪을 특성으로 삼고 있기 때문이라는 것이다. 그러므로 오직 희족소욕의 바탕인 무탐無貪으로써 대치對治를 삼아 성인이 이 세상에 나타나게 된다는 것이다. 세 번째는 4성종四聖種이다. 4성종은 탐욕이 없는 희족소욕을 바탕으로 모든 불제자들이 세속의 생활도구 [生具]와 세속의 사업[俗事業]을 버림으로써 해탈을 구하기 위하여 부처님께 귀의하고 출가하는 것을 의미한다. 부처님은 세속의 도구가 아니라 도를 이루기를 도와주는 생활도구[助道生具]와 도를 이루기 위해 도와주는 사업[助道事業]이 있다고 말씀하시면서 전자인 조도생구에 의지해서 후자인 조도사업을 일으킨다면 오래되지 않아 해탈을 한다고 또한 말씀하시는 것이다.

남방 테라바다 불교의 교설을 종합적으로 담고 있는 『청정도론』에서는 계청정에서 계에 대한 정의와 계의 목적과 의도, 출가자가 지켜야 할 계의 내용 등에 대해 상세히 기술하고 있는 데 반해, 『아비달마구사론』은 비교적 계에 대한 내용이라고 할 수 있는 '신기청정'이 짤막한 내용으로 나타나고 있다. 비록 그렇기는 하지만 이 '신기청정'은 후대 천태학의 문헌에 나타나고 있다는 점에서 이 용어의 계보를 알 수 있는 의의가 있다고 하겠다.

신기청정에 이어서 비로소 3현의 수행법이 전개된다. 5정심五停心이 그 첫 번째로, 이것에는 부정관不淨觀·자비관慈悲觀·인연관因緣觀·계차별관界差別觀·수식관數息觀 등이 있다. 탐貪과 심(尋, vitarka: 대상을 향한 마음의 동요)이 증가하는 상태가 맹렬하고 치성하여 자주 앞에 나타나는 유정들에게 부정관을 닦는 것이 필요하고, 마음의 동요로 많이 마음을 어지럽히는 사람에게는 지식념持息念이 필요하다. 달리 표현하면, 과도하게 많은 탐욕[貪]으로 행동하는 사람에게는 부정관이 필요하지만 대상을 향한 마음의 동요가 심한 사람에게는 입출식념入出息念의 수행이 필요한 것이다.

부정관은 네 가지 탐貪이 있어서 하는 것인데, 즉 청靑·황黃·적赤·백白 등 색色에 대해 탐하는 현색탐顯色貪, 형상이나 모습에 대해 탐하는 형색탐形色貪, 감촉을 탐하는 묘촉탐妙觸貪, 그리고 지위나 명예 등에 대해 탐하는 공봉탐供奉貪 등이 그것이다. 첫 번째[165] 현색탐에 대한 대치對治로서 하는 부정관은 대부분의 사람들은 살아생전의 아름답거나 건강한 모습이 영원하다고 생각하고 이를 탐하는 경향이 있는데, 이에 대한 대치對治로 죽은 사람의 시체가 푸르게 변한 모양(푸른색의 어혈 같은 모양) 등을 소연所緣으로 하는 수행을 가리킨다. 두 번째[166] 형색탐에 대한 대치로 하는 부정관은 사람의 형체가 영원한 것 같지만 사람이 죽은 후에는 형체가 짐승들에게[『구사론』 산스크리트본에는 벌레라고 되어 있음] 잡아먹혀 흩어지게 되기도 하는데, 그 모습을 소연으로 하는 수행을 가리킨다. 세 번째[167] 묘촉탐에 대한 대치로 하는 부정관은 벌레와 구더기가 들끓어서 살에 진물이 나고 부패하여 뼈만 남게 되는 모습을 소연으로 하는 수행을 가리킨다. 네 번째[168] 공봉탑에 대한 대치로 하는 부정관은 움직임이라고는 없는 해골을 소연으로 하는 수행을 가리킨다.

이와 같이 네 가지 탐을 소멸시키는 부정관을 닦는 사람은 뼈를 관하게 되는데, 손뼈, 발뼈, 정강이뼈, 넓적다리뼈, 골반, 등뼈, 두개골 등으로 흩어져 있는 것을 보았을 때처럼 자신의 몸에 대하여 '나의 육신도 이러한 속성을 지니고 있으며, 이와 같이 될 것이며, 이렇게 되는 것은 피할 수 없다'[169]라고 생각한다. 이와 같이 닦는 수행은 골쇄관骨鎖觀이라고 하며, 골쇄관 수행을 통해 네 가지 탐을 대치하는 것이 가능하다.

골쇄관에 의한 대치로 승해(勝解: 대상에 대한 정확하고 예리한 이해, adhimokṣa)가 이루어지며, 이러한 승해가 확대된다. 즉 자신의 신체의 일부분, 즉 발가락[足指]이나 이마, 또는 다른 부분[그가 좋아하는 곳]에 마음을 두고 승해의 힘으로 신체의 일부분에 대하여 가상假想으로 사유를 한다. 피부와 살점이 떨어져나가 점차적으로 뼈만 하얗게 남는다고. 그리고 내지 온몸이 뼈의 사슬로 되어 있다고 관觀한다. 그리고 점차적으로 넓게는 방房, 사찰[寺], 동산, 마을, 나라에 이르기까지, 내지는 바다가 경계가 되는 땅에 이르기까지 그 중간에 뼈 사슬이 가득 차 있다고 관한다.[170] 그리고 마음을 축소[縮約]해서 하나의 뼈 사슬을 승해勝解하는 것에 이르기도 한다. 이것이 초심자의 유가행자瑜伽行者가 닦는 골쇄관의 관법으로 초습업初習業이라고 일컬어진다.

그 다음 유가행자가 닦는 관법은 숙련자의 관법[熟修라고 稱함]으로서 발의 뼈를 제외한 나머지, 그리고 마찬가지로 두개골의 반쪽을 제외한 나머지 반쪽에 마음이 향하게 하는 데 이르기까지를 말한다. 그 다음 닦는 골쇄관의 관법은 양미간兩眉間에 마음을 집중하여 담연澹然하게 머무는 것인데, 이것은 초작의超作意라고 일컬어진다. 여기까지가 부정관의 수행과정이다.

부정관은 탐욕이 있는 사람을 탐욕이 없도록 하는 데 목적이 있으므로 무탐無貪을 자성自性으로 한다. 그리고 부정관은 4정려四靜慮와 근분정近分定, 중간에 있는 선정[定]과 욕계 등 십지十地에 속한다고 하며, 욕계에 계박繫縛되어 보이는 것, 즉 청青·황黃·적赤·백白 등으로 나타나는 현색顯色과 형색形色을 대상[所緣]으로 한다. 그리고 오직 사람 가운데[人趣]에서 이것이 생한다. 다만 북구로주北俱盧洲는 제외한다.

부정관의 수행을 하면 일체의 탐욕이 없어진다. 탐욕이 있었던 사람이 부정관을 수행함으로써 탐욕이 없는 사람이 된다는 점에서 부정관의 수행을 통해 무탐(無貪, no desire)의 인간으로 형성하게 되는 것이다. 즉 이전과는 전혀 다른 인간으로 형성되는 것이다. 그러므로 탐욕이 있는 사람을 탐욕이 없도록 인도하는 것이 부정관의 교육목적이라고 하겠다. 그리고 이상에서 기술한 부정관의 내용은 교육내용에 해당한다. 그런데 불교적 학습자에게 가르치는 교육방법은 이상 부정관의 내용만으로는 부족하다고 할 수 있다. 그것은 『구사론』의 다른 품에 나오는 내용들과의 유기적 관련 속에서 불교적 학습자들에게 교육이 이루어질 때 부정관의 내용이 제대로 학습되어질 것이다.

그 다음 유가 수행자는 부정관의 기반 위에 수식관數息觀을 닦게 된다. 이 수식관 수행은 초기불교의 『대념처경』에도 나타나 있는 수행법인데, 부파불교의 『구사론』 현성품 가운데 3현에서도 계속적으로 이어지고 있다. 현장 스님은 식념息念이라고 표현하면서 초기경전에 나타나 있는 '아나아파나념阿那阿波那念'이라고 또한 표현하고 있다. 그는 여기에서 아나阿那는 지식입持息入, 즉 숨을 들이쉬는 것이라고 하면서 바깥의 숨을 몸 안으로 들어오게 흡입하는 것이라고 표현하고 있는데, 이것은 들숨을 말한다. 그리고 아파나阿波那는 지식출持息出, 즉 몸 안의 숨을 밖으로 내쉬는 것이라고 표현하고 있는데, 이것은 날숨을 말한다. 범어 원전에서는 수식관을 호흡에 의한 마음 챙김 (Mindfulness of breathing), 즉 ānāpānasmṛti로 표현하고 있는데, Āna 는 숨이 들어감(in-breathing)이고, apāna는 숨이 떠나는 것(out-breathing)이다. 그리고 마음 챙김(mindfulness; smṛti)은 이 들숨과 날숨에 관계가 있는 것을 의미한다. 범어 원전에서는 구체적으로 들숨과 날숨에 의해 prajñā, 즉 혜慧가 이루어진다고 서술하고 있다. 현장 스님은 이것을 "혜로서 특성을 삼는데, 념念을 말하는 것은 념으로 힘을 지니기 때문이라는 것(以慧爲性而說念者, 念力持故)"이라고 번역하고 있다.

이 들숨과 날숨에 의한 마음 챙김은 다섯 군데에서 개발된다. 초선, 2선, 3선 등 세 가지 정려(靜慮, sāmantakas), 근분정近分定의 중간 상태의 선정(dhyānāntara), 그리고 욕계(欲界; 욕심을 특성으로 하는, 우리가 살고 있는 세상을 말한다. 원어로는 Kāmadhātu이다) 등이 그것들이다.

그러면 실제로 수행을 어떻게 하는 것인가를 살펴보자. 마음 챙김의 수행은 여섯 가지 특성을 지닌 것[171]에 나타난다. 즉 마음 챙김에는 첫째로 수를 세는 것(數, counting), 둘째로 따르는 것(隨, following), 셋째로 집중하는 것(止, fixing), 넷째로 관하는 것(觀, observing), 다섯째로 바꾸는 것(轉, modifying), 여섯째로 정화하는 것(淨, purifying) 등의 특성이 있는데, 이 여섯 가지 특성은 바로 수행방법이다.

첫 번째, 수를 세는 것[數]은 들숨과 날숨의 입출식을 인연으로 하여 어떤 가행加行도 짓지 않고, 몸과 마음을 놓아버리고 오직 들숨과 날숨에 의해 숨을 쉬는 것[입출식]만을 생각하고 기억하여 하나에서 열에 이르기까지 더하지도 않고 덜하지도 않게 숫자를 헤아리는 것을 말하는 것이니, 마음이 들숨과 날숨에 너무 매달리거나 흩어지는 것을 염려하여 그렇게 하는 것[172]이다.

그런데 들숨과 날숨에 의해 숫자를 헤아리면서 피해야 할 세 가지[173]가 있다. 첫째, 숫자를 빼면서 헤아리는 것으로 둘이라고 헤아려야 하는데 하나라고 헤아리는 것을 말한다. 둘째, 보태서 숫자를 헤아리는 것으로 하나라고 헤아려야 하는데 둘이라고 헤아리는 것을 말한다. 셋째, 혼동되어서 숫자를 헤아리는 것으로 들숨을 날숨이라고 하고 날숨을 들숨이라고 하는 것을 말한다. 그러나 들숨과 날숨의 입출식에서 이와 같은 세 가지 종류의 과실이 없다면 이것은 바른 헤아리기[正數]이다.

만약에 중간에 마음이 흩어져 어지러운 자는 다시 하나부터 차례대로 숫자를 헤아리고, 이것이 끝난 뒤에는 다시 시작하여 선정을 얻을 때까지 계속한다.

148

그 다음 두 번째로 따르는 것, 즉 수隨가 있다. 이것은 유가 수행자가 마음을 들숨과 날숨의 입출식을 인연으로 무엇인가 추가하는 행동을 취하지 않고 숨이 들고 나갈 때 집중하는 생각[念]이 항상 좇아 따라가는 것[念恒隨逐]인데, 멀리 어느 곳까지 가는지 생각한다. 숨이 유가 수행자의 몸에 들어갈 때[吸氣] 몸 전체로 가는지, 몸의 일부분으로 가는지 생각하는 것을 말한다. 숨이 그의 몸에 들어갈 때 목구멍, 심장, 배꼽, 엉덩이, 넓적다리, 무릎, 종아리, 내지는 발가락에 이르기까지 항상 그것들을 따라 좇으며[隨逐] 생각하는 것을 말하는 것이다. 그리고 숨이 그의 몸에서 나갈 때[呼氣] 집중하는 생각[念]이 몸을 떠나는 것은 엄지손가락에서 새끼손가락까지의 거리와 양손을 편 거리이다.

그 다음 세 번째로 지止는 집중하는 것[fixing]으로, 유가 수행자가 구슬을 꿰고 있는 실과 같이 코끝에, 미간眉間에, 또는 발가락에 주의를 집중하는 것을 가리킨다. 그리고 그는 마음을 집중하는데, 몸 안의 숨 쉬는 곳에 진주목걸이를 단 줄이 있다고 관觀한다. 그리고 그는 그런 상태에서 찬[冷]지, 따뜻한[煖]지, 손해를 끼치는 것인지, 이익을 주는 것인지 주시한다.

그 다음 네 번째로 관觀은 관찰하는 것[observing]이다. 즉 입출식(入出息: 들숨과 날숨)은 바람[風]으로서 뿐만 아니라 네 가지 요소들(the four primary elements: 色)과 이들 네 가지 요소들로부터 파생한 물질, 그리고 마음[心]과 마음의 법들[心所]이라고 유가 수행자는 관찰한다. 이와 함께 그는 오온(五蘊, the five skandhas)을 경계로 하고 있음을 관찰한다.

그 다음 다섯 번째로 전轉은 바꾸는 것[또는 移轉하는 것, modifying]으로, 유가 수행자가 숨을 쉬는 바람을 소연所緣으로 하는 념, 즉 각지(覺知: 慧)로 바꾼 뒤 세간의 제일가는 법들[transworldly dharmas: 世間第一法位]을 포함하여 보다 나은 법들[勝善根]을 지향하는 것을 가리킨다.

그 다음 여섯 번째로 정淨은 정화하는 것(purifying)으로, 승진昇進하여 견도위見道位 등에 들어가는 것을 말한다.

입출식 수행에 의해 사마타奢摩他를 이룬 유가 수행자는 위빠사나〔『구사론』은 毘鉢舍那로 표기하고 있음〕수행에 의한 사념주四念住를 닦는다. 수행자는 자상自相과 공상共相으로서 사념주인 몸[身]과 느낌[受]과 마음[心]과 법法을 관(觀, passana)하는데, 자상이란 원어로는 svalakṣaṇa인데, 몸[身]과 느낌[受]과 마음[心]과 법法에 대해 별도로 자체의 특성이 있다고 보는 것을 말하며, 공상共相이란 원어로는 sāmānyalakṣaṇa인데, 몸[身]과 느낌[受]과 마음[心]과 법法에 대해 별개의 것으로 여기는 것이 아니라 전체의 시각에서 모든 연기된 존재, 즉 일체 유위법은 무상성無常性, 다시 말해 항상성[常性]이 있는 것이 아니고[impermanent], 일체 유루법[all impure dharmas]은 괴로움의 특성[苦性]을 지니며, 일체의 법[all the dharmas]은 공성空性과 '나'라고 내세울 만한 것이 없는 특성[여기서는 非我性]이 있다고 하는 것을 말한다. 그러면 이해를 돕기 위해 자상의 예를 들어보자. 우리 신체[kāya, 몸]의 자상은 색色으로 이루어져 있는 것을 가리키고, 수(受, vid)의 자상은 외부로부터의 자극을 감수感受하는 것을 가리킨다. 심[마음, 心]의 자상은 요득了得하는 것을 가리킨다. 법의 자상은 이상 신身·수受·심心 세 가지를 제외한 것을 가리킨다. 이 자상과 공상[共相:

진제 역『구사석론』에서는 總相이라고도 한다]의 수행법은 앞에서 살펴본 5정심관과 함께 3현賢이라고 한다.

수행자가 극미極微의 찰나刹那에 몸을 관할 때 신념주身念住가 이루어진다고 현장 역『구사론』에서는 비교적 간명하게 표현하고 있으나, 원전에서는 수행자가 몰입의 상태에 있을 때[samāh-ita] 이와 같은 원자들과 찰나의 순간[kṣaṇa]들을 보게 된다고 상세하게 묘사하고 있다. 현장 역『구사론』에는 이렇게 묘사하고 있으나, 진제眞諦 역『구사석론俱舍釋論』에서는 '더 이상 쪼갤 수 없는 상태나 찰나멸의 순간에서 비롯하는 바른 견해(由隣盧分及刹那滅正見)'라고 표현하고 있다.[174]

그런데 이 신·수·심·법 등 사념주四念住는 자성自性, 상잡相雜, 소연所緣 등 세 가지를 별개로 하는 바탕[體]을 지닌다. 첫 번째, 자성념주自性念住는 지혜를 바탕[體]으로 삼는다. 그리고 이 지혜는 문소성혜聞所成慧, 사소성혜思所成慧, 수소성혜修所成慧 등 3종種이 있다. 앞에서도 이 세 가지의 지혜를 언급한 바 있는데, 이 세 가지 지혜는 자성념주의 수행에서 학습이 이루어지고 있는 차례를 나타내고 있다. 스승이 설하는 신·수·심·법 등 사념주의 가르침을 듣고, 이것을 사유하고, 이어서 이것을 닦음으로써 각각 지혜가 이루어진다는 것이다.

두 번째, 상잡념주相雜念住는 이 지혜[慧]를 자성으로 하는 념주와 같이 생하는[mindfulness through connection] 다른 모든 법들을 가리킨다. 다시 말해 상잡념주는 지혜가 아닌 다른 법들과의 연결에 의해 지혜와 함께 공존하는 법이라는 것이다.

세 번째, 소연념주所緣念住는 자성념주와 상잡념주의 소연이 되는

념주念住라는 것이다.

사념주는 각각 자성념주이든지, 상잡념주이든지, 소연념주이든지 간에 지혜[慧]를 바탕으로 한다. 왜냐하면 념念의 힘을 유지함에 의해 작용이 있는 것이 지혜[慧]가 되기 때문이다. 그러므로 지혜에 의한 수행이고, 지혜에 의한 교육, 달리 표현하면 지혜에 의한 인간 형성의 교육이 되는 것이다. 진제 역『구사석론』에서는 자성념주를 자성념처 自性念處라고 하면서, 이 자성념처는 문聞·사思·수修 세 가지를 닦아서 생기는 지혜라고 표현하면서 이것이 자성염처라는 것이다. 그러므로 우리는 듣고, 생각하며, 닦는 과정이 교육과정의 구성요소이며, 이들 은 각각 교육과정 언어, 즉 Curricular Language임을 알 수 있다.

사념주는 신념주身念住의 수행부터 시작한다. 현장 역『구사론』은 이 신념주의 수행을 '신주순신관身住循身觀'이라고 기술하고 있는데, 원전에서는 이것을 수행자가 대상으로서 몸을 관하는 것이라고 표현하 고 있다.〔kāye kāyānupaśyanā smṛtyupasthā-nam〕

수행자가 kāyānupaśyin(循身觀者), 즉 anupaśya(몸의 부분들을 熟察 하는 것) 또는 darśana(바로 보는 것. 심사숙고하고 확인하고 판단하는 것)를 소유하고 있는 사람이라는 것이다. 한역『구사론』과 마찬가지로 원전에서도 이 신념주에 의해 자성념주가 이루어지는 것을 지혜라고 말하고 있다. 그것은 몸에 대한 순관(anupaśyanā)을 통해서 지혜가 있게 되기 때문이다. 이상에서 몸에 의해 지혜가 있게 되는 신념주身念 住가 사념주의 바탕이라고 할 수 있다.

지금까지 살펴본『구사론』현성품 가운데 부정관과 입출식과 신념 주의 수행은 몸에 관한 수행으로부터 시작한다. 부정관은 여섯 가지 특성을 들어 몸의 부정不淨함을 설명하고 있는데, 몸 안에는 깨끗하지 않은 것들로 가득 차 있어서 애착할 만한 것이 아니라는 것이다.

몸에 대해서 부정적인 시각은 서구에서도 있었는데, 중세시대뿐만 아니라 메를로 퐁티 이전까지만 하더라도 비록 동양과 문화적, 종교적 차이가 있지만 영육靈肉 가운데 신체를 혐오의 대상으로 여기곤 했다. 즉 몸은 부정해야 하고 기피하는 대상으로 보았던 것이다.

그러나 아무리 몸이 부정한 것들로 가득 차 있어서 혐오의 대상이지만 이 몸을 기반으로 몸에 대한 순관循觀을 통해 탐욕을 없애는 것이 가능하게 된다. 그럼으로써 몸은 비록 부정의 대상일지라도 부정의 대상에서 긍정의 대상이 되기도 한다. 그리고 입출식념의 수행에서는 들숨과 날숨의 수행을 통해 심일경성心─境性의 경지에 이르게 되니, 이는 몸의 긍정적 의미를 나타내고 있다. 그러므로 부정관과 입출식념의 수행은 각각 몸에 대한 관찰에 의해 탐욕이 없어진다는 점과, 들숨과 날숨의 수행에 의해 마음의 평온과 마음이 하나로 통일되고 지혜가 성숙한다는 점에서 인간 형성으로서의 가치가 충분히 있다고 할 것이다.

그런데 몸에 대한 관찰을 하는 신념주가 먼저 이루어지는 것은 원전에 따르면 거친 것, 즉 추麤한 것이 몸이기 때문에 몸에 관한 관찰인 신념주의 수행이 먼저 이루어진다는 것이다. 왜 그럴까? 그것은 경험적으로도 알 수 있듯이 몸은 탐욕이 발생하게 하는 장소이고 감각작용을 일으키는 수受에 애착愛着하여 탐욕이 일어나므로 탐욕의 원인인 몸이 먼저 제어가 되지 않고서는 마음이 잘 닦여질 리 만무하기 때문이다. 그러므로 후대 대승불교 교리인 유식학에서와 같이 만법유식萬法唯識, 즉 마음을 6식과 7식, 8식으로 구분하여 이들 각각의 식識이 여러 가지 법과의 작용을 하는 수행이 아니라 몸 먼저, 그 다음 마음의 순서로 수행을 했던 것이다. 몸에 대한 수행이 이루어진 다음에는 순차적으로 그 다음에는 감각, 즉 느낌에 의해 애착이 발생하므로 이에 대한 관찰인 수념주受念住의 수행이 이루어지고, 그 다음에는 이러한 애착이 마음에 의해 억제되지 않으면 일어나게 되므로 심념주心念住의 수행이 이루어지고, 그 다음에는 애착이 제어되지 않는 것은 번뇌가 끊어지지 않아서 생기는 것이므로 미세한〔微〕 영역이라고 할 수 있는 법념주法念住의 수행이 이루어졌던 것이다. 이것은 교육적으로도 큰 의미를 갖는다. 왜냐하면 스승 비구가 학생인 비구에게 먼저 제일 거친 몸에 관한 관찰과 수행을 위한 가르침을 펴고, 그 다음 순차적으로 수념주와 심념주와 법념주의 수행을 교육방법으로 실천했다고 볼 수 있기 때문이다.

그 다음은 신념주, 수념주, 심념주, 법념주 각각에 대해 네 가지 전도顚倒에 대한 대치對治가 전개된다. 즉 정淨·락樂·상常·아我 등에 대한 대치가 이루어진다. 대치란 바로 알고 있지 못한 상태로부터 바르게 아는 상태로 바뀌는 것, 달리 표현하면 이러한 대치의 과정은 전환轉換하는 인간 형성의 과정이라고 할 수 있다. 이 대치의 과정을 살펴보면, 신념주를 비롯한 수념주, 심념주, 법념주 각각에 자기의 상속을 소연所緣으로 하고, 타자의 상속을 소연으로 하고, 자自와 타他, 양자의 상속을 소연으로 하는 등 세 가지 소연이 전개된다. 수행자는 안으로 몸에 대해 깊이 관찰하는 데 정성을 다하고, 바른 지혜와 바른 집중으로 세상의 탐욕과 우려되는 것을 억제하여 머무른다. 수행자는 바깥으로 몸에 대해 깊이 관찰하는 데 정성을 다하고, 바른 지혜와 바른 집중으로 세상의 탐욕과 우려되는 것을 억제하여 머무른다. 수행자는 안과 밖으로 몸에 대해 깊이 관찰하는 데 정성을 다하고, 바른 지혜와 바른 집중으로 세상의 탐욕과 우려되는 것을 억제하여 머무른다. 이것은 신념주의 세 가지 수행이다. 그리고 수행자는 수념주의 세 가지 수행을 한다. 수행자는 안으로 느낌에 대해 깊이 관찰하는 데 머무른다. 신념주와 같은 세 가지 방식으로 수행이 전개된다. 나머지 심념주와 법념주도 이와 같이 세 가지 방식으로 전개된다. 이렇게 함으로써 부정不淨한 것을 정淨으로 보는 전도顚倒에 대한 대치가 신념주에서 이루어진다. 그리고 괴로운 것〔苦〕을 즐거움〔樂〕으로 보는 전도에 대한 대치가 수념주에서 이루어진다. 그리고 무상無常한 것인데 영원〔常〕하다고 보는 전도에 대한 대치가 심념주에서 이루어진다. 그리고 무아無我인데 항상된 아我가 있다고 보는 전도에 대한 대치가 법념주에서 이루어진다.

그런데 수행자가 사념주 가운데 법념주를 중심으로 신身·수受·심心 이외의 법法만을 소연으로 할 때에는 부잡연不雜緣이 된다. 반면에 수행자가 법념주를 중심으로 이상 신·수·심 가운데 둘 또는 넷을 소연으로 할 때는 잡연雜緣이 된다.

2) 난위煖位·정위頂位·인위忍位·세제일위世第一位〔성자위에 들어가기 전의 수행단계〕의 순차적 교육과정

수행자는 법념주를 총연總緣으로 하여 머무르며, 신身 등의 모든 법들을 비상非常·고苦로서, 공空·비아非我로서 관관觀觀한다. 이렇게 법념주를 중심으로 닦음으로써 수행자는 다음 단계로 4선근四善根의 첫 번째 수행위修行位인 난(煖, ūṣmagata)에 이르게 된다. 난이라고 이름을 붙인 까닭은 번뇌〔惑〕의 땔감을 연소燃燒한 성도聖道의 불이 있기 전의 상태이기 때문이다. 즉 난위는 성자聖者의 조짐이 미약하게나마 일어날 가능성이 있는 단계이다. 이것으로써 우리는 난위의 인간 형성의 상태를 짐작하는 것이 가능하다. 이때부터는 사성제, 즉 사제四諦를 수행의 대상으로 하는 16행상十六行相의 수행이 본격적으로 전개된다. 첫 번째, 고제苦諦를 4행상四行相에 의해 관한다. 무상無常·고苦·공空·비아非我로서 한다. 두 번째, 집제集諦를 4행상에 의해 관하되 인因·집集·생生·연緣으로써 한다. 세 번째, 멸제滅諦를 4행상에 의해 관하되 멸滅·정靜·묘妙·리離로서 한다. 네 번째, 도제道諦를 4행상에 의해 관하되 도道·여如·행行·출出로서 한다.

이상에서와 같이 아래〔下〕로부터 가운데〔中〕, 그리고 위〔上〕의 단계로 수행자가 순차적으로 수행을 전개한 상태에서 난위煖位의 다음 단계인 정위頂位에 도달하게 된다. 원전에 의하면 정위는 난위와 비슷하다고 하는데, 그 차이점은 동선근動善根의 정점頂點이기 때문에 정頂이라는 것이다. 즉 정위에서 물러나 떨어질 수도 있고, 또는 더 앞으로 전진할 수도 있다는 것이다. 그래서 '부동不動'이 아니라 '동선근動善根'이라고 표현하고 있는 것이다. 세친의 저서를 주소註疏한 칭우稱友도 마찬가지로 난위와 정위가 비슷한데 정위라고 별도로 말하고 있는 까닭은 동선근의 정점이라고 말하면서 그 상태의 극치이기 때문이라는 것이다. 이것은 정위의 다음 단계인 인위忍位와 세제일법世第一法이 부동위不動位인 것과 비교가 된다. 그런데 비슷하다고 말하고 있지만 엄밀히 말해서는 난위가 아래 단계이고, 그 위 단계가 정위가 된다. 현장 역 『구사론』에서는 정위頂位를 산의 정상에 비유하고 있다. 정위는 난위와 마찬가지로 4성제 가운데 고성제에서 무상無常·고苦·공空·비아非我의 4행상으로 관하는 것을 시작으로 해서 도성제의 도道·여如·행行·출出의 4행상을 관하는 것에 이르기까지 16행상이 전개된다.

이와 같이 정위에 도달한 수행자는 아래〔下〕로부터 중간〔中〕, 그리고 위〔上〕의 차례로 수행을 하게 되는데, 정위 다음 단계로 인위忍位에 도달하게 된다. 이 인위에 이르러서는 더 이상 물러나지 않는 단계이기 때문에 '최상의 진리를 얻어 인가를 받은 인(忍, kṣamaṇa)'이라고 불리어진다.

인위는 아래〔下〕와 중간〔中〕 단계에서는 정위와 비슷하나 위 단계〔上〕에서는 차제적으로 법념주만으로 수행이 이루어진다. 인위는 욕계欲界에 계박되어 있는 고苦를 대상 경계로 하여 수행을 하게 되는데, 2찰나刹那로 작의(作意; 마음을 대상으로 향하게 하는 것을 의미한다)하는데 이르러서 중품中品의 인忍이 되고〔칭우에 의하면 중품의 인忍의 단계는 119찰나인 경우도 있다고 설명하면서 꽤 많은 심찰나心刹那가 이루어지기도 한다고 설명하기도 한다〕, 1찰나로 작의 할 때 상품上品의 인忍이 된다. 이 상품의 인의 단계는 4선근四善根의 마지막 상위 단계인 세제일법世第一法과 비슷하다고 한다. 칭우는 『구사론』의 주소註疏에서 중품의 인忍이 되는 것은 아견我見이 있는 유가행자가 세 가지 행상行相에 의해 욕계에 계박繫縛되어 있는 고苦를 작의作意한 후, 그 다음에 비아非我와 공空의 두 가지 행상行相에 의해 욕계에 계박되어 있는 고를 작의하고, 그 다음에 고법지인苦法智忍·고법지苦法智와 비슷한 비아의 한 가지 행상을 두 번 나타나게 하여 이루어진다는 것이다. 이와 같이 해서 119심찰나心刹那가 된다는 것이다. 그리고 칭우의 『구사론』 주소에 의하면 상인上忍의 단계는 오직 1찰나만이 있다고 한다. 그것은 상인을 수행하는 사람의 행동에 따라서 비상非常의 행상 이, 고苦의 행상이, 공空의 행상이, 비아非我의 행상이 상응相應하기 때문이다.

인위 다음의 수행단계는 세제일위世第一位이다. 4선근의 네 번째 단계로서 범부가 닦는 수행단계의 마지막 단계이다. 세제일위는 인위 와 마찬가지로 욕계에 계박되어 있는 고성제를 소연(所緣: 인식의 대상) 으로 하고 찰나의 특성이 있지만, 세상의 유루有漏의 모든 법들 가운데 가장 뛰어나기 때문에 세제일법이라고 불려진다. 세제일법의 행상은 비상非常·고苦·공空·비아非我의 네 가지 행상을 닦는다. 왜냐하면 세제일법은 고제苦諦만을 소연所緣으로 하는 것이지, 다른 집제集諦 등의 행상이 없기 때문이다. 이 세제일위는 범부의 수행위 가운데 최상위이면서 성자위聖者位인 견도見道를 바라보고 있어서 성자위인 견도와 비슷하다고 한다.

현장 역 『구사론』에서는 이들 난·정·인·세제일법 등 4선근이 수승 한 선근이므로 순결택분順決擇分이라고 명명하고 있다. 이때 순결택분 이라는 말에서 결決은 결단決斷을 일컬으며, 택擇은 간택簡擇을 일컫는 다. 결단간택은 모든 성인의 도를 일컫는다고 한다. 그리고 모든 성인의 도로써 의심〔疑〕을 끊기 때문에, 사성제의 상태를 분별하기 때문에 분分이 되는데, 이 분分은 분단分段을 일컫는다는 것이다. 순順은 성도

聖道를 따라 이익이 있으므로 순이라는 이름을 얻는다는 것이다. 그러므로 이것을 모두 순결택분이라고 명명한다는 것이다.

이상에서 범부가 닦는 수행위인 난위·정위·인위·세제일위 등에 대해 살펴보았다. 필자는 이들 수행위가 실제로 어떤 모습을 띠고 있는지 모른다. 왜냐하면 이들 각각의 수행위를 직접 닦음으로써 체험을 해야 알 수 있는데, 필자는 그러한 경험의 밖에 있으므로 머리로나마 추론하는 수밖에 없기 때문이다. 그러므로 필자가 이들 수행위의 인간 형성에 대해서 어렴풋이나마 파악할 수 있는 것은 난위와 정위가 사성제에 대한 16가지 행상을 닦음으로써 수행이 전개된다는 것에서이다. 즉 수행자가 고제苦諦를 무상無常·고苦·공空·비아非我의 4행상四行相에 의해 관관觀하는 것, 그리고 집제集諦를 인因·집集·생生·연緣의 4행상에 의해 관하는 것. 그리고 멸제滅諦를 멸滅·정靜·묘妙·리離의 4행상에 의해 관하고, 그 다음에 도제道諦를 도道·여如·행行·출出의 4행상에 의해 관관觀하는 것 등 열여섯 가지 행상, 즉 16행상의 수행을 차제적으로 전개하는 것 말이다.

그런데 이와 같이 전개되는 16가지 행상의 서술만으로는 난위에서 세제일위에 이르기까지 이루어진 인간 형성의 과정을 제대로 파악하기 어렵다. 왜냐하면 이들 4선근 수행의 과정에서 번뇌를 끊어가는 과정에 대한 구체적인 묘사가 있어야만 인간 형성이 어떻게 이루어졌는지 잘 알 수 있는 것인데, 아쉽게도 번뇌를 끊어가는 과정에 대한 묘사가 이 4선근의 수행과정에는 없고, 성자위聖者位에 도달한 견도부터 묘사되고 있기 때문이다. 물론 현장 역『구사론』과 원전 등에 의해 살펴보면, 난위와 정위는 퇴타退墮하기 때문에 하품이고, 인위와 세제일위는 퇴타하지 않기 때문에 각각 중품과 상품이 된다는 점에서, 또한 난위[煖善根]가 하·중·상 등의 품品으로부터 점차적으로 증장增長하여 수행의 성숙도가 꽉 찬 상태에 이르렀을 때 정위[頂位: 頂法]가 되며, 또한 정위[頂善根]가 하·중·상 등의 품으로부터 점차적으로 증장하여 수행의 성숙도가 꽉 찬 상태에 이르렀을 때 인위[忍位: 忍法]가 된다는 점에서, 그리고 4성제를 관하는 16행상의 수행에 의해서 결정코 4성제의 진리를 분별分別하는 순결택분順決擇分이 4선근이라는 점에서, 이러한 순차적인 수행과정과 성자도聖者道로서의 특성 등에 인간 형성의 과정이 드러나 있다고 말할 수도 있다. 그러나 이러한 순차적 수행과정의 특성과 성자도로서의 특성만으로 인간 형성의 과정을 제대로 나타냈다고 말하기에는 설득력이 부족하다고 하겠다. 그러므로 『구사론』 번뇌품에서 언급하고 있는 98번뇌를 소멸시켜 가는 과정과의 유기적인 관련 속에서 이 4선근 수행의 인간 형성의 과정을 제대로 묘사할 수 있을 것이다. 단적으로 말해서, 어딘가 치밀하지 못하고 개운하지 않으며, 4선근 수행의 서술이 도식적으로 느껴지는 것은 필자만일까? 필자가 정확히 이해하지 못했다고 말할 수도 있으나 4선근의 텍스트 내용에 이러한 것들에 대한 언급이 없기 때문에 이와 같이 말하는 것이다.

그렇기는 하지만 4선근 가운데 인위忍位에서 수행자의 종성(種姓, gotra)이 결정된다고 하는 데에서 위안을 삼는다. 수행자의 종성은 성문종성과 독각종성과 불종성 등이 있는데, 난위와 정위에서는 성문종성이 다른 종성으로 바뀌는 것이 가능하다고 한다. 다만 성문의 인[忍: 忍可]을 얻은 사람은 다른 종성으로 바뀌는 경우가 없다고 한다. 불종성과 독각종성도 다른 종성으로 바뀌는 경우가 없다고 한다. 그러므로 인위는 아직 성자위인 견도見道는 아니지만 수행자로서 인가를 받은 상태이므로 나름대로 인간 형성으로서 의의가 있다고 하겠다. 그리고 앞서 말한 세제일법도 성인이 되는 견도의 직전 단계, 즉 범부의 수행단계에서 최상최고의 단계이므로 인간 형성으로서의 가치가 있다고 할 것이다.

지금까지 범부가 닦는 수행과정인 4선근에 대해 살펴보았다. 이제부터 살펴보는 수행위는 성인의 단계인 견도위見道位와 수도위修道位와 무학위無學位이다. 견도위는 이전까지는 범부였다가 성자가 되었다는 점에서 교육학적으로 상당한 의의가 있다. 이전과는 전혀 다른 인격을 지닌 사람이 되었기 때문이다. 다시 말해 88종의 번뇌[惑]가 끊어져[175] 예전과는 다른 위치인 성자가 되었기 때문이다.[176] 지금부터 견도위부터 살펴보기로 한다. 견도위는 4성제를 보는 수행법이지만 세제일법의 수행으로부터 이루어진다. 유가 수행자는 세제일법으로부터 차제적인 수행과정을 밟게 되는데, 그에게 욕계의 고성제苦聖諦를 대상[境]으로 하는 인연으로 하여 무루의 특성을 갖는 법지인法智忍이 생기게 된다. 이것을 고법지인苦法智忍이라고 명명한다. 이것은 '정성이생正性離生'에 들어가는 것이라고도 명명하고, 또한 '정성결정正性決定'에 들어가는 것이라고 명명하기도 한다. '정성正性'이란 열반을 가리키는데, 탐욕[貪]이 마침내 끊어진 것[177]이다. '이생離生'이란 열반을 의미하는 '성도聖道'로서 초월[越]하는 것을 가리킨다. 능히 결정코 열반으로 나아가거나 또는 능히 결정코 사성제의 16행상을 '요별了別'하므로 열반을 의미하는 모든 '성도聖道'는 '결정決定'이라는 명칭을 얻게 되는 것이다. '정성결정'은 열반을 향하여 정해져 있는 것〔필연적인 상태, niyāma〕을 의미한다.[178] 이 수행위에 이르러 '입入'이라고 설명된다. 이 '인忍'이 생함으로써 성자의 이름〔聖者名〕을 얻는다.

'입入'은 성자의 흐름에 들었다는 의미로 초기불교에서는 '입류入流'라고 표현한다. 이와 같이 성자의 흐름에 들었다는 것은 교육학적으로 매우 큰 의의를 갖는다. 그것은 예전에는 범부였지만 지금은 성자聖者가 되었기 때문이다. 성자가 되었다는 것은 인간 형성의 측면에서 탐욕 등 번뇌가 끊어져서 예전과는 다르게 전혀 다른 인격의 사람이 되었다는 것을 의미하며, 또한 점차적으로 아라한阿羅漢이라고 하는 모든 번뇌가 끊어진 최상의 인간 형성의 단계를 향해 나아가는 위치에 서 있다는 의미이기 때문이다.

유가 수행자에게 고법지인苦法智忍으로부터 욕계의 고성제〔욕계에 계박繫縛되어 있는 苦, 이하 생략〕를 대상으로 하는 인연으로 하여 '지智'가 발생하는데, 고법지苦法智라고 명명한다. 이 고법지도 고법지인과 마찬가지로 '무루無漏'에 속한다. 이와 같이 다시 유가 수행자는 고법지로부터 나머지 다른 세계〔色界, 無色界, 이하 생략〕의 고성제苦聖諦를 대상〔境〕으로 하는 인연으로 하여 '류지인類智忍'이 발생하는데, '고류지인苦類智燐'이라고 명명한다. 이 고류지인은 또한 고성제苦聖諦를 대상〔境〕으로 하는 인연으로 하여 '류지類智'가 발생하는데, '고류지苦類智'라고 명명한다. 처음에 법의 진리를 깨달아 앎으로 '법지法智'라고 명명한다. 그리고 이후 이 '법지'를 원인으로 하여 그것에 따르므로 상계上界인 색계와 무색계의 고苦 등을 인연으로 하여 일어나는 지智는 '류지類智'라는 이름을 얻게 된다.

이후부터는 앞을 따라 대상[境]을 깨닫는 것이기 때문에 고성제 욕계 및 나머지를 인연으로 하여 '법류인法類忍'을 발생케 한다. '법류인'은 4개이고, 나머지 집성제集聖諦, 멸성제滅聖諦, 도성제道聖諦 등 3제諦를 인연으로 각각 4개 또한 그러하다. 즉 욕계의 집성제를 대상[境] 인연으로 하여 법지인法智忍이 발생하는데, '집법지인集法智忍'이라고 한다. 이 집법지인은 욕계의 집법지를 인연으로 하여 법지法智가 발생하는데, '집법지集法智'라고 명명한다. 다음은 다른 세계[界]의 집성제를 대상 인연으로 하여 '류지인類智忍'이 발생하는데, '집류지인集流智忍'이라고 명명한다. 이 집류지인은 다른 세계[境]의 집성제를 대상[境]으로 하는 인연으로 하여 '류지類智'가 발생하는데, '집류지集類智'라고 명명한다.

다음은 욕계의 '멸성제滅聖諦'를 대상[境] 인연으로 하여 '법지인法智忍'이 발생하는데, '멸법지인滅法智忍'이라고 명명한다. 이 '멸법지인'은 욕계의 멸법지를 인연으로 하여 법지法智가 발생하는데, '멸법지滅法智'라고 명명한다. 다음은 다른 세계[界]의 멸성제를 대상 인연으로 하여 '류지인類智忍'이 발생하는데, '멸류지인滅流智忍'이라고 명명한다. 이 '멸류지인'은 다른 세계[境]의 '멸성제'를 대상[境] 인연으로 하여 '류지類智'가 발생하는데, '멸류지滅類智'라고 명명한다.

다음은 욕계의 '도성제道聖諦'를 대상 인연으로 하여 '법지인法智忍'이 발생하는데, '도법지인道法智忍'이라고 명명한다. 이 '도법지인道法智忍'은 욕계의 도법지를 인연으로 하여 법지法智가 발생하는데, '도법지道法智'라고 명명한다. 다음은 다른 세계[界]의 도성제를 대상 인연으로 하여 '류지인類智忍'이 발생하는데, '도류지인道流智忍'이라고 명명한다. 이 '도류지인'은 다른 세계〔境〕의 '도성제'를 대상〔境〕 인연으로 하여 '류지類智'가 발생하는데, '도류지道類智'라고 명명한다.

고성제로부터 도성제에 이르기까지 8인忍과 8지智의 16행상이 전개되고 있는데, 여기서 인忍은 현재 번뇌가 있는 상태와 이 번뇌를 끊은 미래 혜慧로서의 인忍의 사이에 간격이 없으므로 '무간도無間道'라고 한다.[179] 그리고 지智는 번뇌가 있는 상태로부터 해탈한 사람들에게 계박을 떠남과 함께 생기기 때문에 해탈도解脫道가 된다.[180]

이와 같이 차례대로 16행상의 수행이 있게 된다. 이 16행상(또는 16心)의 수행은 설명하기를 '성제현관聖諦現觀'이라고 한다. 이상 16행상의 수행법에서 15번째까지는 견도의 수행이라고 한다. 달리 표현하면 15찰나로 이루어지는 견도위 수행이다. 그러나 16번째부터는 수도위의 수행이 된다.[181]

견도위는 두 가지 종류의 수행으로 나뉜다. 첫 번째는 수신행隨信行이고, 두 번째는 수법행隨法行이다. 견도위의 수행이 수신행과 수법행으로 나뉘는 것은 근기의 둔함과 둔하지 않음〔鈍利〕으로부터 비롯한다. 근기가 둔한 사람은 수신행을 따르고,〔이 사람은 수신행자(śraddhānusārin)라고 불려진다〕 근기가 영리한 사람은 수법행에 따른다.〔이 사람은 수법행자(dharmānusārin)라고 불려진다〕 수신행은 믿음〔信〕에 의해 견도에 들고, 반면에 수법행은 4성제법을 관하여 견도에 들기 때문에 각각 수신행과 수법행으로 불리는 것이다. 수신행은 '신해信解'로 불려지기도 한다. 수법행은 '견지見至'라고 불려지기도 한다. 견도는 4향向 4과果에 의해서 보면, 예류향預流向에 해당한다. 왜냐하면 수신행자와 수법행자가 세간의 도에 의해 수소단의 번뇌를 끊지 않고 번뇌에

얽매여 있기 때문이다.[182]

16번째 마음인 '도류지道流智'부터는 '수도위修道位'이다. 수도위는 반복적으로 닦고 익힘으로써 습관적으로 수행하는 단계이다.[183] 수도위에는 예류과·일래향·일래과·불환향·불환과·아라한향 등 여섯 종류의 성자聖者가 포함된다.

수도위에는 끊어야 할 번뇌가 아홉 단계이다. 즉 하하품下下品·하중품下中品·하상품下上品, 중하품中下品·중중품中中品·중상품中上品, 상하품上下品·상중품上中品·상상품上上品이 그것이다. 수도위의 아홉 단계 수행과정은 인간 형성의 과정이다. 이 인간 형성의 모습에 대해 『구사론』은 비유로써 다음과 같이 나타내고 있다. 옷을 세탁할 때 조잡하고 더러운 때를 먼저 제거하고, 그 다음에 미세한 때를 제거하는 것과 같다. 그리고 큰 어둠이 미미한 빛에 의해서 사라지고, 세부의 남은 어둠이 강력한 빛에 의해서 사라지는 것과 같다. 유가 수행자들 가운데 욕심을 많이 여읜 자는 이상 아홉 가지 번뇌 가운데 일곱 가지 번뇌[7品]나 여덟 가지 번뇌[8品]가 세간의 도道에 의해 끊어진 사람이다. 그리고 아홉 가지 번뇌가 모두 끊어져 있는 사람은 완전히 욕심을 여읜[全離欲, kāma-vītarāga) 사람이다.[184] 이 완전히 욕심을 여읜 자는 욕계로부터 번뇌의 더러움을 여읜 자, 혹은 상계上界에서 번뇌의 더러움을 여읜 자이다.

이와 같이 아홉 가지 모든 번뇌들 가운데 수소단修所斷의 번뇌를 아직 소멸하지 않고 과果에 머무르고 있는 자는 일곱 번 태어난다.〔일곱 번 태어나므로 七返生, 즉 일곱 번 돌아와 출생한다〕 만약 수소단修所斷의 번뇌가 한 가지〔一品〕라도 끊어져 있지 않다면, 그는 '예류預流'이다.

4제 16행상 가운데 향도(向道, 前十五心)와 과도(果道, 第十六心)를 얻었기 때문에, 견도見道와 수도修道를 얻었기[185] 때문에, 그리고 도류지道流智에서 모두 성자의 흐름에 들어 4제諦 16심心을 현관現觀하기 때문에 그는 예류預流가 된다.[186]

그리고 다섯 가지 번뇌, 즉 제5품品에 이르기까지를 끊은 자는 두 번째 과과로 향하는 자이다. 즉 그는 '일래향一來向'으로 향하는 자이다. 그 다음 수행위인 여섯 번째 번뇌, 즉 제6품을 소멸한 자는 '일래一來'에 도달한다. 그는 성자위 가운데 두 번째 과과를 얻은 자가 된다. 그는 천상[天趣]에 갔다가 인간 세상에 한번 오므로 '일래一來'가 되는 것이다. 경전에서는 탐貪·진瞋·치痴가 박薄[적어졌다]해졌다고 설하고 있는데, 아직 하품의 탐·진·치가 잔존해 있다는 것을 말하는 것이다.[187]

그 다음 만약 그가 9품의 번뇌 가운데 7품이나 8품을 소멸시킨다면, 대치對治인 무루근無漏根을 얻는다면, 그리고 한 번의 생만이 남아 있다면, 그는 세 번째 과과인 '불환과不還果'로 향하게 된다.[188] 그리고 '일래과一來果'에 머무른 자가 욕계의 아홉 가지 번뇌, 즉 9품의 번뇌를 모두 끊는다면 '불환과不還果'를 이룬다. 불환과에서는 유신견有身見·계금취견戒禁取見·의疑·욕탐欲貪·진瞋 등 '오하분결五下分結'이 끊어진다.[189] 불환에는 9종의 불환이 있다[190]고 하나 여기서는 생략한다.

그 다음 불환은 아라한도를 향해 가는데, 아라한도는 유가행자가 도달해야 할 최종 목적지이다. 앞에서도 잠시 언급한 무간도無間道에 의해 아라한도를 향해 가는데, 이 무간도는 금강유정金剛喩定이라고 불려진다. 이 금강에 비유되는 선정의 힘에 의해 모든 번뇌인 수면隨眠

을 파쇄시키게 되는데, 무간도 가운데 최상이기 때문에 모든 수면 번뇌를 파쇄시키는 것이 가능한 것이다.[191]

금강유정에 의해 아홉 가지 번뇌를 끊는 것과 함께 진지盡智가 있게 되는데, 이 진지는 금강유정으로 아홉 가지 번뇌를 끊은 직후에 발생하는 마지막 해탈도解脫道라고 한다.[192] 모든 번뇌를 멸진滅盡함과 동시에 최초로 발생하므로 진지라고 한다.[193] 그는 그때 무학無學의 아라한이 된다. 진지가 생할 때 아라한향阿羅漢向은 무학이 되고, 아라한의 특성(阿羅漢性)이 있는 과果를 얻어 아라한이 된다. 탐욕이 있었던 자로부터 공양을 받을 자격이 있는 자가 되는 것이다.[194] 유가 수행자는 아라한이 됨으로써 불교의 인간 형성의 최종목적을 이루게 되는 것이다.

6장

대승불교의 교육과정

기원전 1세기경 불탑을 중심으로 재가 대중들이 부처님 당시로 돌아가자는 운동을 일으키게 되었는데, 이것이 우리가 잘 아는 대승불교의 발흥發興이다. 반야, 법화 등 경전은 당시 초기 대승불교 시대(기원전 1세기~기원후 3세기)의 사상을 담고 있다.

초기 대승불교 시대의 교리를 대표하는 반야경전般若經典에서는 공사상空思想을 실천하는 보살이 등장하는가 하면, 법화경전法華經典에서는 부처님의 말씀을 알아듣지 못하는 소승 비구의 퇴장 장면이 나타난다. 대승불교 중기(3세기~6세기 중엽)에는 불성佛性과 여래장如來藏 사상, 유식사상唯識思想 등이 유행한다. 이와 같이 대승불교 시대에는 부처님의 교설에 대한 해석과 그 실천 등이 혁명적으로 바뀌게 된다. 따라서 교육 실천을 위한 이념인 교육철학과 깨달음에 이르기까지의 교육과정에 필요한 교육목적의 수립과 계획, 교육방법 등의 변화가 이루어졌다고 볼 수 있다.

대승불교 시대가 초기를 거쳐 중기, 후기로 갈수록 여러 가지 대승불교를 대표하는 논서와 경전들이 출현하게 되는데, 그 가운데 특기할 만한 일이 있었으니 150~250년경에는 불세출의 나아가르주나, 즉 용수보살龍樹菩薩이 출현하여 위대한 저서인 『중론中論』을 저술하게 되고, 이후 세친世親에 의해 『유식삼십송唯識三十頌』이 저술된 것을 들 수 있다. 바야흐로 공사상과 유식사상의 시대, 즉 대승불교의 꽃이 활짝 피고 열매를 맺는 시대에 이르게 된다. 공과 유식으로 대표되는 대승불교사상은 여래장, 화엄, 정토, 밀교 등 대승경전과 중국에서 발흥한 선종, 그리고 한국불교에 이르기까지 영향을 미치지 않은 곳이 없다.

대승불교의 교육원리

1) 교육원리: 교육이념으로서의 대승불교사상

대승불교는 부처님 입멸 후 전개된 부파불교와 달리 이타적利他的 이념으로 보살이 세간에서 보살행을 실천함으로써 깨달음을 추구한다는 점에서 보살의 이타행, 즉 보시·지계·인욕·정진·선정·지혜의 육바라밀 등을 적극적으로 실천하는 덕목과 함께 반야般若의 공空의 개념과 만법유식萬法唯識의 개념 등이 교육철학의 이론이 된다. 달리 표현하면, 대승불교가 추구하는 자리이타自利利他의 '상구보리 하화중생' 정신에 걸맞게 전개된 정토사상, 법화사상, 화엄사상, 중관사상, 유식사상, 밀교사상 등이 모두 교육철학이 된다. 이 가운데 대승불교의

핵심이라고 할 수 있는 용수의 『중론』에 나타난 공空과 세친의 유식唯識
등을 중심으로 교육원리를 개괄적으로 살펴보고자 한다.

(1) 『중론』의 공사상이 나타내고 있는 교육과정

대승불교의 비조鼻祖라고 불리고 있는 용수龍樹는 반야의 공사상空思
想을 집약한 『중론송中論頌』에서 중론 전체의 의미를 집약적으로 표현
하고 있는 팔부중도八不中道의 개념으로 공사상을 천명하고 있다.
그는 팔부八不를 통해서 일체 존재를 부정하고 있는 것(一切皆空) 같이
보이나, 사실 단순한 부정의 의미가 아니라 부정을 통한 긍정을 나타내
고 있다. 그것은 『중론송』의 게송을 보면 알 수 있다.

> "멸滅하는 것도 없고, 생生하는 것도 없고, 단멸하는 것도 없고,
> 상주하는 것도 없고, 동일한 것도 없고, 다른 것도 없고, 오는
> 것도 없고, 가는 것도 없고, 희론을 지멸止滅한, 길상한, 연기를
> 설하신 정각자, 설법자 중에서 가장 수승하신 부처님께 나는 경배한
> 다."[195]

생生과 멸滅, 단斷과 상常, 동일함(一)과 다름(異), 감(去)과 옴(來)
등의 둘을 하나로 묶어 4조로 열거한 이유는 이들이 서로 상반되는
것으로 보이지만 불이(不異, anānārtha), 즉 실제로는 다르지 않다는
것이다. 이것은 『중론』의 제10장 땔나무와 불의 상관관계를 보면
알 수 있는데, 게송을 살펴보도록 하자.

"만약 타오르는 불이 타오르는 것이 가능하게 하는 땔감이라면
행위와 행위를 짓는 자가 하나임을 알 수 있다. 그런데 만약 타오르
는 것이 타오르는 것이 가능하게 하는 땔감과 다르다면 타오르는
것이 가능하게 하는 땔감을 떠나서 타오름이 있는 것이 된다."[196]

　이 게송에 대한 해석을 보면, 타오르는 것은 불이고, 타오르는
것이 가능하게 하는 것은 땔감나무이다. 그리고 불을 붙이는 일을
하는 것은 사람이다. 짓는다는 것은 행위이다. 그러므로 타오르는
불과 타오르는 것이 가능하게 하는 땔감나무는 하나이다. 그리고
타오르는 행위를 하는 것과 그렇게 하는 사람은 하나이다. 그러므로
짓는 행위와 짓는 자가 하나라면 도자기를 만드는 스승과 도자기는
하나이다. 도자기를 만드는 자는 도자기를 만드는 스승이고, 만든
결과는 도자기이다. 그러므로 도자기를 만드는 스승이 도자기가 아니
라면 도자기는 도자기 스승이 아닌 것이 된다.[197]
　땔나무와 불은 상의相依로서 서로 동일한 것이 아니면서 또한 아무
관계도 없는, 전혀 다른 것이 아니라는 점이다. 즉 이 둘 사이는 상호
인연 관계에 의해 '불'과 '땔감나무'의 각자로 성립하면서 불타오름이
성립한다. 게송은 이에 대해 다음과 같이 설명하고 있다.

"이와 같이 땔감나무를 인연으로 하지 않고 항상 응당히 타오르는
불이 생긴다고 한다면, 그런즉 타오르는 불의 공력은 없게 된다.
역시 불이 타오르게 하는 것을 지음이 없게 된다."[198]

논리적으로 땔감나무의 인연이 없이는 불이 타오를 수 없다는 의미를 이 게송은 담고 있는데, 게송의 해석에서도 이것을 설명하고 있다.

"만약 타오르는 불과 땔감나무가 다르다면 타오르는 불은 땔감나무를 기다리지 않고 항상 타오름의 상태에 있을 것이다. 만약 항상 타오름의 상태에 있다면 그 자체에 머무르고 있는 것이며 인연을 기다리는 것이 아닌 것이 된다. 사람의 공력은 공空이 되는 것이다. 사람의 공력이란 장차 불이 꺼지지 않도록 보호하여 타오르게 하여 이 공력이 나타나 있게 하는 것이다. 그러므로 불이 땔감과 다르지 않다는 것을 알아야 할 것이다."[199]

그러면서 다음과 같이 결론을 내고 있다.

"땔감나무를 인연으로 하는 타오르는 불은 없다. 무엇을 인연으로 하지 않음으로 인하여 타오름이 없다. 타오름을 인연으로 하여 땔감나무는 없다. 무엇을 인연으로 하지 않음으로 인하여 땔감나무도 없다."[200]

그러면 여기에서 상반되는 것의 보다 구체적인 예를 들어보자. 거去와 거자去者, 거자去者와 불거자不去者, 견見과 불견不見, 견見과 견자見者, 빈貧과 빈자貧者, 업業과 작자作者, 색色과 색色의 인因, 무상無相과 유상有相, 능상能相과 소상所相, 유有와 비유非有, 유위有爲와 무위無爲, 성成과 무성無成, 이異와 불이不異, 자성自性과 타성他性,

공空과 불공不空, 정淨과 부정不淨, 전도顚倒와 부전도不顚倒 등이 서로 상반된 것들이다.

그런데 이들 상반되는 것들은 각기 상대방을 용인하지 못하는 관계인 것처럼 보이나 용수에 의하면 전혀 그렇지 않다는 것이다. 용수는 다음과 같이 말한다. 즉 부정은 어디까지나 부정이고, 그 속에 긍정을 포함하지 못하며, 또한 긍정 속에 부정을 포함하지 못한다는 견해에 대해 희론(prapañca)이라고 잘라 말한다. 그리고 그는 이와 같이 생각하는 것을 분별(分別, vikalpa)이라고 말하고 있다. 여기에서 분별은 주관과 객관으로 나누어 이것은 주관이고 저것은 객관이라고 인식하는 것을 의미한다. 용수는 분별의 사유를 부정하면서 무분별의 분별을 나타내고 있다. 무분별은 반야가 되며, 이것으로써 사유를 하고 말로 표현하는 것이 가능하다. 이와 같이 그에 의하면 부처님이 설한 언어는 '증득의 법'과 '가르침의 법'으로 나뉘게 된다고 한다. 이 증득의 법이 근본이 되어 가르침의 법을 대중들에게 설하여 전자인 증득의 법에 이르게 된다. 이것이 바로 『중론』의 교육방법이 된다. 후대 중국의 선종에서 선사들이 보기에 따라서는 비상식적이고 특이하다고 할 수 있는 언어와 행동으로 제자들을 제접制接하고, 법을 전할 때에도 이와 같은 『중론』의 무분별(증득의 법)의 분별(가르침의 법)이라고 하는 교육방법이 실천되었다고 할 수 있다.

요약하자면, 『중론』의 교육과정 시 이루어지는 불교적 교사(출가 비구·비구니)의 사유와 말은 반야의 분별이 되고, 이런 과정에 의해 무분별인 중도의 경지에 이르게 된다. 그러므로 『중론』의 목적에서 "정법을 알지 못하므로 부처님은 이와 같은 모든 잘못된 견해인 사견을 끊어 부처님의 가르침인 법을 올바르게 알게 하기 위해서"[201]라고 밝히고 있듯이, 『중론』에서 지향하는 불교교육의 목적은 '팔부八不'의 논리로 어느 한쪽에 치우침이 없이 '희론을 멸함'[202]으로써 사견을 끊고 종국에 깨달음을 얻는 데 있는 것이다.

(2) 유식사상이 나타내고 있는 교육과정

유식사상은 반야의 공사상이 바탕이 되어 생겨난 사상이라고 할 수 있으나, 그렇다고 꼭 이렇게만 말할 수는 없다. 무슨 말인가 하면 같은 듯하면서도 다르다는 의미이다. 유식사상을 처음으로 세상에 발표를 하고 완성한 미륵·무착·세친도 『중론』에서 말하는 '있다'라고 하는 '연생緣生'의 개념에 바탕을 두기는 하였다. 그것은 용수에게는 '있다'는 것이 제법諸法을 뜻하지만 미륵·무착·세친에게는 식(識, vikalpa)으로 나타났기 때문이다. 이때 식의 개념은 대상인 경境으로 비슷하게 나타나는 것, 즉 제법諸法의 상相이 된다. 반면에 '없다'라는 것은 용수에게는 연생緣生의 제법諸法이지만 무착·세친에게는 경境과 식識이다. 이때 대상을 인식하는 식[能緣]은 '유有'이지만 그 대상은 '무無'가 된다. 즉 대상은 의타성依他性, 타他에 의지해 있는 것이므로 '없는' 것이라는 것이다. 달리 표현하면 '유식무경唯識無境'이 되는 것이다. 오직 식識만이 있을 뿐 대상인 경境은 없다는 의미이다. 그런데 오직 식만이 있고, 경은 없다는 것은 모순이 아닐까? 왜냐하면 대상이 있으므로 식이 발생한 것이기 때문이다. 그렇다면 '유식무경'의 모순은 어떻게 해결할 수 있을까? 그것은 무분별지無分別智의 측면에서 규명하는 것이 가능하다고 하겠다. 의타성, 즉 의타기성依他起性에 의해 발생하는 식은 대상과의 작용에서 나타나는 식이라는 점에서 분별이라고 하겠고, 진실성은 대상인 경과 인식하는 식이 모두 양공兩空으로 무분별無分別이라고 하겠다. 그러므로 식은 무분별이면서 분별이 되는 불이不二의 특성을 띤다.

이처럼 크게 볼 때 반야의 공사상을 이어받아 성립한 유식사상은 의식의 밑바닥에 아뢰야식이 있다고 설정을 하고, 이 아뢰야식으로부터 자신과 세계가 변현變現한다는 입장을 견지한다. 의식과 의식의 밑바닥에 있는 아뢰야식이 자신과 세계에 심리적으로 어떤 관련을 가지며, 어떤 작용을 하는지에 대해, 이를 유식사상이 나타내고 있다는 점에서 유식사상은 대승불교의 심리학이라고 할 수 있다. 그러면 유식이라는 말이 무엇을 의미하는지 살펴보자. 그리고 이어서 유식사상에서 중요시하는 개념들을 하나하나 살펴보고자 한다. 이와 같이 유식이라고 하는 말의 의미와 개념들을 살펴보고자 하는 까닭은 유식사상에 나타나 있는 교육과정과 인간형성에 대해 알 수 있도록 한다는 점에서 중요하기 때문이다. 달리 표현하면, 유식이라고 하는 말의 의미로부터 앞으로 살펴보는 유식에서 사용하는 개념들은 교육과정, 즉 커리큘럼의 언어(Curricular Language)가 됨으로써 유식사상의 교육과정으로 성립을 하며, 또한 뒤에 나오는 전의(轉依)의 개념은 유식사상의 인간형성이 무엇인가를 알 수 있도록 한다는 점에서 중요한 의미를 둘 수 있기 때문이다.

유식唯識의 원어는 'vijñaptimātra'로서, 이때 식識은 'vijñapti'이다. 이 'vijñapti'는 '알게 하는 것'이라는 의미로서 인식의 주체인 식識이 자신으로 하여금 인식의 대상인 경(境, artha, viṣaya)을 알게 하는 것, 달리 말하면 식이 구체적으로 대상을 인식하는 것을 가리킨다. 이 식의 원어인 'vijñapti'는 아비달마 논서에서 유래한 말로서 유가행파들은 "모든 현상적 존재들은 단지 식의 활동에 지나지 않는다."고 하는 기본적 존재관을 세웠다.[203] 그리고 이들은 인식활동은 인식하는 인식주관〔能緣〕과 인식되는 인식대상〔所緣〕과의 사이에 성립한다고 하였다.[204] 그러나 유식에서는 아비달마 논사들이 인식대상이 마음 밖에 실재한다고 본 것과 달리 인식대상은 '오직 식의 활동'이며, '식의 활동에 의해 현현顯現된 것'이라고 보고 있다.[205]

인식대상이 식의 활동이고, 이러한 식의 활동에 의해 나타난 것이라는 것은 인식대상이 영상과 같은 존재로서 일시적으로 마음에 비추어 나타난 것이라는 의미이다. 이것은 원어로 pratibhāsa라고 하며 변사變似, 사현似現, 현현顯現이라고 표현되었다.[206] 그러므로 지금까지 유식에 대한 설명을 요약하면, 이 세상에 있는 모든 현상적 존재는 모두 식識에 지나지 않는다는 것이다. 그렇다면 현상적 존재가 식이라면 유식이 목표로 하는 궁극적 진리는 무엇인가? 유식에서는 무분별지와 진여를 궁극의 진리로 보고 있다. 『해심밀경』에는 진여를 이언법성離言法性 또는 승의勝義라고 표현하고 있는데, 일체의 사려분별思慮分別을 초월한 경지를 말하는 것이다.[207]

그런데 이와 같이 일체의 사려분별을 초월한 경지에 도달하는 것은 어떻게 가능할까? 유식에서는 이에 대해서 세 가지 자성自性의 개념으로 설명하고 있다. 변계소집자성遍計所執自性과 의타기자성依他起自性과 원성실자성圓成實自性이 그것이다. 변계소집자성은 허망분별된 인식대상을 의미하고, 의타기자성은 인연소생으로 성립된 것, 즉 허망분별을 특성으로 갖는다. 그리고 원성실자성은 주관과 객관의 구별이 없는 것을 의미한다.[208] 달리 표현하면, 변계소집성은 치우쳐서 계량하고 집착해서 생겨난 마음의 상태[209]를 의미하고, 의타기성은 상대〔他〕를 의지하여 생겨난 마음의 상태[210]를 의미한다. 그리고 원성실성은 둥글고 원만하여 비어 있는 마음의 상태[211]를 의미한다.

수행자는 현상으로 나타나 있는 대상을 허망분별한 것, 즉 의타기자성으로 인식함으로써 대상을 변계소집의 자성으로 부정하고, 이로써 주관과 객관의 분별이 없는 상태인 원성실자성의 상태에 도달하게 된다. 그러나 이와 같이 수행자가 대상인 경계가 허망분별이고, 본래 없는 것으로 깨닫게 되는 것은 제8식識인 아뢰야식阿賴耶識과 심心·의意·식識의 심층적 수행과정 속에서 이루어지는 것이 가능하다.

아뢰야식은 초기불교와 아비달마 부파불교까지는 심층식인 8식識으로 존재하지 않았다. 오직 유식 유가행파만이 안식眼識을 비롯한 여섯 가지 식, 즉 육식六識을 일으키는 근원적인 식識을 발견하였는데, 그것이 바로 제8식인 아뢰야식이다. 그리고 유가행파는 이 아뢰야식과 별도로 자아自我라고 집착하는 말나식(末那識, 제7식)을 두게 됨으로써 전부 여덟 가지 식이 있다고 보았다.

우선 안식으로부터 신식에 이르기까지는 전5식前五識이라고 불리고 있는데, 세상에서 보통 오감五感이라고 부르는 식識을 가리킨다. 심리학에서 말하는 시각視覺·청각聽覺·취각臭覺·미각味覺·촉각觸覺이 이 오감에 해당한다. 그리고 의식意識은 제6식識으로 불리고 있는데, 전5식과 함께 작용을 함으로써 감각을 명료히 하고 지각을 일으킨다. 이 의식은 분별(vikalpa)이라고 하는데, 사물의 본질을 바로 보지 못하는 잘못된 인식작용을 하는 것으로 알려져 있다. 그 다음 말나식은 제7識이라고 불리고 있는데, 심층심리인 아뢰야식을 자아라고 잘못 생각하는 자아의식이다. 원어로는 manas라고 하며, 네 가지 번뇌를 항상 수반하므로 염오식染汚識이라고도 불린다. 끝으로 아뢰야식은 이상 일곱 가지 식을 일으키는 근원적인 식으로서 우리의 평상시 의식세계에서는 나타나지 않는 심층식深層識이다. 제8식이라고 불리며, 원어로는 ālaya-vijñāna라고 한다. 이 말은 의역하여 장식藏識이라고도 한다.[212]

아뢰야식은 유식사상이 학파로서 존립할 수 있도록 한 원동력으로 작용하였다. 아뢰야식이 있게 된 것은 윤회의 주체란 무엇인가라는 의문에서 비롯되었다. 이 세상에 태어난 존재는 깨달아 해탈하지 못한다면 삼계에서 윤회를 거듭한다. 깨닫지 못해서 윤회한다는 것은 업에 의한 영향으로 인해서라고 할 수 있는데, 이러한 업이 소멸되지 않고 어디에 저장되는지 유가행파는 궁금해 했다. 아비달마 부파에서는 윤회의 주체에 대해 상좌부와 분별설부에서는 유분식有分識으로, 대중부에서는 근본식根本識으로, 화지부에서는 궁생사온窮生死蘊으로 부르곤 하였는데, 대승 유가행파에 이르러 아뢰야식이 윤회의 주체가 된다는 것을 발견하였다.[213]

아뢰야는 근원적인 '집착의 대상'이다. 아뢰야의 원어인 ālaya가 이와 같은 의미를 갖는다. 따라서 아뢰야식은 '집착되는 식'이라는 의미를 갖는다. 아뢰야의 또 다른 의미로는 '장藏'으로 한역되는데, '저장하다'는 의미이다.[214] 아뢰야식은 모든 법을 거두어 저장하므로 일체 종자식種子識으로 불리기도[藏識으로 불리기도 함] 하는데, 아뢰야식 속에 종자의 상태로 잠복해 있다가 여건이 맞으면 씨앗에서 싹이 트듯이 업의 행위의 결과가 나타난다.[215]

아뢰야식의 의미와 기능이 그렇다면, 말나식은 어떤 의미와 기능을 가지고 있는지 살펴보자. 말나식은 자아와 관련된 식이다. 말나末那의 원어는 manas로서 √man(생각하다)의 명사형이다. 이것은 사량思量으로 변역되는데, 대상을 명료하게 인식하는 마음작용을 가리킨다. 제6식과 구별하여 말나, 말나식 또는 제7말나라고 한다.[216]

말나식은 아뢰야식과 함께 과거 전생으로부터 생사윤회하면서 항상 활동을 해왔다고 하며, 그 특징은 다음과 같다. 첫째, 항상 살피고 헤아린다. 둘째, 아뢰야식을 대상으로 한다. 셋째, 항상 아치我癡·아견我見·아만我慢·아애我愛의 네 가지 번뇌와 함께 일어난다.[217]

말나식은 자아와 깊은 관련을 가지고 있다. 우리가 강렬하고 집요하게 자신에 대한 집착심을 갖게 되는 것은 이 심층적이고 강렬하고 집요한 제7말나식이 자아에 집착하기 때문이다.[218]

말나식이 대상으로 삼는 것은 감각적으로 지각되지 않아서 파악되기 어려운 내면의 심층식인 아뢰야식이다. 『유가론』 제51권에서 "말나식은 아뢰야식을 대상으로 해서 이것이 자아라고 집착한다."[219]라고 하고 있기 때문이다.

말나식은 항상 아치我癡·아견我見·아만我慢·아애我愛 등 네 가지 번뇌와 함께 일어나는데, 이와 같이 함께 일어나는 것은 상응相應이라고 불려진다. 이 네 가지 번뇌인 아치·아견·아만·아애는 중심적인 마음인 심왕心王에 따르게 되므로 심소(心所, 心所有法, citta)라고 한다. 우선 아치我癡란 무엇인가 살펴보자. 아치란 자아에 대한 무지無知를 가리킨다. 『성유식론』에서는 "아치는 무명無明이다. 나의 참 모습에 어두워 무아의 이치를 모른다. 그러므로 아치라고 한다."[220]라고 정의하고 있다.

초기불교와 부파불교에서는 중생이 오랜 세월 동안 생사윤회를 하는 것은 무명에서 비롯하기 때문이라고 생각했다. 유식 유가행파에서는 오랜 세월 동안 생사윤회를 하도록 하는 것이 무엇일까 깊이 궁구한 끝에 무아의 이치를 모르는 아치가 원인이라는 것을 밝혀내게 되었으며, 제7식과 상응하는 무명을 불공무명不共無明이라고 명명하였다.[221]

그 다음은 아견(我見, ātmadṛṣṭi)으로서 자아가 존재한다고 보는 견해를 말한다. 아견은 살가야견(薩迦耶見, 有身見, satkāya-dṛṣṭi)이라고도 불려진다. 『성유식론』에서는 "아견은 아집이다. 자아가 아닌 법을 망령되게 분별해서 자아로 삼는다. 그러므로 아견이라고 한다."[222]라고 정의하고 있다. 여기서 자아가 아닌 법이란 5취온(五取蘊: 다섯 가지 요소. 色·受·想·行·識)을 말하는 것으로서 중생이 이 5취온에 집착을 해서 나와 나의 소유물로 삼는다는 것[223]이다.

그 다음은 아만我慢이다. 『성유식론』에서는 아만에 대해 "아만은 거만이다. 집착된 자아를 믿어서 교만하다. 그러므로 아만이라고 한다."라고 정의하고 있다. 아견에 의해 자아를 자신이라고 집착함으로써 자기는 존재한다고 교만하고 뽐내는 것을 말한다. '만慢(māna)'은 탐·진·치·만·의 등 여섯 가지 근본 번뇌 가운데 하나로서 '마음을 높이는 것(unnati)'이다. 원어인 'unnati'는 어근語根이 un-√nam(일으키다)으로서 자기를 높인다는 의미이다. 그러므로 교만하게 뽐내는 마음으로 악한 마음에 해당한다. 아만은 원래 원어가 'asmimāna'로서 '나는 5취온이다'라고 생각하는 것이라는 의미를 갖는다.[224] 실제로 나는 5취온이라고 할 수 없는데도 불구하고 '나는 5취온이다'라고 잘못된 생각을 갖는 것이다. 즉 전도顚倒이다.

그 다음은 아애我愛이다. 아애는『성유식론』에서 "아애는 아탐我貪이다. 자아自我에 대하여 매우 애착심을 갖는다. 그러므로 아애라고 한다."라고 정의하고 있듯이, 자아에 대해서 애착하는 것을 말한다.

서양 심리학에서는 이드(id), 에고(ego), 슈퍼에고(super ego)를 인간의 심리로 분석하고 있다. 이드는 인간의 본능적인 생체에너지로 쾌락을 추구하는 본능이며, 이것에는 도덕과 선악과 논리적인 사고가 존재하지 않는다고 한다.[225] 그리고 에고는 자아를 의미하는데, 이드와 슈퍼에고 사이에 있으면서 심리적 조절 작용을 한다고 한다.[226] 그리고 슈퍼에고는 규칙, 윤리관, 양심, 금지 등을 이드와 에고에게 전달하는 역할을 한다. 자아가 본능적으로 행동하려고 할 때 초자아가 제어한다고 하는데, 프로이트는 초자아를 재판관 또는 검열관에 비유하고 있다.[227]

필자가 서양 심리학의 이드, 에고, 슈퍼에고에 대해 간략하게나마 다룬 것은, 서양 심리학에서 인간의 심리적 상태를 이드, 에고, 슈퍼에고로 구분하여 우리에게 설명하고 있기는 하지만 무엇인가 명쾌하게 드러나는 것이 없다는 점이다. 그러나 유식에서는 인간의 마음 깊은 곳에 제8식識으로 불리는 아뢰야식이 존재하고, 또한 이와 같은 아뢰야식을 대상으로 삼아 자아에 대해 항상 존재한다고 생각하며, 집착하고, 잘난 체하며, 애착하는 제7식으로 불리는 말나식이 존재한다고 설명하고 있다는 점에서, 과연 이 세상에 이와 같이 정밀하게 인간의 마음을 다루고 있는 심리체계가 있을까 하는 것이다.

이상에서 아뢰야식과 말나식에 대해서 살펴보았다. 이에 따르면 중생이 과거 전생으로부터 생사윤회를 하면서 현재에 이르기까지 이러한 상태에서 벗어나지 못하는 것은 말나식이 자아에 대해 항상 존재한다고 집착하고 애착하는 데에서 벗어나지 못함으로써 발생한 번뇌가 아뢰야식에 종자로서 저장되었기 때문이라고 할 수 있다.

지금부터는 아뢰야식과 말나식의 관계에서 전개되는 수행과정에 대해서 살펴보기로 하겠다. 즉 유가행의 실천 수행을 통해 자기를 변혁하고, 중생인 미혹의 세계를 벗어나서 깨달음의 세계에 도달하는 과정을 살펴보겠다는 것이다. 달리 말해 유식에서 전개되는 심리적 인간 형성의 과정을 살펴보고자 한다.

아법我法에 집착하여 중생으로서의 미혹의 세계에서 벗어나지 못하는 까닭은 무엇인가? 유식에서는 그 이유를 번뇌장과 소지장 때문이라고 말하고 있다. 번뇌장(煩惱障, kleśa-āvaraṇa)은 정의적 마음이 오염된 상태로서 '자아가 실재한다'고 보는 아집에서 비롯한다. 소지장(所知障, jñeya-āvaraṇa)은 지적인 마음이 오염된 상태로서 '외계의 사물은 실재한다'고 생각하는 법집에서 비롯한다.[228] 번뇌장으로 인해 우리는 윤회라고 하는 생사의 바다에서 표류하는 것이고, 소지장 때문에 우리는 깨달아 부처님이 되지 못하는 것이다. 그러나 번뇌장을 끊으면 생사의 바다에서 표류하는 상태에서 우리는 벗어나 해탈할 수 있다. 또한 소지장을 끊으면 우리는 보리를 얻어서 부처님이 될 수 있다.

그렇다면 번뇌장과 소지장을 어떻게 하면 끊을 수 있을까? 유식에서는 '전의轉依'에 의해서 가능하다고 한다. 전의란 "소의所衣를 변혁시켜서 얻어지는 것"[229]이라고 한다. 소의란 우리가 앞에서 살펴본 '의타기성', 즉 여덟 가지 식識〔여섯 가지 식과 제7식인 말나식, 그리고 제8식인 아뢰야식을 합한 여덟 가지 식을 가리킴〕을 가리키는데, 좁게는 아뢰야식을 말한다.[230] 변혁은 변계소집성을 버리고 의타기성 속에 있는 원성실성을 얻는 것이다. 변계소집성은 중생이 번뇌장과 소지장의 상태에서 자기와 세계의 본질이 무엇인지 제대로 보지 못하고 이것들이 실재한다고 생각하는 것, 즉 언어나 개념에 의해 전도되어 있는 것을 말한다.[231] 그러므로 전의는 제8식인 아뢰야식을 허망한 상태인 변계소집성에서 진실한 상태인 원성실성으로 질적인 변혁을 시키는 과정이다. 그리고 이러한 과정을 통해 이루어진 결과가 열반과 보리이다. 교육학적으로 볼 때, 전의란 전도된 상태에서 열반과 보리로 변혁되는 인간 형성의 과정이다.

그러면 구체적으로 변혁의 과정을 살펴보자. 허망한 상태인 변계소집성에서 벗어나려면 무엇을 닦아야 할까? 그것은 십지十地의 수행단계에서 무분별지無分別智를 닦고, 또한 바라밀을 실천 수행을 함으로써 아뢰야식이라고 하는 심층심리 속에 있는 번뇌장과 소지장의 추중麤重을 끊어야 가능하다. 추중은 번뇌장과 소지장의 종자種子로서 잠재적인 악惡으로 불려진다.[232] 이 추중이 몸과 마음을 속박되게 하기 때문에 문제가 되는 것이다. 이와 같은 추중이 끊어지는 것은 우선 십지의 수행단계에서 점차적으로 무분별지의 힘에 의해서 가능하다. 무분별지란 나와 남을 구별하고 이것과 저것을 나누는 대립적인 사고가 아니다.[233] 즉 분별하지 않는 절대적인 진리이다.

한편, 유식은『유식 30송』을 보면 유식수행에서 도달해야 할 최종적인 깨달음의 단계를 서술하고 있다. 성소작지成所作智, 평등성지平等成智, 묘관찰지妙觀察智, 대원경지大圓鏡智 등 4 가지 지혜가 그것이다. 첫째, 성소작지는 지금까지 전오식前五識은 에고인 제7식으로 인해 아견·아애·아만·아치의 번뇌의 상태에 머물러 있었으나 중생을 이익되게 하고 이들을 깨달음으로 인도하는 지혜로 바뀐 것[234]을 의미한다. 둘째, 평등성지는 일곱 번째 말나식〔제7식〕이 일체 현상은 실체가 없어서, 즉 무아無我이어서 연기적으로 상호의존적 속성을 가지고 있으므로 절대적으로 평등하다고 아는 지혜로 바뀌는 것[235]을 의미한다. 셋째, 묘관찰지는 제6의식이 일체 현상이 있으면서도 없고, 없으면서도 있는 지혜라는 것, 즉 제6의식이 일체 현상의 본질과 현상의 차이를 명확히 아는 지혜[236]를 의미한다. 넷째, 대원경지는 제8식, 즉 아뢰야식이 사물을 차별 없이 비추는 거울처럼 맑은 거울과 같은 지혜로 전환하는 것[237]을 의미한다.

이상에서 번뇌장과 소지장을 끊는 것은 '전의轉依'이고, 전오식前五識이 성소작지로, 말나식〔제7식識〕이 평등성지로, 제6의식이 묘관찰지로, 아뢰야식이 대원경지로 각각 변화하는 것은 '전식득지轉識得智'이다. '전의'와 '전식득지'는 유식의 인간 형성 과정 가운데 핵심 개념들이다. 번뇌장과 소지장의 추중이 끊어지고, 아뢰야식이 대원경지로 바뀌는 것을 다루기 때문이다. '전의'와 '전식득지'의 과정에 의해 부처님과 같이 깨닫게 되기 때문에 그 의의가 있다고 보는 것이다.

2) 교육과정

대승불교의 여러 경전에서는 교리가 서로 다른 모습으로 나타나는데, 이러한 교리들은 교육과정, 즉 커리큘럼의 구성요소가 된다. 대체적으로 반야경전은 공사상을 바탕으로 전개되는 중도사상이, 유식사상은 만법유식萬法唯識 또는 유식무경唯識無境이, 『법화경』의 경우에는 법화일승法華一乘이, 『화엄경』은 법계연기(法界緣起, 十玄緣起)와 유심사상唯心思想 등이 커리큘럼을 구성하는 교육내용이 된다.

대승불교 경전 또는 사상의 핵심적인 교육내용이 대체적으로 이와 같다면 각 경전이나 사상 등이 나타내고 있는 교육방법은 다를 수밖에 없다. 중국의 천태학天台學에서는 화법사교化法四敎와 화의사교化義四敎로 이것을 나타내고 있는데, 장교藏敎·통교通敎·별교別敎·원교圓敎와 돈교頓敎·점교漸敎·비밀교秘密敎·부정교否定敎 등으로 부처님의 가르침을 네 가지 형식으로 분류하고 있다. 여기서 네 가지 형식에 따른 분류가 의미하는 것은 가르침의 형식이 다르니 이에 따라 교육방법이 다른 것은 필연적이라고 보는 것이다. 비록 천태사상은 중국에서 성립하였지만 부처님의 가르침을 체계적으로 분류했다는 점에서 교육과정(Curriculum)으로서 그 가치가 있다고 하겠다.

7장

불성 개념의 교육과정 원리

1. 불성이란 무엇인가

불교 경전의 내용이나 그 교리에 대해서 조금이라도 알거나 관심
있는 사람이라면 『열반경涅槃經』에서 말하는 "일체중생실유불성一切
衆生悉有佛性"과 조주 선사의 "무자無字 화두"에서 비롯한 "구자무불성
狗子無佛性"이라고 하는 말들의 의미를 알고 있고, 잘 몰라도 어렴풋이
나마 그 의미를 짐작하고 있을 것이다. 그 가운데 너무나 유명한
『열반경』의 "일체중생실유불성"의 구절은 일체중생은 모두 부처님과
같은 종성種姓을 갖고 있다는 의미를 나타내고 있지만 그 의미의 저변에
는 인간을 포함한 태생胎生과 난생卵生, 습생濕生, 화생化生 등 모든
중생이 부처님이 될 수 있는 가능성이 있다고 하는 존엄한 메시지가
깔려 있다고 하겠다. 또한 이와 같은 일체중생이 불성을 지니고 있다는

존엄의 메시지가 『화엄경』에서는 "심心·불佛·급及 중생衆生 삼무차별 三無差別(마음·부처·중생 셋은 차별이 없다)"이라는 사상으로까지 발전 하여 중생이 바로 부처라고까지 그 의미가 확대된다. 그러므로 불성 개념은 중생은 불성이 있어서 부처님이 될 수 있는 가능성이 있는 존재로부터 바로 현실태現實態로서의 부처님이라는 의미가 된다.

그런 점에서 불성의 개념은 불교사상사에서 매우 중요한 의미를 가질 뿐만 아니라 교육과정의 한 원리가 될 수도 있겠다.

그러면 이제부터 이와 같은 중생 존엄의 메시지와 교육과정에서도 큰 의미를 담고 있다고 볼 수 있는 불성의 개념에 대해 『열반경』 등 한역경전을 통해 그 텍스트적 의미를 살펴보고자 한다.

『열반경』에 보면 불성에 대해 다음과 같이 설해져 있다.

"불성은 항상하여 변함이 없는데 무명無明이 덮고 있어 모든 중생들
이 보지 못하게 한다."[238]

불성佛性은 모든 중생들[有情, sentient being], 즉 동물과 식물 등 생명이 있는 것들 모든 존재가 갖고 있는 것이지만 무명(avidya)이 덮고 있어서 불성을 보지 못한다고 이 경전의 텍스트는 말하고 있다.

불성佛性의 원어는 "Buddha-dhātu"[239]인데, 이 말의 사전적 정의를 보면 "깨달은 자가 갖고 있는 요소"[240]가 된다. 이 말은 원래 "Buddha-nature"라는 표현에서도 알 수 있듯이 자연의 모습 그대로 태어난 부처님의 불성이라는 의미를 가졌다. 그런데 의미 있는 사실은 불성의 "성性"의 원어인 dhātu는 "계界"로 보통 해석되는데 "성性"으로 번역되

었다는 점이다. 이것은 중국인의 정신세계와 그 문화에 걸맞게 "성性"으로 번역되었음을 나타내는 것이다. 어쨌든 원어나 영어식 표현들에 준거하여 "일체중생실유불성"의 의미를 살펴보더라도 깨달은 자가 갖고 있는 요소나 자연의 모습 그대로 태어난 본성을 일체중생은 갖고 있다는 의미가 된다.

그런데 『구경일승보성론』에서는 일체중생은 '여래장如來藏'을 갖고 있다고 하여 불성이 여래장이라고 표현되고 있다.

같은 논의 「일체중생유여래장품 제5一切衆生有如來藏品 第五」를 보면 다음과 같이 말하고 있다.

"일체중생은 다 여래장이 있다. 그것은 무슨 뜻에 의지했는가 하면 이와 같이 게송으로 설하여 말하겠다. '부처님의 법신은 두루 가득하고 진여는 차별이 없는 것이다. 다 진실로 불성이 있어서 그러므로 항상 있다고 설하는 것이다.'"[241]

그런데 세 가지 의미가 있어서 중생에게는 여래장이 있다고 한다. 무엇이 셋인가? 첫째, 여래의 법신이 일체중생들의 몸에 두루 있으므로 게송에서 '부처님의 법신은 두루 가득하다.'고 말하고 있는 것이다. 둘째, 여래와 진여가 차별이 없는 것이니, 게송에서 '진여는 차별이 없다.'고 말하는 것이다. 셋째, 일체중생이 다 실제로 진여의 불성이 있는 것이니, 게송에서 '다 진실로 불성이 있다.'고 말하고 있는 것이다.[242]

이것을 종합하면 일체중생은 여래의 법신(dharma-kaya: 진리로서의 몸)이 몸속에 두루 있으므로 부처님과 같고, 진리 그 자체인 진여(tathata)가 부처님과 차별이 없으며, 그러므로 그러한 불성이 있다는 의미가 된다.

그런데 불성은 허공과 같아서 어느 곳에도 있다고 『열반경』에서는 말하고 있다.

"중생의 불성은 현재 없다고 말할 수 없음은 허공의 성질이 현재 없으나 없다고 말할 수 없는 것과 같다. …… 중생의 불성이 안과 밖이 없음은 허공이 안과 밖이 없음과 같다."[243]

또한 불성에 관해 『구경일승보성론』에서는 아홉 가지 비유[244]를 들어 여래장을 다음과 같이 말하고 있다.

①꽃과 부처님의 비유로서 꽃은 시든 꽃을 말하며, 이것은 번뇌를 비유적으로 말한 것이고, 부처님은 여래장을 비유적으로 말한 것이다.

②벌과 꿀의 비유로서 벌은 번뇌에 비유한 말이고, 꿀은 여래장에 비유한 것이다.

③겨와 열매의 비유로서 겨 껍질은 번뇌에 비유한 것이고, 열매는 여래장에 비유한 것이다.

④똥과 금의 비유로서 더러운 똥은 번뇌와 비슷하기 때문에 비유한 것이고, 금은 여래장과 비슷하기 때문에 비유한 것이다.

⑤ 땅과 보배의 비유로서 땅은 번뇌와 비슷하기 때문에 이처럼 비유한 것이고, 보배는 여래장을 비유한 것이다.

⑥ 과일과 싹의 비유로서 과일은 과일 껍질을 말하는 것으로 번뇌와 비슷하기 때문에 비유적으로 말한 것이고, 싹은 종자 싹을 말하는 것으로서 여래장과 비슷하다고 보고 비유한 것이다.

⑦ 옷과 금 형상의 비유로서 옷은 허물어진 옷을 번뇌에 비유한 것이고, 금 형상은 여래장과 비슷하기 때문에 비유한 것이다.

⑧ 여인과 전륜성왕의 비유로서 여인은 빈천한 여인을 말하는데 번뇌를 비유한 것이고, 전륜성왕은 가라라歌羅邏 네 가지 원소 가운데 전륜성왕의 몸이 있는 것을 말하는 것으로 여래장이 있는 것이 전륜성왕과 비슷하기 때문에 비유한 것이다.

⑨ 모형과 형상의 비유로서 모형은 진흙 형상을 비유한 것으로서 번뇌와 비슷하기 때문이고, 형상은 보배 형상으로서 여래장과 비슷하기 때문에 비유적으로 말한 것이다.

2. 불성 개념의 재개념주의적 교육과정 원리

휴브너(Dwayne. Huebner, 1923~)라는 교육과정 학자는 인간은 초월 속에 거주하며 초월은 인간에게 거주하는, 즉 종교적으로는 영성이 우리 안에 거주하고 그로 인해 편안함이고 희망이라고 말하고 있다. 이에 반하여 불교에서는 『구경일승보성론』을 보면, 비유적으로 불성을 말하고 있는데, 우리에게는 "부처님이 될 수 있는 가능성(The possibility of being Buddha)"이 있는, 즉 불성을 가진 존재라고 말하고 있다.

그런 점에서 부처님과 같은 존재가 될 수 있다고 하는 불성 개념의 측면에서 보면 교육 현장에서의 학생은 항상 깨어 있는 부처님처럼 진리 그 자체이며, 불성佛性을 가진 인간 존엄으로서의 존재이다. 그러므로 학생 자신도 자신이 불성을 가진 자각의 존재라는 사실을 알고 인생의 목표를 정하여 미래를 향해 나아가거나, 또는 학습할 때 창의적이고 주도적으로 학습해야 할 것이다. 또 한편으로는 교사 자신도 학생들을 교육할 때 학생들로 하여금 불성을 자각토록 하기 위해 부처님이 제자들을 교화할 때 사용하였던 교화 방법을 참고할 필요가 있다. 교사는 단지 교육목표를 달성하기 위해 기계적으로 지식을 전달하는 자가 아니기 때문이다.

그러면 여기서 전통적으로 학습(Learning)이 어떤 형태로 이루어져 왔는가를 살펴보도록 하자. 세 가지 형태의 학습이 있다. 'Transmission Learning(전달학습)', 'Transactional Learning(처리학습)', 'Transform-ation Learning(변화학습)'이 그것이다.

첫 번째, 'Transmission Learning(전달학습)'은 학생이 지식과 기술을 받고 축적하는 학습의 형태를 말한다. 이러한 형태에서의 학습은 교실에서 학생이 교과서의 텍스트를 읽거나 교사의 설명을 듣는 과정으로 이루어진다. 이 경우 지식은 과정으로서가 아니라 오히려 고정된 것으로 보이고, 대개 학생들이 자료를 마스터할 수 있도록 전달하는 지식은 보다 작은 단위들로 쪼개진다. 그러므로 기술을 습득하기 위한 학습은 모방적이거나 반복적인 성향을 띤다. 어린 아동들이 부모님으로부터 말을 모방함으로써 말하는 법을 배우는 것과 같다.

역사적으로 이 학습법은 역사가 길며 두 가지 성향을 갖는다. 첫 번째는 '행동과학적(behavioural)'이고, 두 번째는 전통적인 스타일(예: 수업과 암송)에서 가르쳤던 표준 과목을 공부하는 학생들에 강조점을 두는 형태로 나타난다.[245]

이와 같은 행동과학적 학습에서 교육과정과 아이들 사이의 관계는 자극과 반응(S-R)이라는 점으로 나타나고 있고, 전통적인 교과 중심의 교육과정에서는 교사나 텍스트가 학생들에게 정보를 전달한다는 것으로 나타나고 있다. 다시 말해 교사와 학생 사이에는 지식과 기술이 한쪽으로만 흐르는 길, 즉 전달만이 본질적으로 존재하며, 정보를 고려하거나 분석하는 기회는 전혀 없다. 현재 학교에서 입시 위주로 이루어지는 교육의 형태가 바로 이러한 형태이다.[246]

두 번째, 'Transactional Learning(처리학습)'은 비록 그것의 특징이 '인지적'일지라도 보다 상호작용적이다. 이 학습에서 학생은 흔히 문제를 풀거나 어떤 형태의 조사를 추구한다. 지식은 작은 단위들로 고정된 것으로 간주되는 것이 아니라 변화될 수 있고 조정되어질 수 있는 것으로 간주된다. 과학적인 방법이 흔히 이 학습에서 하나의 모델로서 사용된다. 교사와 학생 사이의 대화에 대한 강조가 이 학습의 특징이다. 그런데 대화는 '인지적 상호작용'을 강조한다. 왜냐하면 분석이 종합보다 많이 강조되고 있고, 감정보다 많이 사고하는 것이 강조되기 때문이다. Transaction(처리)의 위치에 기반을 둔 교수敎授 모델들은 대개 조사와 문제 해결을 위한 어떤 절차를 가지며, 이러한 절차는 때때로 물리나 역사와 같은 특별한 과목에 근원을 두거나, 그들은 양자택일로서 여러 가지 사고기술 모델에서 발견되는 것처럼 일반화된다. 학습자는 일반적으로 이성적으로 보이고, 지적인 행동을 할 수 있거나 문제해결자(problem solver)로 보인다.[247]

세 번째, 'Transformation Learning(변화학습)'은 아동의 전체성(The Wholeness)을 인정한다. 교육과정과 아동은 더 이상 분리된 것으로 보이는 것이 아니라 연결된다. 이 학습의 목적은 전인적인 사람의 개발이다. 학생이 일종의 학습경쟁이나 사고기술思考技術로 축소되는 것이 아니라 전체적인 존재로서 보인다. 학생을 전인적인 사람보다 덜 중요하게 간주할 때 확실히 진정한 의미의 학습이 일어날 기회를 감소시킨다. 이 학습에서 교사는 학생들에게 여러 가지 형태의 연결을 하도록 고무하는 창조적인 문제해결, 협동학습, 그리고 전체적인 언어와 같은 전략을 사용한다고[248] 한다.

그러면 여기에서 우리는 불교교육의 현장에서 스승이 제자에게 행하는 교육방법을 살펴볼 필요가 있는데, 왜냐하면 이와 같은 교육방법은 'Transformation Learning(변화학습)'의 특징을 담고 있기 때문이다.

우선 예로 들 수 있는 것은 학생을 이야기를 통해서 감화시키거나 마음을 일깨워 주는 방법이 있다. 부처님이 본생담과 같은 전생이야기나 도덕적으로 교훈이 되는 이야기 등을 하여 제자들을 깨달음에 이르도록 하는 것이 그것이다.

또한 일향기一向記라고 하는 것으로서 상대방의 질문이 시의적절할 경우 인정하는 방법이다.

또한 분별기分別記라고 하는 것으로서 질문이 이치에 맞는가를 분별하여 그에 합당한 답을 하는 방법이다.

또한 반힐기反詰記라고 하는 것으로서 질문을 받고 곧바로 대답하지 않고 질문을 잘 생각해 봐서 조리 있는 반문을 통해 상대방이 잘못 이해한 경우 깨달아 알도록 하는 방법이다.

또한 사치기捨置記라고 하는 것으로서 이치에 합당하지 않고 필요 없을 때는 침묵해버리는 방법이다. 그밖에 전의법이라고 하여 상대방의 의견을 처음부터 긍정하다가 그 내용을 전환하여 새로운 의의를 갖게 하는 방법을 사용하는 방법이다.

또한 대기설법對機說法처럼 상대방의 수준에 따라서 가르침을 펴거나, 차제설법次第說法이라고 하여 가르침의 단계에 따라서 법을 설하는 방법이다.

이와 같은 부처님의 교육방법은 재개념주의 교육과정의 교육방법으로서 간주관적인 측면에서 연구하여 이를 교육 현장에서 실천할 필요가 있지 않을까 생각한다. 왜냐하면 현재 입시위주의 교육만으로는 전인교육이 학교교육의 현장에서 이루어지기 어려우며, 이러한 학교교육의 형태에서 벗어나서 진정한 의미의 교육의 목적을 위한 교육이 이루어져야 할 필요성이 있기 때문이다. 하나의 방법으로서 불교 종립학교의 교육 현장에서 먼저 연구되어 실천하는 것도 바람직하다고 할 것이다.

그러므로 불성 개념에 준거한 교육은 불교의 존엄적인 인간관과 배우는 학생(또는 제자)을 위한 다양한 교육방법의 원리를 함축하고 있는 자각自覺이라고 하는 특성을 갖고 있으며, 나아가 교육 현장에서 전통적인 교육과정에서 강조하는 학습이론이나 개발이론에 의한 "틀에 맞추거나 공장에서 상품을 찍어내듯이 하는(a style of assembly line) 교육"이 아니라 인생이라고 하는 여정(旅程, journey)의 길목[249]에서 깨달은 부처님과 같이 되기 위한 전인적인[250] 각성覺醒의 교육원리가 된다.

그런데 '부처님과 같이 될 수 있는 가능성'을 가진 불성의 개념은 중국의 선종禪宗에서는 '시심즉불(是心卽佛: 이 마음이 부처)'이라는 말에서 알 수 있듯이 우리 모두가 부처님이라고 정의되며, 이로써 우리 모두는 깨달은 부처님과 동일시되는 '현실태로서의 존재'가 된다. 이는 교육에 있어서도 코페르니쿠스적 전환이라고 할 만큼 시사하는 바가 매우 크다고 할 것이다.

조계종 간화선의 원류인 중국 육조 혜능 스님을 비롯한 당대의 유명한 선사들이 제자들을 가르쳤던 교육방식을 보아도 '네가 바로 부처이다'라는 사실을 제자들에게 각성시키기 위해 교육하는 장면이 나타난다. 스승이 제자에게 어떤 공안公案을 주고 제자들이 이것에 대해 대답을 하려고 하면 갑자기 몽둥이로 몇 차례 때리려고 하거나(棒) 고함을 지르는 행위를 하며(喝) 제자들을 깨닫게 한 사례들이 선사어록 가운데 많이 등장한다. 이러한 사례들은 앞서 말한 불교적 교육방법에서뿐만 아니라 동서양 어디에서도 그 유례를 찾아보기 힘든 교육행위이지만 제자들로 하여금 스스로 부처님임을 자각自覺하게 하는 매우 훌륭한 교육방법이고, 이것은 재개념주의 교육과정에서도 시사하는 바가 매우 크다고 하겠다. 왜냐하면 이러한 선사의 교육방법은 "선禪의 재개념주의적 꾸레레(Reconceptualistic Currere in Seon)"로 정의될 수도 있기 때문이다.

미국의 교육과정 학자 파이너(W.F.Pinar, 1947~)는 『Currere:

Toward Reconceptualization』[251]에서 "꾸레레"에 대한 여러 가지 질문을 던지는 가운데 왜 자신이 선불교(禪佛敎, Zen Buddhism)에 매혹하고 있는가를 질문하면서, 이러한 여러 가지 질문들이 "꾸레레"에 대한 연구이며 지식이라고 말하고 있다.[252] 그러므로 선禪적인 방법으로 깨달음으로 인도하는 스승과 깨닫기 위해 치열하게 수행하는 제자 사이에 선의 재개념주의적 "꾸레레"가 네러티브(Narrative) 방법인 질문하고 답하는 대화 과정에서 이루어지게 된다. 그러므로 불성 개념은 단지 '부처님이 될 수 있는 가능성'으로서의 교육과정 이미지가 갖는 존엄으로서의 개념으로부터 '이 마음이 부처'인 현실로서의 부처님(Now That Buddha as a reality)으로 그 개념이 발전되었으며, 이로써 휴브너(Dwayne. Huebner)가 말했듯이 전통적인 교육과정에서 해왔던 누군가가 외부로부터 주는 교육이 아니라 불성의 자각과 '우리가 바로 부처'라는 자각自覺의 꾸레레, 교육과정 전망의 이미지로서의 교육이 되는 것이다.

8장

불교의 종교 교육과정 원리

이 장에서는 불교에서 종교교육이 어떻게 이루어져야 하는지에 대해 존 듀이(John Dewey, 1859~1952)의 종교관의 측면에서 살펴보고자 한다. 주지하다시피, 듀이는 19세기 중반에 출생하여 백 년 가까운 생존 기간 동안 왕성한 학술활동을 한 교육학자이자 철학자이다. 그는 『민주주의와 교육(Democracy and Education)』을 비롯하여 『경험과 자연(Experience and Nature)』, 『경험으로서의 교육(Art as Experiencs)』 등 교육과 경험에 관한 수많은 저서와 논문을 남긴 위대한 학자이다. 그의 교육이론은 진보주의 교육이론으로 불렸으며, 우리나라에서는 해방 후부터 현재에 이르기까지 교육계에 끼친 영향이 크다. 그는 또한 『공동의 신앙(Common Faith)』이라는 저서에서 특정 종교를 지나치게 신앙해서는 안 된다고 하면서 비이분법적인 견지에서의 종교관을 피력하였다. 교육학자로서 특이하다고 할 수도 있는 종교적 이론을 전개하고 있는 그의 종교관을 통해 불교에서 종교교육을 어떻게 해야 하는지 알아보자.

1. 듀이의 비이분법적非二分法的 종교관에서 본 불교 종교교육과 미래 종교교육의 방향

듀이는 자신의 저서들에서 공통적으로 유기체인 인간과 환경 사이에 전개되는 경험의 성장, 발달의 과정을 중시한다. 그러므로 그가 『공동의 신앙』이라는 저서에서 종교에 관해 인간이 경험하는 모든 경험이라고 말한 것은 어찌 보면 당연하다고 할 수 있다.

그런데 듀이는 하나에서부터 끝까지 인간의 경험을 말하고 있지만 인간의 정신과 물질을 이분법적二分法的으로 이해하는 것을 철저히 반대하고 있다.

그는 자신의 저서인 『경험으로서의 예술(Art as Experience)』에서

"많은 이론가들과 비평가들이 자부심을 느끼고 수고를 아끼지 않는 일상생활에서 경험하는 사물들과 광경들로부터 예술을 분리시키려고 하는 것이 당시 사람들의 생각이다."[253]

라고 하고 있다. 또한 당시 추세가 "훌륭한 예술작품뿐만 아니라 종교도 일반사람들과 일상생활의 영역으로부터 제거시켜버렸다."[254]라고 기술하고 있다. 이것을 보더라도 듀이는 정신의 영역에 속하는 예술·종교와 물질의 영역에 속하는 일상생활을 둘로 보지 않고 하나로 보고

있는 것이다. 서구사회의 전통적인 사고가 정신과 물질을 둘로 나누어본 이분법적 사고인 것과 달리 듀이는 예술이든 종교든 우리의 삶과 분리되어 있지 않다고 강조하고 있는 것이다.

듀이가 종교, 예술 등의 분야를 우리 일상생활과 분리되어 있지 않고 밀접하게 관련되어 있다고 보는 비이분법적非二分法的 견해는 경험을 중시하는 그의 교육관에서도 나타난다.

저서인 『민주주의와 교육』에서 그는

"겨우 마지못해 하는 활동은 경험(Experience)의 구성요소가 되지 못한다. 그것은 분산하고, 중심에서 멀어지는 것이고, 흩어지는 것이다. 〔반면에〕 고되게 힘써 하는 경험은 변화를 포함한다. 그러나 변화가 그것으로부터 되돌려주는 파동의 결과로 계속해서 연결되지 않는다면 아무 의미 없는 이동에 불과하다."[255]

라고 하면서, 그냥 마지못해 하는 활동은 경험이 될 수 없으며, 계속해서 변화를 동반하는 경험으로 나타날 때 진짜 경험이 된다고 주장하고 있다.

듀이는 교육에 관한 설명을 하면서 몸과 마음의 이원론(二元論, dualism)은 나쁜 결과를 가져온다고 지적한다. 즉 몸의 경우 "신체적인 활동은 침입자이다. 그것은 정신적인 활동과는 아무런 관련이 없다고 생각되어 정신 산만함, 사악함이 된다. …… 신체의 활동은 해악의 근원들이다."[256]라고 간주됨으로써 몸의 나쁜 점만 부각되고 있는 것이다. 그러면서 듀이는 과거 그리스 시대의 교육이 탁월한 성취를 이룬

주된 원인으로 그릇된 관념에 의해 몸과 마음이 분리된 상태로 오도誤導되지 않은 것을 꼽으면서,[257] 마음이 해야 할 영역을 몸이 한다고 보는 데서 나타나는 폐단을 경계하고 있다. 이것을 보더라도 몸과 마음 가운데 몸만을 해악스러운 것으로 보는 관점도 나쁘지만, 몸과 마음이 각각 하는 역할이 분명히 있는데 이것을 바꾸어 생각하고 다루는 경우도 나쁘다고 하겠다. 그러므로 요약컨대 몸(body)은 해악한 것이 아니라 즐거움과 고통스러움이라는 경험을 함으로써 학습이 발생하고, 나중에는 교육으로까지 이어지게 하는 원천이라는 것을 알 수 있는 것이다.

이상 논의에서 듀이가 몸과 마음에 대해 이분법적으로 보지 않는 견해는 앞으로 논의하고자 하는 불교의 종교 교육과정에서도 시사하는 바가 크다고 할 수 있다.

듀이는 『공동의 신앙』에서 인간이 경험하는 모든 경험에 종교적 국면이 있다고 말하고 있다는 점에서 그의 종교관에는 비이분법적 사고가 바탕에 깔려 있다고 할 수 있다. 그것은, 그에 의하면 종교란 우리가 살고 있는 세계를 '성聖'의 영역과 '속俗'의 영역으로, 즉 이분법적으로 나누어 '성聖'의 영역에서의 '초월적 존재'에 대한 신앙이나 그 제도만을 받드는 성격으로서의 종교가 아니라, 우리가 생활하고 있는 세계를 '성'과 '속'의 영역으로 이분법적으로 나누지 않고 삶에서 경험이 성장하고 발달하는 과정이 종교를 의미한다고 보고 있기 때문이다. 종교학에서는 종교의 영역을 '성聖'과 '속俗'으로 나눈다. 엘리아데는 저서인 『성聖과 속俗』에서 "종교적 인간에게는 공간이 균질하지 않다. 종교적 인간은 공간 내부의 단절과 균열을 경험한다. 공간의 어떤 부분은 다른 부분과 질적인 차이를 보인다."[258]라고 하고 있고, 또한 "종교적 인간에게는 공간과 마찬가지로 시간 역시 균질적이거나 연속적인 것이 아니다. 한편에는 성스러운 시간, 축제의 시간(대부분 주기적인 것이지만)이 있고, 다른 한편에는 속된 시간, 즉 종교적 의미가 없는 행위가 자리 잡고 있는 일상적인 시간 지속이 있다."[259]라고 하여 공간과 시간이 종교적 인간에게 성스러운 의미로 다가간다고 언급하고 있다. 이와 같이 세계를 '성'과 '속'으로 나누어 보는 관점을 부정하는 듀이의 종교관은 불교의 중도中道의 가르침을 보면 더욱 분명히 나타난다.

『중론송』에서 용수는 "모든 부처님은 세속世俗과 승의勝義에 의해 설법하신다. 이 두 가지 진리를 구별하지 못하면 모든 부처님의 설법의 깊은 의미를 알 수가 없다. 세속의 진리에 의하지 않고는 궁극적 진리를 얻을 수 없으며 그 궁극적 진리를 요해了解하지 않고서는 열반을 증득할 수 없다."[260]라고 서술하고 있는데, 이것을 보더라도 불교의 가르침은 세속을 바탕으로 표현된 진리라는 것을 나타내고 있다고 하겠다. 그러므로 중도의 가르침은 공空의 진리로서 생과 멸, 성과 속, 생사와 열반, 번뇌와 보리 등의 이분적 차별을 넘어선 것이라고 하겠다.

이상에서 살펴본 듀이의 종교와 교육에 관한 비이분법적 견해나 불교의 중도적 가르침은 불교의 교육적 실천과 관련하여 시사하는 바가 크다. 왜냐하면 '성聖'의 공간적·시간적 의미에서 볼 때 종교를 신앙하는 사람들이나 종교적 인간에게는 '성聖'이 갖는 의미가 남다를 수 있기 때문이다. 그러므로 '성聖'의 의미는 자신이 신앙하는 종교적 대상을 향하여 숭배의 모습으로 나타날 수 있다. 그러나 종교를 신앙하지 않는 사람이나 종교에 관심이 없는 사람에게 '성聖'이 갖는 의미는 특별한 의미로 다가가지 않는다고 할 수 있다. 그러므로 이들에게 특정 종교를 믿으라고 할 수는 없다. 학교 공간에서 '종교학' 교과를 교사가 가르칠 때 고려해야 할 점은 '종교학'의 교육내용에 대해 관심이 없거나 흥미가 없는 학생들에게 주입식으로 '종교학' 교과의 내용을 가르쳐서는 안 된다는 점이다. 또한 종립학교에서 종교(불교) 교과의 내용을 가르치는 교사의 경우에도 해당 종교를 믿지 않는 학생들과 해당 종교에 무관심한 학생들, 그리고 특정 종교를 신앙하는 학생들의 종교적 관심도와 그 취향 등을 고려해야 한다. 왜 그럴까? 그것은 일반 교과목이 아닌 '성聖'의 공간적·시간적 의미와 특성이 있는 선택 교과목으로서의 '종교학'과 종립학교의 종교(불교) 교과목은 교사가 많은 노력을 기울여 효율적으로 교수·학습하지 않고서는 학생들의 관심을 얻기 힘들기 때문이다.

그러므로 일반학교에서 '종교학'을, 종립학교에서 종교(불교)를 학생들에게 가르치는 교사는 종교에 대해 중립적 태도를 가지며, 이분법적으로 삶과 종교를 둘로 나누어 보지 않고 삶에서의 모든 경험이 종교라고 보는 종교관에 따라 학생들에게 이들 교과목을 교육할 필요가 있다.

이와 같이 듀이의 종교관과 불교의 중도적 가르침 등을 지평적으로 참고하여 교사가 일반학교에서 '종교학'을, 또는 종립학교에서 종교(불교)를 각각 교육할 때 학생들에게 대단히 교육적인 효과를 가져올 수 있다. 그것은 듀이의 종교관과 불교의 중도적 가르침 등에 따라 교육할 때 종교학이나 특정 종교의 교육내용은 종교적인 색채를 띤 것이 아니라 삶의 경험이 되고, 결과적으로 학생들에게 관심과 흥미를 불러오게 할 수 있기 때문이다. 그런 점에서 듀이의 종교관은 재개념주의가 지향하는 과정 중심(Process-Centered)[261]에 의한 바람직한 인간형성이라고 하는 교육목적에도 부합하기도 한다는 점에서 미래 종교교육의 방향 정립에도 도움을 준다고 하겠다.

2. 불교 교육과정의 의의와 중도적中道的 특성, 그리고 그 과제

불교는 종교의 기능뿐만 아니라 교육의 기능도 하고 있다. 그것은 사람들을 부처님의 가르침에 의한 교육을 통해 불교적 인격[262]을 완성할 수 있게 하기 때문이다. 특히 지혜로 대표되는 불교의 교육기능은 현대교육이 학교라는 제도적 틀 속의 지식교육을 통해 사회가 필요로 하는 지적, 기능적 인재양성에는 성공하였을지 모르지만 교육이 진정으로 바라는 '인격 완성'의 성공을 이루지 못하고 있는 점도 나타나므로 〔전적으로 인격완성의 성공을 이루지 못하는 것은 아니다〕 시사하는 바가 크다. 불교가 갖는 장점은 이와 같이 학교교육을 통해 성취하지 못하는 '인격 완성'을 불교의 수행을 통해 달성할 수 있다는 데 있다.

필자는 이와 같은 불교의 교육적 기능에 '교육의 질적 요소'가 내재해 있다고 봄〔불교교육의 질적 측면〕으로써 이러한 점이 일반 교육에서 뿐만 아니라 '종교교육'에서도 미래의 방향성 정립에 큰 도움을 준다고 강조하고자 한다.

지금까지 여러 차례 교육과정의 개정이 있었고, 현재 2015년 교육과정이 개정되어 시행되고 있지만 여전히 진정한 의미에서 교육이 바라는 인격 완성이 제도권 내에서 이루어지고 있는지에 대해서는 많은 의구심이 있다. 물론 이웃종교인 기독교, 천주교의 경우에도 각각의 교육적 기능을 통해서 이에 대해 논하는 것이 가능하고 그 의의가 있지만, 필자는 불교의 교육과정과 수행 등을 통해서 질적인 측면〔Qualitive Research in Curriculum〕에서의 교육이 바라는 '인격 완성'을 효과적으로 달성할 가능성이 매우 높다는 점을 강조하고자 한다. 그것이 가능하다고 보는 것은, 불교는 계율을 지켜 감각기관을 다스림으로써 윤리적 자세를 지니고, 또한 사성제와 육바라밀, 중관·유식 등 교설의 배움에 의해, 그리고 나아가 사마타와 위빠사나〔또는 참선〕, 라고 하는 마음수행을 통해서 청정한 닛빠나라고 하는 깨달음에 도달하는 데 목적을 두고 있고, 이러한 깨달음의 성취야말로 최상의 '인격 완성'에 해당되기 때문이다.

그러므로 불교의 수행과정, 즉 최상의 인격 완성인 깨달음에 이르기까지의 전 과정을 우리는 교육적 측면에서 볼 때 '교육과정'이라고 지칭할 수 있다. 다시 말하면 '교육과정'이 교육의 목적을 달성하기 위해 교육내용을 계획하고 실천하며 평가하는 과정이라고 할 때, 불교에 처음으로 입문한 사람이나 불자들을 대상으로 깨달음에 도달하도록 하기 위한 목적으로 어떤 내용을 어떻게 가르칠 것인가에 대해 계획하고 실천하는 모든 과정은 '교육과정'에 해당한다. 그러므로 우리는 이것을 불교 교육과정(Curriculum in Buddhism)[263]이라고 명명할 수 있다.

그렇다면 불교 교육과정의 구체적 모습은 무엇일까? 불교는 끊임없이 자신에게 질문을 던지는 내적 경험을 중시한다. 불교는 '나'라는 존재의 본질에 대해 끊임없이 질문함으로써 '나'라는 존재가 무상無常하고 무아無我이며 고苦라는 실상을 깨닫게 되며, 종국에는 무상정등정각無上正等正覺에 이르는 과정이 경전 텍스트에 나타난다. 이와 관련하여 교육과정의 내용별 분류 가운데 점수漸修와 돈오頓悟를 중심으로 내적 경험을 통해 깨달음으로 나아가는 과정을 살펴봄으로써 교육과정으로서의 구체적 모습을 밝히기로 한다.

역사적으로 볼 때 점수는 부처님 재세 시에 부처님께서 설하신 『중아함경』의 말씀에서 비롯한다. 부처님께서는 "나는 일체 모든 비구들이 구경지究竟智[264]를 얻는다고 설하지 않는다. 또한 일체 모든 비구들이 처음부터 구경지를 얻는다고 설하지 않는다."[265]라고 말씀하고 계시는 것을 보더라도, 모든 비구들이 깨달음에 해당하는 구경지를 얻는 것이 아니라 대부분의 비구들에게는 구경지를 얻기 위한 과정〔점수〕이 필요하다고 암시하고 있다.

깨달음에 이르기까지 과정으로서의 점수에 대해 종밀宗密은 저서 『선원제전집도서禪源諸詮集都序』에서 "부처님께서 대혜大慧에게 이르시기를, 점차적漸次的으로 맑아지므로 돈頓이 아니다. 첫째, 암라과菴羅果〔암라나무의 열매〕가 점차적으로 익는 것이 갑자기 이루어지는 돈頓과 같지 않다. 여래가 중생의 마음에 나타나 흐르는 것을 점차적으로 제거하는 것 또한 이와 같아서 점차적으로 맑아지는 것이지 갑자기 이루어지는 돈頓이 아니다. 둘째, 도자기를 만드는 집에서 그릇을 만드는 과정이 점차적으로 이루어지는 것이지 갑자기 이루어지는 돈頓이 아니다. 셋째, 대지大地가 점차적으로 생겨나는 것이지 갑자기 생기는 돈頓이 아닌 것과 같다. 넷째, 기예技藝를 익히는 것이 점차적으로 나아가는 것이지 갑자기 되는 것이 아닌 것과 같다."²⁶⁶라고 설명하고 있는데, 이러한 설명은 점수를 이해하는 데 도움을 준다.

종밀은 비록 훨씬 후대 인물이기는 하지만 점수에 대해 납득할 만한 설명을 하고 있다. 그는 암라과라는 열매와 도자기 그릇, 대지, 기예 등 네 가지의 예를 들면서 이와 같은 각각의 것이 점차적으로 과정을 거쳐서 이루어지는 것이지 갑자기 한순간에 이루어지는 것이 아니라고 점수의 의미에 대해 말하고 있기 때문이다.

이상에서 볼 때 불교에서 출가 비구들은 깨달음에 도달하기 위해 점차적인 단계를 밟아 수행하는 과정을 밟았다. 이것을 필자는 '점차적 교육과정(敎育課程, Stepwise Curriculum)'이라고 부르고자 한다. 그러므로 부처님 재세 시와 이후 중국에서 선종이 발흥하여 유행하기 이전까지는 대체적으로 점수漸修, 즉 점차적 교육과정이 유행하였다고 할 수 있다.

점차적 교육과정을 나타내는 '점수'가 이와 같다면 '돈오'는 종밀에 의하면 직관에 의해 이치로 깨닫는 것을 의미한다. 종밀은 저서 『선원제전집도서』에서 '돈오'에 대해서 다음과 같이 설명한다.

"이상 네 가지의 점漸은 수행이지 이치[理]로 깨닫는 것이 아니다. 그러나 이하 설명하는 네 가지의 돈頓은 이치[理]로 깨닫는 것이다. 첫째, 밝은 거울에 몰록 나타나는 비유이다. 경에 이르기를, '밝은 거울에 일체 형상形相이 없는 색상色像이 몰록 나타나는 것과 같이, 여래가 일체중생의 마음에 나타나 흐르는 것을 제거하여 맑게 되도록 하는 것 또한 이와 같이 몰록 형상이 없어 소유한 것이 없는 청정법계淸淨法界가 드러나는 것이다. 둘째, 해와 달이 몰록 비추는 비유이다. 경에 이르기를, '해와 달의 수레바퀴가 몰록 일체 색상을 비추어 드러나 보이도록 하는 것과 같이, 여래가 허물 있는 중생의 마음에 나타나는 습기濕氣를 떠나게 하는 것 또한 이와 같이 부사의의 수승한 지혜의 경계를 몰록 드러내 보이는 것'을 말한다. 셋째, 장식藏識으로 몰록 아는 것의 비유이다. 경에 이르기를, '비유컨대, 장식藏識에 의해 자기 마음이 드러나고, 몸으로 안립해 수용하는 경계를 몰록 분별해 아는 것과 같이, 저 모든 보신報身 부처님 또한 이와 같이 몰록 중생이 처한 경계를 숙지하시면서 수행함으로써 저 색구경천에 편안히 거처하신다.'라고 말하고 있다. 넷째, 부처님의 광명이 몰록 비추는 비유이다. 경에 이르기를, '비유컨대, 부처님께서 만든 법처럼 부처님의 광명이 밝게 휘황찬란하게 비춤에 의해 스스로 성스러운 자취를 깨닫는 것 또한 그러하다. 저 법상의 성품 있거나 성품 없는 악견 망상을 비추어 제거해 멸하도록 한다."[267]

거울과 해와 달의 비유를 들며 깨달음의 지혜가 몰록 드러나는 것이 '돈오'라고 인용문은 설명하고 있다. '돈오'는 중국 선종의 대표적 수행법인 간화선에서 수행자가 1,080개의 화두공안 가운데 하나를 붙들고 닦아나가다가 갑자기 깨닫는 모습으로 나타나기도 한다. 돈오와 점수가 불교 교육과정으로서 의의가 있는 것은 깨달음에 이르기 위한 단계마다 또는 매순간마다 자주성과 창의성 등이 학습과정 시 강조되기 때문이다. 이러한 점은 재개념주의 교육과정에서 학습자를 존중하고 학습자의 창의성을 높게 평가하는 것과 일맥상통한다.

불교가 종교인 것은 사실이나 불교에는 다른 종교와는 다른 종교적 특성이 있다. 수행과 깨달음에 있어서 불교가 자주성과 창의성을 중요시하는 점이 그것이다. 다시 말해 스승에게 어떻게 하면 깨달음에 도달할 것인가 배운 후 제자는 깨닫기까지 자주적이고 창의적으로 수행해 나아가는 것이다. 이와 같이 불교는 자주적이고 창의적인 수행과정을 통해 최상의 인격 완성에 이르게 되므로 불교의 교육과정은 현대 교육과정에 재개념주의 교육과정으로서 의의[268]가 있다고 하겠다.

그런데 이와 같은 돈오와 점수의 수행과정은 중도적中道的 교수·학습과정의 교육적 실천으로 이루어질 때 재개념주의 교육과정으로서의 의의가 성립한다. 그러므로 앞에서 살펴본 듀이의 비이분법적 특성을 띤 종교관에 의한 교육과정도 중도적 교수·학습과정의 교육적 실천의 모습과 대동소이하다고 할 수 있다. 불교의 교육과정이 우리 삶의 현실을 도외시한 채 종교적 가르침만 학생들에게 가르치는 것도 아니고, 종교적 가르침을 벗어나 세속적인 내용만 가르치는 것도 아닌, 중도적으로 가르치고 학습하는 과정의 특색을 띤다는 점에서 듀이의 종교관에 의한 교육과정과 유사하다고 보는 것이다. 그러므로 재개념주의 교육과정의 방법으로 원용한 듀이의 비이분법적 종교관과 불교의 중도적 교육과정은 상호간 사상적으로 하나도 일치할 만한 것이 없는 것이 사실이나, 해석학적으로 지평융합함으로써 듀이의 비이분법적 종교관은 중도적 교육과정으로서 그 기능을 할 수 있고, 그 의의 또한 있다고 하겠다.

9장

천태의 교육과정

1. 천태 교판의 교육과정 원리[269]

1) 천태 교판과 교육과정

교육과정(Curriculum)이라는 용어가 천태 교판과 무슨 관련이 있느냐고 말하는 사람이 있을지 모른다. 물론 이와 같이 말할 수 있겠지만 교육과정이라는 용어[270]는 학교에서 가르치는 내용으로서의 교육과정이 있고, 또 하나 그 대상을 탐구하는 학문영역으로서의 교육과정이 있기 때문에, 이 글에서 다루고자 하는 것은 천태 교판에 관한 교육과정이고, 이 경우에는 대상을 탐구하는 학문영역으로서의 교육과정에 해당한다고 볼 수 있으므로 천태 교판의 교육과정에 관한 논의가 가능한 것이라고 하겠다.

그러므로 비록 천태 교판이 학문적 분류체계로는 불교학이지만,

천태의 교판이 교육내용으로서의 부처님의 가르침을 구분하고, 교육목적으로서의 깨달음에 이르도록 그 길을 제시하고 체계적으로 조직하고 있다는 점에서 교육과정 유형으로 분류한다면 종교 교육과정(Religious Curriculum)[271]에 속하는 불교 교육과정의 한 체계라고 말할 수 있으며, 이로써 천태의 교판을 천태의 교육과정(Tian Tai's Curriculum)이라고 명명하는 것이 가능하다.

천태의 교판은 부처님의 가르침을 체계적으로 구분하고 설명하고 있다는 점에서 교육과정으로서 손색이 없다. 아니, 이처럼 교육과정의 특성과 분류에 맞게 조직화한 불교사상은 전무후무하다고 하겠다. 그러나 한편으로는 천태 교판에 대한 부정적인 시각이 존재한다. 그것은 천태 교판이 동아시아 문화권에 속하는 중국에서 생겨난 중국적 교판이라는 시각이 있다. 이것을 달리 표현하면 인도불교와는 다른 역사성이 없는 교판이라는 것이다. 관구진대關口眞大 교수가 천태의 교판이 불교교리와 불교사상의 역사적 고찰의 의미에서 볼 때 타당하지 않다[272]고 논하고 있어서 주목된다.

그러나 필자는 역사성 여부라는 문헌학적인 고찰은 뒤로 하고 천태 교판이 갖고 있는 교육과정으로서의 의의만 살펴보기로 한다. 이 글의 전개 범위와 관련해서는 5시 8교만 다루는 데 그치기로 한다.

2) 천태 교육과정의 전개

(1) 교육목적

필자가 천태의 교판에 나타나 있는 교육목적[273]부터 살펴보는 것은, 교육목적은 도달하고자 하는 목적지를 알고 길을 가는 것과 같아서 이것에 맞춰 교육과정의 설계가 이루어지기 때문이다.

천태의 교판은 법화法華의 개현開顯이 그 목적이라는 점에서 천태 교육과정의 교육목적은 법화의 개현에 있다. 왜냐하면 천태사상은 『법화경』에 의거해 성립한 사상[274]이기 때문이다. 그러므로 5시時 8교 敎의 교판은 법화의 개현에 맞춰 이해해야만 한다. 천태의 교판 가운데 부처님 생애의 시기에 따라 부처님의 가르침을 구분한 5시에서는 법화와 열반은 다섯 번째 마지막에 자리 잡고 있고,[275] 8교 가운데 화의사교에서는 법화를 돈교頓敎·점교漸敎·비밀교秘密敎·부정교不定敎 가운데 어느 하나에 배속한 것이 아니라 비돈非頓·비점非漸·비비밀非秘密·비부정非不定으로 봄으로써 5시와 마찬가지로 다섯 번째 시기에 배속하고 있는 데[276]에서 법화가 목적이라는 점이 나타난다.

그리고 지의가 『법화현의法華玄義』에서 근성根性의 융불융融不融, 화도化道의 시종불시종始終不始終, 사제師弟의 원근불원근遠近不遠近[277]에 따라 『법화경』이 다른 경전과 다르다는 점을 피력하고 있는데, 이것에 주목할 필요가 있다.

첫 번째, 근성根性의 융불융(融不融, 根性融不融相)은 『법화경』 이전의 부처님 교설은 가르침을 받는 제자들의 근성(根機를 말함)이 예리하지 못하므로 불융不融이었으나, 법화에 이르면, 즉 『법화경』의 가르침을 듣는 제자의 근기는 조숙하여 법화일승의 가르침을 들어도 감당할 수 있어서 융融이라는 것[278]이다.

두 번째, 화도化道의 시종불시종(始終不始終, 化道始終不始終相)은 법화 이전의 가르침은 때와 사람의 근기에 맞춰 설한 가르침이므로 불시종不始終이지만, 『법화경』의 가르침은 일대 교법의 시종始終을 밝힌다는 것, 즉 처음에는 교묘하게 중생을 위해 돈·점·부정·비밀·현로顯露의 종자를 심는 것을 밝히고, 중간에는 돈점오미頓漸五味로 조복하고 증장하며 성숙시키는 것을 밝히며, 또한 돈점오미로써 제도하여 해탈케 하는 것을 밝힌다는 것[279]이다.

세 번째, 사제師弟의 원근불원근(遠近不遠近, 師弟遠近不遠近相)은 법화 이전의 가르침에서는 금세에 수행을 해서 부처님과 그의 제자가 성불하는 것으로 나타나고 있으나, 『법화경』의 가르침에서는 부처님과 그의 제자가 이미 성불하였고, 그의 성문 제자는 교화를 위해서 성문의 모습으로 나타난다는 것[280]이다.

이것을 보더라도 지의는 『법화경』의 가르침을 중점으로 삼고 있다는 것을 알 수 있고, 그런 점에서 『법화경』의 가르침에 중점을 둔 것이 천태 교판의 교육목적이라고 볼 수 있는 것이다.

(2) 교판의 전개: 5시 8교의 교육과정

중국에 불교가 전래한 이후 역경승譯經僧들에 의해 여러 가지 경전이 번역되어 소개[281]되고 유통되었으나 경전들이 체계적으로 구분이 되고 정리가 되지 못하는 문제점이 노출되었는데, 이러한 문제점을 시정하기 위해 양자강을 중심으로 남쪽과 북쪽에서 각각 교판이 세워졌다.

양자강 남쪽에서는 돈교와 점교와 부정교를 교판론으로 내세웠는데, 허구산盧丘山의 급岌은 점교를 3가지로 구분하였고, 종애 법사와 장엄사 승민은 점교를 4가지로 구분하였으며, 정림사 승유와 사사謝寺 혜차와 도량사 혜관과 개선사 지장, 그리고 광택사 법운 등은 점교를 5가지로 구분[282]하였다. 이 가운데 점교를 5가지로 구분하고 있는 것을 살펴보면, 유상교有相教·무상교無相教·포폄억양교褒貶抑揚教·동귀교同歸教·상주교常住教이다. 유상교는 유루有漏인 유有를 통해서 무루無漏의 진리에 도달하는 가르침이고, 무상교는 현상계가 공空임을 깨닫고 진리에 도달하는 가르침이며, 포폄억양교는 소승을 꾸짖고 대승을 찬양하는 가르침이고, 동귀교는 부처님의 가르침은 모두 일승一乘으로 돌아간다는 가르침이며, 상주교는 모든 중생은 불성이 있어서 성불한다는 가르침이다.[283] 한편, 양자강 북쪽에서는 1종, 2종, 4종, 5종, 6종으로 구분하고[284] 있다. 이들 양자강 남쪽과 북쪽의 교판도 교육과정이라고 할 수 있다. 비록 지의의 교판과 다를지라도 나름대로 교육내용인 부처님의 가르침에 대한 구분을 하고 있기 때문이다.

수나라 양제 때 지의는 이상 기술한 남南3 북北7의 교판을 비판하며 이에 대한 문제점을 인식하고, 부처님의 가르침 가운데 『법화경』의 사상을 중심으로 체계화하였으니, 이것이 천태天台의 교판教判이다. 즉 그는 교육과정을 세우고 체계화한 것이다. 그는 『사교의』를 시작하는 글에서 예전의 교판과 다르게 교판을 세웠다는 것을 다음과 같이 기술하고 있다. "그렇기 때문에 요즘 모든 스승들이 각자 교리를 해석하고 있으나 지금 세운 사교의의 뜻은 예전과 다르다."[285]

지의는 사교四教에 대해 네 가지로 분류한다. 즉 "사교는 첫째는 삼장교三藏教, 둘째는 통교通教, 셋째는 별교別教, 넷째는 원교圓教"[286]라는 것이다. 그리고는 사교의 가르침[教]은 세 가지 교화의 의미가 있다고 지의는 설명한다.

"가르침을 굴려 교화하는 데에는 세 가지 의미가 있다. 첫 번째는 악惡이 선善이 되도록 법륜을 굴리는 것이다. 두 번째는 미혹함이 깨달음이 되도록 법륜을 굴리는 것이다. 세 번째는 범부 중생이 성인이 되도록 법륜을 굴리는 것이다."[287]

이것은 달리 표현하면 지의가 세운 교판[교육과정이기도 함]의 취지를 언급하고 있는 것이라고 하겠다.

그런 다음에 지의는 삼장三藏에 대해 "제일 먼저 삼장교의 이름을 해석하겠다. 이 삼장교는 [제법의] 인연생멸을 밝히는 사성제의 교리이다."[288]라고 설명하고 있다. 또한 그는 삼장이란 수다라장修多羅藏, 비니장毘尼藏, 아비담장阿毘曇藏이라고 설명하고[289] 있는데, 이 장교에 대한 설명이 너무 길어서 여기서는 생략하기로 하겠다.

그 다음 통교에 대해서는 [성문·연각·보살의] 삼승이 동품同稟이어서 통교인데, 성문·연각·보살 모두 반야를 배워야 한다[290]는 것이다. 지의는 통교를 언급하면서 반야를 배워야 한다며 3승을 회통시키고 있는데, 여덟 가지 통通[291]으로 나열하여 설명하는 가운데 회통의 특성이 나타나고 있다. 두 가지 예[292]를 들면, 지의는 치우친 진리[偏眞]를 똑같다고 보고 있는데, 그는 이와 같은 견해를 이통理通이라는 것이다. 또한 지의는 수행과 관련된 위통位通을 말하면서 건혜지로부터 벽지불의 수행위가 모두 같다고 보고 있다.

그 다음 지의는 별교에 대해서 함께하지 않는 것이 별別이라고 하면서 이승인二乘人과 함께하지 않는 것이 별교[293]라는 것이다. 그는 '공空'과 '유有'의 두 가지 측면을 떠난 별개의 원리인 중도中道를 말하고 있는 것[294]이다. 그리고 이어서 지의는 통교와 마찬가지로 별교를 말할 때 많은 길[뜻]이 있으나 이것을 생략하면 여덟 가지 뜻이 있다고 밝히고 있다.

첫째는 가르침의 별別, 둘째는 이치의 별別, 셋째는 지혜의 별別, 넷째는 끊음의 별別, 다섯째는 행行의 별別, 여섯째는 위치의 별別, 일곱째는 인연의 별別, 여덟째는 과보의 별別이라는 것²⁹⁵이다. 이 여덟 가지 별교 가운데 세 가지를 살펴보면, 행의 별別, 즉 행교行敎는 모래 수 겁과 같이 닦은 보살이 자행화타自行化他〔自利利他〕의 수행을 별스럽게 나타냄을 말하는 것²⁹⁶이라는 것이다. 그리고 인별因別이라는 것은 무애금강無碍金剛의 인연이고, 과별果別이라는 것은 해탈解脫 열반涅槃 4덕四德이 이승과 다름을 말한다는 것²⁹⁷이다. 그러면서 지의 는 『대지도론』을 인용하면서 이승인과 함께하지 않는 반야에 대해 언급하고²⁹⁸ 있다. 이것을 보더라도 지의는 성문·연각 이승이 아닌 보살이 수행하는 반야로 회통시키고 있음을 알 수 있다.

그 다음 원교에 대해서 지의는 "원圓은 치우치지〔偏〕 않음으로 뜻을 삼으며, 이 원교는 부사의인연이라는 것이다. 그리고 〔속제俗諦 진제眞 諦의〕 2제二諦 중도 사리구족事理具足으로 치우치지도 않고 별스럽지 도 않다는 것이다. 다만 가장 상근기의 사람을 교화하므로 원교라고 명명한다는 것"²⁹⁹이다. 그리고 지의는 마찬가지로 원교를 여덟 가지로 기술하고 있는데, "원圓이라고 말하는 것은 첫째는 교원敎圓, 둘째는 이원理圓, 셋째는 지원智圓, 넷째는 단원斷圓, 다섯째는 행원行圓, 여섯 째는 위원位圓, 일곱째는 인원因圓, 여덟째는 과원果圓 등이 있다"³⁰⁰는 것이다.

이 여덟 가지 원교에 관한 설명에서 원교에 대해 집약적으로 설명한 것은 교원과 이원과 지원에 나타난다. 그는 "교원이란 바르게 중도를 설함으로 한쪽으로 치우치지 않음을 말하는 것이다. 이원이란 중도인 일체법의 리理, 즉 본체가 한쪽으로 치우치지 않음을 말한다. 지원이란 일체 여러 가지 지智가 원만함이다. 단원이란 부단不斷의 무명의 미혹됨을 끊는 것이다. 행원이란 하나의 행, 일체의 행은 대승 원圓의 인연이고, 열반 원圓의 과果가 된다. 즉 인과가 구족하여 결함이 없다. 이것이 일행一行 일체행一切行이다."[301]라고 설명하고 있는데, 원교란 치우치지 않은 중도원만中道圓滿이라는 것이다. 즉 그는 부처님의 가르침 중 가장 수승한 가르침으로 원교를 말하면서 원만하다는 뜻으로 설명하고 있는 것[302]이다.

이상 장교·통교·별교·원교 등 4교, 즉 화법사교化法四教에 대해 살펴보았다. 나머지 5시와 화의사교化義四教에 대해서 지의는 『법화현의』 제10권에서 교상教相을 다섯 가지로 나누는 가운데[303] 다섯 번째 판교상判教相에서 5시에 대해 다음과 같이 설명한다.

"화엄을 설할 때 범부의 견사見思로는 알지 못한다. 그러므로 유乳와 같다고 말한다. 삼장을 설할 때 견사의 미혹을 끊는다. 그러므로 락酪과 같다고 말한다. 방등시에 이르러서는 마음이 꺾이어 절복하려고 하지만 부끄러운 단계라서 지극한 진제의 경지를 말하지 못한다. 그러므로 생소生蘇와 같다. 반야시에 이르러서는 가르침을 깨닫고 법을 알게 되니 숙소熟蘇와 같다. 법화시에 이르러 무명을 깨뜨리고 불지견을 열어 수기를 받고 성불하게 되니 마음이 청정하게 된다. 그러므로 제호醍醐와 같다."[304]

지의는 『법화현의』에서 부처님의 가르침을 화엄시, 삼장시(즉 아함시), 방등시, 반야시, 법화시로 나누고 각각 유乳, 락酪, 생소生蘇, 숙소熟蘇, 제호醍醐의 5미五味로 설명하고 있다. 그리고 화의사교에 대해서 지의는 『법화현의』 제10권 5 판교상에서 "대강은 세 가지인데 첫째는 돈이고, 둘째는 점이며, 셋째는 부정이다. 이 세 가지의 명칭은 예전 것과 같으나 뜻은 다르다. 지금 이 3교를 해석하면 각각 두 가지로 해석하게 된다. 하나는 교문에 따라 해석하는 것이고, 둘은 관문에 따라 해석하는 것이다."[305]라고 하여 돈교·점교·부정교에 대해 설명하고 있으며, 나머지 비밀교에 대해서는 『법화현의』 제1권에서 "비록 부처님의 교설이 매우 많더라도 또한 점·돈·부정·비밀을 벗어나지 못한다."라고[306] 함으로써 비밀교에 대해 언급하고 있다.

한편, 고려의 제관諦觀은 지의의 『사교의』가 12권으로 되어 있는 데 비해서 아주 짧은 분량으로 이것에 대한 해석인『천태사교의天台四敎義』에서 부처님의 가르침을 생애의 연대별로 5시時, 즉 다섯 시점으로 구분하였을 뿐만 아니라 가르침의 쉽고 어려움의 단계에 따라 8교敎, 즉 여덟 가지로 구분하기도 하였다.

제관의 『천태사교의』에서는 부처님이 전 생애에 걸쳐 설법한 가르침 가운데 최상의 가르침을 『화엄경』으로 보았는데, 부처님이 최상의 가르침인 『화엄경』의 내용을 이해하지 못하는 사람들을 위해 아함, 방등, 반야, 법화·열반의 다섯 가지 시기로 생애에 걸쳐 설했다는 것[307]이다. 그리고 『천태사교의』에서는 부처님의 가르침을 돈교頓敎·점교漸敎·부정교否定敎·비밀교秘密敎 등 네 가지로 구분하였는데, 이 것은 화의사교化儀四敎이다.[308] 여기서 돈교[309]는 자내증自內證의 경지를 표현한 『화엄경』의 가르침을 가리키며, 점교[310]는 점진적인 가르침인 아함, 방등, 반야, 법화·열반의 가르침을 가리킨다. 그리고 부정교[311]는 돈교와 점교의 가르침을 병행하는 가르침을 가리키며, 나머지 비밀교는 돈교와 점교의 가르침을 병행해서 설법을 하지만 설법을 듣는 사람이 모르게 하는 경우를 가리킨다. 또한 『천태사교의』에서는 부처님의 가르침을 장교藏敎·통교通敎·별교別敎·원교圓敎의 네 가지로 구분하였는데, 여기서 장교란 소승의 가르침을 가리키고, 통교는 초기 대승의 가르침을 가리키며, 별교는 이승二乘도 아니고 원교圓敎도 아닌 보살을 위한 가르침을 가리키고, 원교는 가장 수승한 가르침을 가리킨다는 것이다.

여기서 필자는 지의의 『사교의』와 제관의 『천태사교의』에 대해 서로 비교해서 우열 또는 장점과 단점 등을 자세하게 논하지 않겠다. 왜냐하면 이 글은 교학에 관한 연구가 아니라 교육과정의 측면에서 천태의 교판을 살펴보는 연구이기 때문이다.

현대 교육과정의 측면에서 보면, 부처님의 생애를 시기별로 화엄시, 녹원시, 방등시, 반야시, 법화·열반시의 다섯 시기로 구분하는 5시는 교육과정으로 볼 수 있다. 왜냐하면 부처님이 교육목적인 깨달음, 즉 『화엄경』의 자내증의 경지를 이해하지 못하는 불교적 학생이라고 할 수 있는 출가 제자들을 위해 녹원시로부터 시작을 해서 방등시, 반야시, 법화·열반시의 순서로 교육내용인 법을 설했다고 보고 있기 때문이다.

그러나 이와 같은 5시는 5시만 따로 떼어내어 교판을 이해하는 것보다 8교인 화의사교·화법사교와 함께 이해할 때 천태 교판이 갖는 교육과정의 특성에 대한 심층적인 이해와 해석이 가능하다. 그러므로 부처님이 설한 가르침을 형식과 내용에 따라 구분한 화의사교와 화법사교 등과 함께 5시를 살펴보도록 하겠다.

그러면 화의사교부터 살펴보도록 하자. 화의사교는 부처님이 대중을 교화하고 인도하는 방식을 점교·돈교·부정교·비밀교 등 네 가지로 구분한 것이라고 한다. 즉 부처님이 설법 대중의 근기, 즉 능력·소질 등을 고려하여 네 가지 형식으로 설법 교화를 하였는데, 그것이 각각 점교·돈교·부정교·비밀교라는 것이다. 달리 표현하면, 부처님의 교육의 방법을 네 가지로 분류한 것[312]이다.

여기서 점교는 부처님이 깨달은 자내증의 진리를 이해할 수 없는 자를 유인하는 방편시설方便施設이라는 것[313]이다. 아함, 방등, 반야의 3시가 이에 속한다.[314] 돈교는 부처님이 자신이 깨달은 것을 그대로 설한 것[315]을 가리킨다. 제1 화엄시가 이에 속한다.[316] 비밀교는 부처님이 근기가 높은 사람을 위해서는 돈교를 설하고, 근기가 낮은 사람을 위해서는 점교를 설하나 듣는 대중은 이러한 사실을 모른다는 것[317]을 의미한다. 화엄시. 녹원시, 방등시, 반야시가 이에 속한다.[318] 부정교는 화엄시, 녹원시, 방등시, 반야시가 이에 속한다고 한다.

이상에서 살펴본 화의사교의 네 가지 형식도 각각 교육과정(Curriculum)으로 볼 수 있는데, 그것은 부처님이 설법한 방법과 그 특성에 따라 가르침을 점교·돈교·부정교·비밀교 등 네 가지로 나누고 있고, 이들 각각 나름대로 특색 있는 불교적 인간 형성의 길을 교육목표로 제시하고 있기 때문이다. 그러므로 각각 점교의 교육과정, 돈교의 교육과정, 부정교의 교육과정, 비밀교의 교육과정이라고 표현할 수 있다.

현대 교육과정의 이론에서 교육과정의 목적을 어디에 두느냐에 따라 교육과정의 계획과 교육 현장에서의 교육 실천방법 등이 달라지게 된다. 예를 들면, 오직 학생들에게 지식을 전달하는 것에만 초점을 두게 되면 지식 위주의 교육과정이 짜여 교육 실천되며, 그것이 아니라 학생이 교육을 통해서 성취하는 경험에 교육과정의 초점을 두게 되면 경험 중심 교육과정이 짜여 교육 현장에서 실천하게 된다. 이와 마찬가지로 돈교는 돈교의 특성과 돈교의 수행방법 등에 따라 돈교의 교육과정을 짜고 실천할 수 있으므로 돈교의 교육과정이라고 말할 수 있고, 나머지 점교, 부정교, 비밀교 등도 각각의 특성과 수행방법에 따라 교육과정을 짜서 교육 현장에서 실천할 수 있으므로 각각 점교의 교육과정, 부정교의 교육과정, 비밀교의 교육과정이라고 말할 수 있는 것이다. 그리고 크게 볼 때는 이들을 포함하는 화의사교를 화의사교의 교육과정이라고 말할 수 있다.

한편, 화법사교는 앞에서 『사교의』를 논하면서 이미 자세한 설명을 했기 때문에 여기에서는 생략하겠다. 이미 살펴봤듯이 화법사교에서 장교란 소승의 가르침이고, 통교는 초기 대승의 가르침이며, 별교는 이승二乘도 아니고 원교圓敎도 아닌 보살을 위한 가르침이고, 원교는 가장 수승한 가르침이다. 화법사교에서 지의는 장교·통교·별교·원교 등 네 가지로서 부처님이 설법한 내용을 구분하고 있다.

화법사교도 화의사교와 마찬가지로 교육과정이라고 할 수 있는데, 그것은 교설 내용의 심천深淺에 따라 장교의 교육과정, 통교의 교육과정, 별교의 교육과정, 원교의 교육과정으로 나누어짐으로써 각각의 교육과정이 계획되고 교육 현장에서 실천될 수 있기 때문이다.

3) 지의 교판의 특성: 회통적 교육과정

천태의 5시 8교 교판이 비록 대승불교의 입장에서 『법화경』을 중심에 두고 짜였지만 지의가 3종三種의 교상教相〔三種教相〕에서 교설 간의 회통을 하고자 노력했음을 알 수 있다. 관구진대 박사는 지의 교판의 이러한 특성을 다종다양한 경론의 내용을 일음一音, 즉 일불소설一佛所說의 측면에서 보는 입장, 다시 말해 교설의 내용 사이에 우열과 차별로 논하는 것을 강하게 부정하는 사상[319]으로 보고 있다.

회통의 근거를 살펴보면, 전통적으로는 5시에서 화엄시의 『화엄경』만을 돈교라고 보았는데도 불구하고 지의는 『법화현의』에서 다음과 같이 『화엄경』 이외에 『정명경淨名經』·『대품반야경大品般若經』·『법화경』·『열반경』 등의 경전을 예로 들면서 돈교상頓教相, 즉 돈교라고 지칭하고 있기 때문이다.

먼저 교에 따르면 화엄의 칠처팔회七處八會 설과 같으니, 비유하면 해가 떠서 먼저 높은 산을 비추는 것이다. 『정명경』 가운데 오직 담복을 맡을 뿐이요, 『대품반야경』 가운데 불공반야不共般若를 설한 것이며, 『법화경』에서 이르기를, "단지 무상도無上道만을 설한다."라고 하고, 또 "처음에 내 몸을 보고 내가 설하는 것을 듣고 모두 믿으면 여래의 지혜에 들어간다."라고 하며, "만약 중생을 만나면 불도를 다 가르치겠다."라고 하는 것이다. 『열반경』 제27권에 이르기를, "설산에 인욕초라는 풀이 있는데, 만약 소가 먹으면 제호를 얻는다."라고 하는 것이고, 또 이르기를, "내가 성불하였을 때 수많은 보살이 와서 이 뜻을 물으니 그대들과 같아 다름이 없다."라고 하는 것이다. 여러 대승경전에 이와 같은 뜻의 유사한 예는 모두 돈교상頓教相이고 돈교부頓教部는 아니다.[320]

그리고 다음 인용을 보면, 지의는 마찬가지로 『법화현의』에서 불佛로부터 십이부경十二部經, 십이부경으로부터 수다라修多羅, 수다라로부터 방등경方等經, 방등경으로부터 반야般若, 반야로부터 열반이 나오는 것이 점교상漸教相이고, 또한 처음 인천人天으로부터 이승二乘·보살菩薩·불도佛道에 이르는 것도 점교상이며, 또한 중간에 차례로 들어가는 것도 점교상이라 하고 있다.[321] 『열반경』 제30권에 이르는 것과 같이 부처님으로부터 십이부경이 나오고, 십이부경에서 수다라가 나오며, 수다라에서 방등경이 나오고, 방등경에서 반야가 나오며, 반야에서 열반이 나온다고 하니, 이와 같이 뜻이 점교상이다. 또 처음 인천人天으로부터 이승·보살·불도에 이르는 것도 역시 점교상이다. 또 중간에 차례로 들어가는 것도 역시 점교상이다.[322]

기존 교판에서는 5시 가운데 화엄시인 돈교頓教와 부정교不定教를 제외하고 점교라고 본 반면 지의는 대승경전을 모두 점교라고 보고 있는데, 이는 지의의 교판이 기존의 것에서 벗어난 특성을 지닌 것이라고 하겠다.

그리고 지의는 부정교상不定教相에 대해 『법화현의』에서 『대반열반경』 27권을 예로 들며 길게 설명하고 있는데, 여기서는 요점만 기술하도록 한다. 그에 의하면 부정교는 따로 정해진 법이 있는 것이 아니라 돈점頓漸에 따라 있는 것이라는 것이다. 즉 그는 우유를 독毒에 넣으면 살인할 수 있는 것을 비유로 들면서 이렇게 함으로써 번뇌를 끊는

224

것이라 한 것[323]이다. 번뇌를 끊는 것을 독을 탄 우유에 비유한 발상이 특이한데, 지의는 이 비유를 유乳, 락酪, 생소生蘇, 숙소熟蘇, 제호醍醐 등의 수행계위修行階位와 함께 설명하고 있다.

이상에서 살펴본 내용을 정리하면, 지의는 돈교의 경우 『화엄경』만이 돈교가 아니라 다른 경전들도 포함시키고 있고, 점교의 경우에는 모든 경전이 점교의 의미를 가지고 있다고 보고 있으며, 부정교의 경우에는 정해진 법이 따로 있는 것이 아니라고 설명하고 있다. 그러므로 지의는 화엄을 정점으로 하여 모든 경전을 회통시키고 있는 것이다. 필자는 이러한 지의의 3종교상을 회통적 교육과정이라고 명명하고자 한다.

2. 천태 교판에 대한 교육과정의 재개념주의적 이해

지금부터는 이와 같이 회통적 교육과정으로 볼 수 있는 천태의 교판에 대해 'Kehre', 즉 전회轉回의 개념에서 살펴보고자 한다. 'Kehre', 즉 전회의 개념[324]은 하이데거(Heidegger)가 언급한 개념으로서 도약(leap), 전환(reversal)의 의미를 갖는다. 그만큼 천태의 교판은 전회의 특성을 띠기 때문이다.

지의 이전 남3 북7의 교판이 지의에 의해 많은 비판을 받았지만, 지의의 교판도 이 남3 북7의 교판을 참고하여 탄생한 것이므로 남3 북7의 교판도 교육과정으로서 의의가 있다. 그러므로 교육과정의 흐름은 남3 북7의 교판 → 지의의 교판 → 천태사교의로 흘러갔다. 그런데 우리가 눈여겨봐야 할 것은 천태 교육과정의 흐름이 단순한 모습으로 흘러간 것 같지만 지의가 이해한 교판은 도약과 전환의 특성을 지닌 교육과정이었다는 점이다. 왜냐하면 앞에서 살펴보았듯이 기존 교판인 돈교·점교·부정교의 3종교상에 대해 지의는 회통적 교판을 주장하고 있기 때문이다.

지의는 기존의 것으로부터 벗어나서 획기적이라고 할 만한 발상의 전환을 하고 있다. 아함과 천태 교판과의 관계에서 보면, 전기 저작에서는 아함의 교설이 반야와 『대지도론』에서 간접 인용되고 있지만, 후기 저작인 『법화삼대부』나 『유마경소』에서는 아함을 가지고 천태 교판의 기초로 삼고 있기[325] 때문이다. 그런 점에서 지의는 매우 훌륭한 교육과정 설계자라고 할 수 있다.

그렇기는 하지만 필자는 여기에서 한걸음 더 나아가는 모습을 지의의 교판, 즉 교육과정에서 보고 싶다. 그것은 초기불교의 관점에서 천태의 교판을 들여다볼 필요가 있다는 것이다.

초기불교의 가르침은 주지하다시피 19세기말 이후 현재까지 인도와 스리랑카에 온 영국의 리스 데이비즈(Rhys Davids) 박사 부부를 비롯한 학자들에 의해 영어로 번역되고 연구되어 알려진 후, 초기불교는 이제 전 세계적으로 관심의 대상이 된 지 오래되었다. 그러므로 초기불교는 더 이상 과거 인도 대승불교 시대와 동아시아 불교 전통에서 소승이라고 불리며 폄하되었던 교학체계가 아니다. 각묵 스님이 주장하듯이, 초기불교는 불교의 시작점이고, 불교 만대의 기준이고 표준이며 잣대이다.[326]

필자는 과거 인도와 중국 등지에서 초기불교와 부파불교의 교학을 소승이라고 부르던 것을 과거 시대의 초기불교에 대한 개념(conception about Early Buddhism in the Past)이었다고 말하고자 하며, 반면에 현재 초기불교의 가르침이 역사적으로 증명이 되고 활발히 연구되는 상황을 현대 시대의 초기불교에 대한 재개념(reconception about Early Buddhism in the Present times)이라고 명명하고자 한다. 재개념이란 앞에서 언급했 듯이 과거 당연시 여기던 견해를 부정하면서 그 개념을 바로잡아 다시 개념화하는 것을 의미한다.

교육과정의 재개념주의의 입장에서 볼 때 아무리 지의가 남3 북7의 교판을 비판적으로 계승하여 교판을 잘 짰다고 하지만, 어디까지나 지의는 대승불교 『법화경』의 차원에서 교리를 배열하고 짰다는 점을 지적하고자 한다. 왜냐하면 지의는 『사교의』에서 뿐만 아니라 『법화경 현의』에서 3장교를 편협한 소승이라고 보고 있으며 대승의 법화를 제호醍醐로 비유하고 있기 때문이다. 그리고 비록 지의가 후기 시절 그의 『법화삼대부』나 『유마경소』의 저작에서 아함의 교설을 천태 교판의 기초로 삼았다고[327]는 하지만 천태 교판 가운데 5시를 보면 아함이 제1 하급단계에 위치하고 있는 것과 화법사교 가운데 저급의 단계인 장교에 배대해 있는 것은 부정할 수 없기 때문이다. 그러므로 지의가 천태의 교판을 계획하는 데 있어서 대승의 측면에서 교판을 짰다는 점에 문제가 있다는 점[328]을 언급하고자 한다. 물론 지의가 활동하던 시대는 지금처럼 교통과 통신의 발달로 지식정보를 상호간에 교류하던 시대가 아니었으므로 초기불교의 가르침이 불교의 시작점이 고 표준이고 잣대라는 사실을 알 수도 없었을 뿐만 아니라, 중국에 전해진 대다수의 불교 경전들이 대승불교 경전이었다는 점에서 지의가 대승불교의 관점에서 아함을 아래의 위치에 두고 교판을 짜게 된

것은 어찌 보면 너무나 당연하다고 하겠다.

그렇기는 하지만 지의의 교판을 살펴보면 큰 틀에서 볼 때는 부처님의 가르침을 부처님의 생애의 연대별로 배대함으로써 높고 낮음의 수직적 측면에서 짠 점이 보이고, 세부적으로 볼 때는 부처님의 가르침을 법화를 중심으로 반야와 화엄을 절충한 형태로 짠 것으로 보인다. 다시 말하면 천태의 5시 8교는 철저하게 대승불교적으로 짠 교판인 것이다.

그러므로 필자는 이 글에서 대승불교의 뿌리가 되는 초기불교와 비교함으로써 천태의 5시 8교는 이해되고 연구될 필요도 있다는 것을 주장하고자 한다. 그렇게 함으로써 천태의 5시 8교에 대한 교육과정의 재개념주의적 이해와 함께 해석이 가능하게 될 것이다.

3. 5시 8교에 대한 해석과 과제

천태의 교판에서 『법화경』을 빼놓고 다룬다는 것은 어불성설이다. 어찌 보면 『법화경』을 중심으로 천태의 교판을 만들었다고 봐도 과언이 아니다. 필자는 『법화경』 가운데 방편품에서 부처님이 설한 묘법妙法을 이해하지 못하고 증상만增上慢 비구 등 5,000명이 자리에서 일어난 내용[329]에 주목하고자 한다.

경전을 해석하는 해석학적 방법에 의해 이 내용을 해석해 보자. 대승불교 경전 가운데 『법화경』의 경우에는 인도에서 기원후 2세기경 불탑을 중심으로 모인 보살중菩薩衆을 중심으로 전개된 신행운동의 형태와 당시 사회·문화 등이 반영되었다고 볼 수 있는데, 정통성의 특성이 있는 초기불교 계통의 비구 대중을 "죄의 뿌리가 깊고 잘난 체하며 얻지 못한 것을 얻었다고 하고, 깨닫지 못한 것을 깨달았다."[330] 라고 기술함으로써 당시 『법화경』 신앙 보살중과 초기불교 계통의 비구 대중의 대립이 있었음을 묘사하고 있는 것으로 해석하는 것이 가능하다.

부처님 재세 시의 사진도 없고 영상도 없어서 부처님이 『법화경』의 방편품의 내용처럼 실제로 말씀하셨는지 확인할 방법은 없다. 다만 이상의 해석에 의해 볼 때 초기불교의 가르침을 신봉하고 수행하는 비구들의 집단이 『법화경』의 가르침이 유행할 때 세력을 지니고 존재했었고, 대승인 『법화경』의 가르침을 따르는 보살중인 법화 수행자들과 갈등이 있었다고 유추해 볼 수는 있다. 그러나 이와 다르게 볼 수도 있다. 비구 대중이 초기불교의 가르침과 부파불교의 가르침만 믿고 수행함으로써 일반 대중들이 바라는 것과는 괴리乖離된 신행의 모습을 보인 측면이 있었으므로 증상만이라고 표현되었다고 볼 수 있고, 보다 구체적으로는 비구 대중이 얻지 못한 것을 얻었다고 하고, 깨닫지 못한 것을 깨달았다고 할 수 있어서 이와 같이 표현되었다고 볼 수 있다.

어찌됐든 그렇다고 하더라도 현재의 시각에서 볼 때 천태의 교판에서 초기불교 교리인 아함을 가르침의 저급 단계인 제1단계에 놓고, 마찬가지로 제1단계인 장교에 아함을 둔 것을 당연시해서는 안 될 것이다. 대승불교가 중심인 동아시아의 불교권에서 오랜 세월 동안 아함의 가르침은 관심의 대상에서 멀어졌기 때문에 이제는 관심을 가지고 비록 제자리로 원래의 위치로 되돌려 놓기는 어렵지만 재해석을 할 필요가 있는 것이다.

　초기불교 교학을 대표하는 아함은 천태 교판의 배열에 나타나 있듯이 아래 단계의 교학이 아니다. 아함의 교설에는 온蘊·처處·계界·근根·제諦·연緣·37조도품으로 정리되는 초기불교의 교학 및 수행체계[331]가 근간을 이루고 있다. 그리고 이와 같은 초기불교의 교설은 대승불교 교설의 근간을 이루면서 경전에 계속적으로 반영되어 나타나고 있다. 그러므로 아함의 교설은 천태 교판에서의 방등, 반야, 법화·열반, 화엄의 교설과 부처님의 생애를 중심으로 한 연대별 연결구조 및 교설의 심천深淺 구조에서 다루어지고 있으나 이와 같이 다루어져서는 안 될 것이다. 오히려 아함은 이들 나머지 대승불교의 교설들과 시대별 교리 발달의 연결구조에서 다루거나 봐야 할 것이다. 그러므로 섣불리 판단을 할 수는 없지만 교설의 전개는 다음과 같은 그림으로 표현할 수 있다.

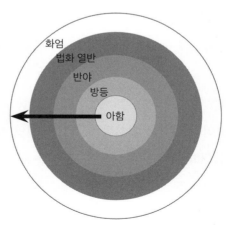

〈교설의 변천·전개도〉

이 그림은 초기불교의 아함으로부터 대승불교의 방등, 반야, 법화·
열반, 화엄의 가르침에 이르기까지, 아함의 교설이 시대에 따라 변용變
容되어 반영됨으로써 전개된 구조, 즉 역사적 변천에 따른 불교 교리
발달의 구조라고 하겠다. 필자는 이와 같은 구조를 아함이 중핵이
되어 교설이 발전한 초기불교 중심의 중핵 교육과정이라고 표현하고자
한다.

그러나 지의는 이상과 같은 도식처럼 부처님의 가르침을 이해하지
않고, 법화개현法華開顯에 의해 구경의 목적이기도 하고 교육과정의
목적이기도 한 『화엄경』에서 추구하는 깨달음에 이르는 것을 최상의
교육목적(교육과 수행의 목적)으로 두고 있다. 그러므로 지의는 화엄을
최상의 위치에 두고, 아함을 아래 단계에 두면서 화엄 ← 법화·열반
← 반야 ← 방등 ← 아함의 순서로 부처님의 가르침을 이해하고 있었다.

지의는 『사교의』에서 경·율·론을 삼장의 가르침이라고 하면서 삼
장이 소승에 속한다고 기술하고 있는데,[332] 그는 이어서 사람이 법을
수행하는 것도 눈앞의 길을 본 연후에 발을 디디는 것과 같다고 하는
비유를 들고 있다.[333] 그러면서 그는 『대지도론』을 인용하면서 계·정·
혜를 논하고 있기는 하지만 이것은 대승 위주로 계·정·혜를 논하고
있는 것이다.

그런데 지의가 전기 저작과 달리 후기 저작에서 『아함경』을 많이
인용하고 있기 때문에 아함의 교설이 그의 교판에서 확고한 위치를
차지하고 있다는 주장이 있다.[334] 즉 지의의 저작은 전기와 후기로
나뉘는데, 후기 저작에서 지의는 전기 저작에서와는 다르게 『법화문
구』의 4종석四種釋 가운데 장교석藏敎釋에서 많은 비중을 차지할 정도

로 대부분 아함의 교설을 인용하고 있다.[335] 또한 지의는 『법화현의』에서 장교의 해석 시에 아함의 교설을 많이 인용하고 있다.[336]

그러나 지의의 후기 저작에서 아함의 교설이 많이 인용되었다고 해서 지의가 아함 교설의 입장에서 천태 교판을 짠 것은 아니다. 지의가 장교를 해석하면서 아함의 내용을 많이 인용하고 있다고 하더라도 그는 어디까지나 대승의 견지에서 아함을 인용하고 있는 것이다. 다만 지의가 후기 저작에 이르러 아함을 직접 인용하고 있다는 점은 주목할 필요가 있다. 이것은 천태 교판에 관한 이해와 해석에 있어서 교설 발달에 대한 역사적 이해가 필요하다는 필자의 주장에 당위성을 부여할 수 있게 한다. 달리 표현하면, 초기불교의 아함 교설이 대승불교 교설에 변용되어 반영되었음을 의미하는 것이고, 이와 같은 대승불교의 교설에 대해 지의에 의해 이루어진 교판의 작업에도 아함이 차지하는 몫이 클 수밖에 없었다는 것을 의미한다.

필자는 대승 위주로 아함의 교설뿐만 아니라 방등, 반야, 화엄 등의 교설을 회통하고자 노력한 지의를 높이 평가한다. 그러나 현시점에서 필요하며 제안하고자 하는 것은 지의의 교판에 아함이 반영되어 있다는 차원에서 한 걸음 더 나아가 초기불교 교설인 아함을 중핵으로 하여 교설이 역사적 발전을 했다는 것에 대한 역사적 인식이다. 이것이 무엇을 의미하는 것인가 하면, 앞으로 지의의 교판에 대한 이해와 해석에 있어서 과거 인도에서 이루어진 교설의 역사적 전개를 염두에 두고 진행하는 것이 필요하다는 점이다.

교판을 현시대에 맞게 새롭게 짜야 한다는 주장[337]도 있지만 지의의 교판에도 엄밀히 당시 역사적 배경이 담겨 있기 때문에 그럴 필요도 없고, 그래서도 안 된다. 오히려 그보다는 이상과 같은 형태로 인도에서 교리 발달이 이루어졌다는 역사적 인식과 함께 5시와 8교에서 부처님의 말씀이 어떻게 수용되고 변용되었는지 살펴보는 작업이 필요하다고 본다.

4. 천태 교판의 교육과정으로서의 의의와 전망

천태 지의는 중국에 불교가 전래한 후 경전에 관한 번역의 시대를 거쳐 부처님의 가르침에 대한 여러 가지 교판에 관한 학설이 있는 가운데 이들을 비판적으로 수용해서 분류를 하고 체계를 세웠다는 점에서 그가 중국불교사에서 차지하는 몫이 크다고 할 수 있다.

그가 세운 교판은 부처님의 가르침에 대한 분류 및 체계화에만 그 의의가 있는 것이 아니라 교육의 측면에서 볼 때 교육과정 (Curriculum)으로서도 갖는 의의가 있다고 볼 수 있다. 왜냐하면 지의는 교육목적인 깨달음에 도달하는 방법으로 형식과 내용에 따라 화의사교와 화법사교 등 8 가지로 분류하고 체계를 세워, 불교적 교사와 불교적 학생들[교단敎團의 승가중僧伽衆]에게 교육내용으로서 교육과 수행의 길을 제시했기 때문이다. 그러므로 크게 볼 때 천태의 교판은 천태의 교육과정이라고 말할 수 있고, 세부적으로 볼 때 화의사교의 교육과정과 화법사교의 교육과정이라고 말할 수 있다. 단적으로 말해서 천태의 교판은 불교교학 가운데 보기 드물게 불교교육 가운데 교육과정의 전형적인 모습을 나타내고 있어서 주목된다.

그런데 지의의 교판은 비록 대승 가운데 법화개현, 법화일승을 중심으로 하는 교판이기는 하지만, 교설간의 회통이라고 하는 획기적인 특성을 띠고 있다는 점에서, 필자는 이와 같은 특성을 띤 지의의 교판을 'kehre', 즉 전회轉回의 특성을 띤 교육과정이라고 명명하고자 한다. 그러나 아쉬운 점은 역사성이 있는 초기불교 교설의 핵심인 아함을 그의 교판 가운데 5시와 8교의 화법사교에서 각각 맨 아래 단계에 배대하고 있을 뿐만 아니라 『사교의』 서문을 보면 소승이라고 폄하하기까지 하고 있다는 점이다.

초기불교 교설의 핵심인 아함은 더 이상 소승이라는 말을 들을 필요도 없다. 문헌학적 고증에 의해서 부처님의 친설에 가깝다고 증명이 되었기 때문이다.

필자는 천태 교판이 교판으로서 뿐만 아니라 교육과정으로서도 매우 훌륭하다고 본다. 그런데 여기서 간과해서는 안 될 것이 있다. 그것은 천태 교판의 이해에 있어서 초기불교의 아함을 중심으로 부처님의 교설이 발달하고 전개했다는 사실에 대한 선이해가 필요하다는 점이다.

필자는 이와 같이 초기불교를 중핵으로 하여 전개된 교리 발달에 대한 선이해와 함께 하는 천태의 교판에 대한 이해를 천태 교육과정의 재개념주의라고 부르고자 한다. 이와 같이 천태 교육과정의 재개념주의(Reconceptualism of Tian Tai's Curriculum)가 이해되고 실현될 때 천태의 교판과 천태의 교육과정에 대한 이해와 실천이 될 것이다.

10장

선禪의 교육과정 이론: 차세대 교육과정 이론

선禪은 교종教宗과 대비해 선종禪宗이라고도 불리어진다. 그런데 누군가는 선이면 선이지 선종이 무엇이냐고 말할지 모른다. 그러나 선이 세상에 남긴 족적과 그 영향을 보면 선종이라고 말하는 까닭을 수긍할 것이다. 왜냐하면 중국에서 교학이 지배적이었을 때 달마의 중국 도래로 선이 중국 대륙에 둥지를 틀었고, 달마를 초조로 하여 이후 6조 혜능 시대에 이르러 그 꽃을 피웠으며, 또한 이후 종파별로 5가五家 7종七宗이라고 하는 선의 황금시대를 거쳐 한국. 일본 등지에 각각 '간화선看話禪'과 '묵조선默照禪'이 전래하였기 때문이다. 그리고 선은 동아시아의 문화는 물론이고, 동아시아인들의 정신세계에 영향을 끼쳤기 때문이다.

선의 의의가 이와 같다면 지금부터 선의 특성과 함께 그 교육적 측면을 살펴보도록 하자. 선은 중국에 전래하면서 "불립문자不立文字,

직지인심直指人心, 견성성불見性成佛"을 캐치프레이즈로 내세우고 있다는 점에서 교학과는 본질적으로 그 성격이 완전히 다르다. 선에서는 더 이상 문자에 의존해서 수행을 하는 것이 아니라, 문자에 연연하지 않고 곧바로 자신의 마음을 닦아 성불하는 데 목적이 있다. 그러므로 교종과 다른 간화선이라는 독특한 수행법이 생긴 것은 당연하다고 말할 수 있다.

간화선에서는 조사별祖師別로 화두를 깨달음에 이르도록 하기 위한 공안公案으로 삼고 있는데, 스승이 제자를 깨달음으로 인도하기 위해 지도하는 교육방법이 남달랐다. 제자가 도달하고자 하는 목적지는 깨달음이지만 스승이 제자들을 가르치는 교육방법은 종파별로 다르게 나타났다. 깨달음의 문턱에 도달했으나 더 이상 진전을 하지 못하고 있는 제자들을 파격적인 지도로 이끄는 스승들이 있었는데, 임제와 덕산이 그들이다. 임제 스님의 경우에는 큰 소리로 제자를 지도하는 '할喝'의 교육방법으로 유명하였고, 덕산 스님은 몽둥이로 제자를 지도하는 '방棒'의 교육방법으로 유명하였다. '방'과 '할'의 교육방법은 구성주의 교육학에서 말하는 '근접발달영역(近接發達領域, Zone of Proximal Development)'과 '비계설정(飛階設定, scaffololding)'의 개념에서 유사한 점을 발견할 수 있다. '근접발달영역'은 학습자가 혼자 문제를 해결할 수 있는 현재의 인지영역에서 가장 가까이 있는 다음 단계의 잠재적 발달영역을 가리키며, '비계설정'은 학생이 근접발달영역에 들어갈 수 있도록 교사가 발판을 마련해 주는 것을 가리키고[338] 있기 때문이다. 제자가 조금만 더 가면 깨달을 수 있는데 그렇지 못하고 있을 때 스승인 선사가 '방'과 '할'의 독특한 교육방법으로 제자를 일깨워 주는 것과 함께 '줄탁동시啐啄同時'라고 하여 병아리가 세상 밖으로 나오려고 할 때 바깥에 있는 어미닭이 알을 쪼아주어 세상에 안전하게 나오게 하는 것처럼, 스승이 제때에 제자들을 일깨워 주는 교육방법이 근접발달영역과 비계설정의 개념에 해당한다고 하겠다. 다른 조사 스님들의 경우에도 정도의 차이가 있을 뿐 독특한 특성은 마찬가지였고, 이러한 특성은 제자들을 깨달음으로 이끌기 위한 교육방법이었다.

간화선의 파격적이고 독특한 수행과정은 현대사회에서 시사하는 바가 크다. 서구에서는 서양 철학자 가운데 질 들뢰즈의 경우 『무문관』의 44칙 '주장자 화두'를 그의 저서 『의미의 논리』에서 인용하고[339] 있다. 이 책에서 '이상한 나라의 엘리스'를 비롯하여 역설의 내용을 다루고 있는 질 들뢰즈가 중국 선종의 저서 『무문관』 가운데에서 주장자 화두를 인용하고 있는 것은 흥미로우면서도 그만큼 선종의 화두가 20세기 현대 철학에서도 차지하는 몫이 크다는 것을 확인하는 계기가 된다.

선이 추구하는 깨달음의 세계는 문자와 언어를 떠난 세계이다. 그러므로 문자와 언어를 떠난 세계라고 하는 말하는 순간 이미 선과는 본질적으로 다른 세계가 되어버리기에 역설적으로 말하거나 표현할 수밖에 없다. 선의 조사들이 구사하는 교육방법이 독특한 것도 이와 같이 선의 세계가 나타내고 있는 역설적 의미에서 기인한다고 보는 편이 맞다.

역설적 의미에서 수많은 교육방법이 나타날 수 있다는 점에서 선禪의 교육과정은 창의적 교육과정이라고 말할 수 있다. 선은 모방하지 않는다. 선은 매우 창조적이다. 그리고 선은 파격적이다. 교종教宗에서는 상상하지도 못한 모습들이 선에서는 그려진다. 어떨 때는 교종의 시각에서 볼 때 이해할 수 없는 측면들이 있다. 형식과 격식을 파괴한다고나 할까. 아이러니컬하게 선의 이러한 특성들이 선의 매력이 되기도 한다. 선은 지금 이 순간에도, 그리고 미래에도 어떠한 형태로 우리 앞에 나타날지 아무도 예측하기 힘들다. 여기에 우리는 선이 지니고 있는 무궁한 교육이론의 가능성을 바라볼 수 있는 것이다. 과거 무슨 무슨 주의라고 하는 교육사조에 얽매이는 것이 아니라 상황에 따라 얼마든지 창조적으로 우리 앞에 나타나는 교육이론으로서의 선이 될 수 있다. 이것은 필자의 억측이 아니라 이미 Ted. Aoki라는 캐나다의 일본인 학자가 여러 차례 선의 교육이론을 언급한 바가 있어서 주목된다.

　교육학은 간단히 정의하면 인간 형성의 이론에 관한 학문이다. 풀어서 말을 하면 교육학은 교육 작용을 통해 인간을 형성시키는 이론적 체계를 담고 있는 학문이다. 그러므로 선에서의 교육이론은 말과 글을 떠난 그 자리를 밝혀 깨닫는 방법을 교육적으로 조명한 것을 가리킨다. 여러 선사들 가운데 조주 선사는 그를 찾아와 "개에게도 불성이 있느냐?"고 묻는 선객禪客에게 "개에게 불성이 없다."고 말하는 가 하면, 또 "개에게 불성이 없느냐?"고 묻는 선객에게는 "개에게 불성이 있다."고 말했다고[340] 한다. 여러분들은 도대체 이 말은 무엇을 의미하는가라고, 무슨 뚱딴지같은 말들을 하고 있느냐고 할지 모른다. 조주 선사는 왜 이와 같이 앞과 뒤가 다른 말을 했을까? 조주 선사는 '있다'와 '없다'의 양변을 떠난 그 자리를 가리키기 위해 방편적으로 선객에게 말을 했던 것이다. 그렇게 양변을 떠나게 함으로써 선객으로 하여금 마음을 밝혀 깨닫도록 일러주었던 것이다. 또한 도道란 무엇인가를 묻는 질문에 대해 조주 선사는 그 유명한 끽다거(喫茶去, 차나 한잔 마시고 가거라)라고 대답했다고 한다. 이 말은 조주 선사 앞에 마침 차 도구(茶具)가 눈에 띄어 이것을 본 조주 선사가 차나 한잔 마시고 가라고 말을 했을 수도 있지만, 어쨌든 도라고 하는 것은 알음알이나 말로써 알 수 있는 것이 아니라 우리가 차를 음용飮用할 때 차가 어떤 맛인지 알 수 있듯이 도 또한 그런 것이라고 넌지시 도에 대해 묻는 사람에게 귀띔을 해준 것이라고 볼 수 있다.

선은 스승과 제자 또는 선사와 선객이 상호간에 일대일로 직접 마주하며 질문하고 대답하는 교수敎授−학습學習의 형태로 이루어진다는 점에서 교육적 효과가 매우 크다. 이와 같이 보는 까닭은 『무문관』이나 『종경록』 등 선서禪書를 보면 스승과 제자 사이에 일대일로 직접 마주하며 질문하고 대답하는 교수敎授−학습學習의 형태로 나타나고 있기 때문이다. 일반적으로 교학을 가르치는 강원에서는 강사가 경전의 내용을 학생인 비구·비구니 등 스님들에게 가르치고 학생인 스님들은 이것을 배우는 교수학습의 형태이지만, 선에서는 스승인 선사가 제자에게 처음에는 화두로써 길을 제시하지만, 그 이후부터는 제자가 직접 화두를 타파하여 깨닫기 위해 수행하는 교수학습의 형태이기 때문이다. 물론 선사는 제자의 화두를 통한 수행상태를 그때그때 점검한다. 그렇기는 하지만 대체적으로 제자는 철저하게 홀로 화두를 타파해서 깨닫기 위해 수행 정진하는 형태를 띤다. 교육학 이론에서 최상의 교수학습법으로 여기는 것이 바로 이러한 교수학습의 형태이므로 선에서의 교수학습 형태는 귀감이 된다.

불교의 교육이론은 시대적 교학에 따라 다르다고 말할 수도 있다. 그것은 시대별로 전개된 교학이 서로 다르게 나타났기 때문이다. 그런데 우리는 진실게임과 같이 무엇이 진실인지 파악할 필요가 있다. 헛다리를 짚어서도 잘못된 길에 들어가서 길을 잃고 헤매서도 안 될 것이다. 이 말의 의미는, 불교는 교학敎學이든 선禪이든 모두 수행을 통해 깨달음에 도달하는 것이 구경의 목적이라는 것이다. 그리고 이 둘은 서로 떨어져 있는 것이 아니라 상의상자相依相資의 관계에 있다고 할 것이다. 즉 이 두 영역의 공통점은 결국 깨달음을 이루는 것에 있다. 그러므로 21세기에 우리 인류가 기대할 수 있고, 기대해 봄직한 교육과정이 간화선에 담겨져 있다고 하겠고, 이에 선이 차세대 교육과정 이론으로서 자리매김하는 것이 가능할 것이라고 말하는 것이다. 이는 앞으로 불교교육학자들(교육학자들도 포함)의 과제라고 할 수 있다.

나가는 말

지금까지 불교교육은 어떤 요소로 성립을 하며, 어떤 기능을 하고, 그 의의는 무엇이며, 시대적으로 나타난 교설에서는 어떤 인간 형성의 모습으로 나타났는지 등에 대해 살펴보았다. 이를 통해 우리가 알 수 있는 점은 부처님이 성도를 한 후 법을 편 기간은 전법傳法의 역사이기도 하지만 교육의 역사이기도 하다는 것이다. 그리고 부처님의 열반 후 스리랑카, 미얀마, 태국 등 남방 국가와 중국, 한국, 일본 등 동북아시아 국가에서 전법이 이루어진 역사도 교육의 역사였다는 점이다.

전법의 역사가 교육의 역사이기도 했다는 것은 불교를 종교로서 신앙을 하고 불교에 관심이 있는 사람들이면 누구나 알 수 있는 것이다. 왜냐하면 스승과 제자 사이에 법을 전하는 과정은 교육이라는 작용이 개입함으로써 이루어지는 것이기 때문이다. 그러나 전법의 역사 속에서 구체적으로 교육이 대중들 속에서 어떤 모습으로 이루어졌는지에 대해 자신 있게 말을 하고, 잘 아는 사람은 그다지 많지 않다. 이것은 무슨 의미일까? 무슨 말인가 하면, 오랜 세월 동안 이루어진 전법의 역사 속에서 이루어진 교육적 모습이 시대별로 서로 다르게 나타났으므로 일률적으로 통일되는 교육체계를 확립함으로써, 이를 교육 현장에서 실천하는 것이 어려웠다는 의미이다. 초기불교, 부파불교, 대승불교, 중국의 선불교, 남방 테라와다 불교는 서로 교리적으로 달랐다. 우리나라의 경우에는 중국으로부터 전래한 불교가 대승불교이고, 오랜 세월 동안 대승불교의 교설과 신앙 등이 대중들에게 전해지고 대중들은 이것에 대해 익숙해져서, 70년대까지만 해도 시대별로 구분되는 불교의 형태에 대한 인식이 부족하였다고 할 수 있다. 그래서 당시 일선 교육 현장에서 일반 대중들을 대상으로 포교하는 비구·비구니 스님들은 무엇을 어떤 방법으로 교육해야 할지, 다시 말하면 교육과정의 계획을 세우고 실천하는 것이 쉽지 않았다고 할 수 있다. 그러나 80년대 문서포교의 열풍과 함께 90년대 초기불교의 열풍이 있었고, 지금은 전국 사찰의 불교대학에서 우수한 강사진들이 부처님의 생애와 초기불교, 대승불교 등의 불교교설을 학생들에게 교육하고 있으며 이에 따라 우수한 학생들이 포교사로 배출되어 다시 교육 현장에서 교육을 담당하고 있다. 참으로 고무적인 현상이다.

그렇기는 하지만, 이와 같이 활발히 불교교육의 현장에서 학생들에게 부처님의 가르침이 교수학습敎授學習되고 있음에도 교육 현장을 뒷받침할 불교교육학 관련 이론서나 대중서가 시중에 전무全無한 실정이다. 이웃종교인 개신교는 기독교교육학 개설을 비롯한 기독교교육 관련 도서들이 시중에 꽤 있어서 비교가 된다. 필자는 이와 같이 불교교육과 관련한 개론서와 대중서가 전무한 현실을 오래전부터 안타깝게 생각하고 불교교육에 관한 학술적 내용을 담고 있는 대중서를 이번에 펴내게 된 것이다.

이 책에는 시대별로 전개된 교설이 각 장별로 담겨져 있다. 이들 교설에서 우리는 그 내용이 서로 다르다는 점을 알 수 있는데, 그것은 시대적 편차를 두고 교설이 성립되었기 때문이다. 그렇지만 우리는 비교적 공통되는 부분들을 발견할 수 있는데, 이러한 점이 시사하는 바는 크다. 왜냐하면 이와 같이 시대별로 다르게 나타나는 교설들에서 발견되는 공통적인 요소에서 일관적이고 통일적인 교육체계를 세우는 것이 가능하기 때문이다.[341]

그러면 일관적이고 통일적인 교육체계를 세우는 것이 가능한, 비교적 공통의 특성을 띤 교육내용들에는 어떤 것이 있을까? 그것들을 살펴보면, 크게는 수행과 교학으로 나누어 교육체계를 구분하는 것이 가능하다. 시대별로 전개된 초기불교와 부파불교, 그리고 대승불교 등의 경우에서 우리는 공통적으로 사마타와 위빠사나 또는 '지〔止: 定〕'와 '관〔觀: 慧〕'의 수행의 특성으로 나타나고 있는 교육체계를 발견할 수 있다. 이들 수행은 선정과 지혜를 닦는 수행으로서 깨달음에 도달하기 위해서는 반드시 거쳐야 할 코스였으므로 '교수자〔教授者: 교육자를 말함〕'는 이들 수행을 닦는 사람〔학습자이기도 함〕에게 이와 같은 수행의 방법을 가르쳤다. 수행을 위한 방법을 가르치고 배우는 과정은 오직 불교의 교육과정(Curriculum)에만 있는 교육체계로서 불교교육과정인 '문聞'·'사思'·'수修' 가운데 '수修'에 해당한다.

그 다음 들 수 있는 교육체계는 교학이다. 교학의 교육체계는 '문聞'에 해당하는 것으로서 문자로 경전이 만들어질 때 들은 내용〔'문聞'〕이 반영된다. 초기불교의 사성제에 관한 가르침의 경우에는 부파불교 시대에 이르러서 4제 16행상의 '현관수행現觀修行'으로 전개되고 있으며, 그리고 초기불교의 무아설과 연기법의 경우에는 대승불교의 중관과 유식 등의 사상에서 비록 같지는 않지만 창조적으로 해석되어 나타나고 있고, 또한 중관과 유식의 공사상과 유식무경 등의 개념은 선불교에도 반영되어 나타나고 있는데, 이들은 상호 관계성의 측면에서 서로 묶을 수 있는 것들이다.

이상 살펴본 수행과 교학으로 이루어져 있는 교육체계에서 우리는 무엇이 응축이고 무엇이 발현인지 파악하는 것이 가능하다. 즉 불교교학[수행체계 포함]의 역사에서 비교적 공통된 개념은 응축에 해당된다고 할 수 있고, 서로 다르게 나타난[전개된] 내용은 발현이라고 할 수 있다. 이와 같이 불교교학[수행체계 포함]에 나타나 있는 불교교육의 인간 형성에 대한 이해는 응축과 발현의 개념에 대한 이해로 연결하여 생각할 수 있으며, 이와 같이 이해함으로써 우리는 불교교육의 현장에서 보다 효과적인 교육을 실천할 수 있을 것으로 전망한다.

불교교육의 원천은 석가모니 부처님이다. 우리는 부처님이 우리에게 전하고자 한 것[교육내용]이 무엇인지 명확히 인식함으로써 시대별로 다르게 나타난 교설에 대한 정확한 이해와 함께 응축된 것은 무엇이고, 시대별로 다른 모습으로 발현되어 나타난 것은 무엇인지 알아야 할 것이다. 나아가 우리 주변에 '탐貪'·'진嗔'·'치痴' 3독三毒에서 벗어나지 못함으로써 지혜롭지 못하고 어리석게 살아가는 사람들이 있다면, 이와 같은 삶을 살아가는 것이 올바른 삶의 방식이 아니라는 것을 부처님의 가르침을 통해 깨닫도록 해야 할 것이다. 그렇게 하기 위해서는, 쉽지 않겠지만 이와 같은 불교교육의 이론이 현대사회에 알맞게 정립되고, 또한 교육 현장에서 실천되도록 해야 할 것이다.

주

1장 불교교육이란 무엇인가?

1 대표적인 예를 하나 들어보겠다. 부처님이 성도 후 녹야원에서 교진여 등 다섯 비구에게 처음으로 법을 펴신 일은 교육적으로 볼 때 교사라고 할 수 있는 '부처님'과 학생이라고 할 수 있는 '교진여 등 다섯 비구'와 교육내용이라고 할 수 있는 '가르침' 등 교육의 세 가지 요소가 성립하였으므로 교육 작용이 이루어졌다고 보는 것이며, 우리는 녹야원에서의 부처님의 '초전법륜'을 최초의 불교교육이라고 말하는 것이다.

2 종교라는 용어는 동양과 서양에 따라 그 개념이 다르다. 동양에서 종교라는 말은 불교에서 비롯한 말로서 '으뜸 되는 가르침'이라는 의미를 가지고 있으며, 반면에 서양에서 종교라는 말은 라틴어 'religare'에서 비롯한 말로서 '다시 묶다'를 의미한다. 지금과 같은 종교라는 말이 사용된 것은 일본이 'religion'을 종교라고 번역을 함에 따라 이루어진 것이다. https://namu.wiki/w. 참조.

3 불교의 교육기능에 대해서는 존 듀이(John Dewey, 1859~1952)의 『민주주의와 교육 ; Democracy and Education』에 소개된 '삶의 필요로서의 교육(Education as a Necessary of Life)'을 참조하여 작성한 글임을 밝혀둔다.

4 Ted T. Aoki, *Curriculum in a New Key*, NEW YORK AND LONDON, Routledge, 2004. p.100.

5 http://bs.dongguk.edu/ 동국대학교 불교대학 학업이수 가이드

6 불교 교육과정의 형태에서 볼 때 불교의 교육과정은 현대 교육과정의 분류인 학문 교육과정과 교과 교육과정, 그리고 중핵 교육과정 등의 형태와 비슷하다고 할 수 있다. 이것은 불교가 현대 교육과정의 개념을 충실히 반영하고 있다는 것을 의미하는 것이기도 하다. 필자는 불교 교육과정의 형태적 분류에서 학문 또는 교과 교육과정의 내용과 중핵 교육과정의 내용이 실천 수행 시에 교육과정의

교육이념으로서 인간형성의 모습으로 나타난다는 것을 강조하고자 한다. 그리고 앞으로 글의 내용에서 밝히고 있지만 초기불교의 교설은 교육과정의 응축의 개념으로, 또한 부파불교의 아비달마와 대승불교의 중관사상, 유식사상, 화엄, 정토, 천태 등은 발현의 개념으로 나타나는데, 이것을 중핵 교육과정이라고 주장하고자 한다.

2장 불교의 교육원리

7 MOHAN WIJAYARATNA, *BUDDHIST MONASTIC LIFE*, CAMBRIDGE UNIVER-SITY PRESS, 1990.

8 MOHAN WIJAYARATNA, *BUDDHIST MONASTIC LIFE*, CAMBRIDGE UNIVER-SITY PRESS, 1990, p.137.

9 I. B. HORNER, M.A., *THE BOOK OF THE DISCIPLINE (VINAYA — PITAKA)*, VOLUME Ⅳ *MAHĀVAGGA Ⅰ*, p.57. THE PALI TEXT SOCIETY, LONDON, 1982.

10 I. B. HORNER, M.A.,(1986), ibid, p.58.

11 loc.cit.

12 loc.cit.

13 I. B. HORNER, M.A.,(1986), ibid., p.59. 참고로 아들의 마음은 puttacitta. 어머니의 마음은 mātucitta, 자매의 마음은 bhaginīcitta, 딸의 마음은 dhītucitta. 아버지의 마음은 pitucitta.

14 loc.cit.

15 loc.cit.

16 I. B. HORNER, M.A.,(1986), ibid, pp.60~67.

17 loc.cit. 각주를 보면 다음과 같이 설명하고 있다. *paṭinivāsanaṃ paṭiggahe-tabbaṃ*. 율장(Vin. Text I)에서는 집에서 입는 옷이 아닌가 추정한다. 이것은 세 가지 규정된 가사들에 덧붙여진 어떤 가사의 종류일지도 모른다. 비구가 걸식할 때 다른 일을 위해 단순히 갈아입은 것이 *nivāsana*라고 저자는 설명하고 있다.

18 loc.cit. 각주를 보면, *saguṇaṃ katvā*. 하나의 가사를 둘로 만든 것이다. 두

246

개의 외투들, 즉 *sanghāṭiyo*가 주어졌다. 모든 가사는 *sanghāṭitattā*를 모은다면 *sanghāṭi*로 불려졌다. 이처럼 *sanghāṭi*는 여기에서 외투와 uttarāsanga, 위에 걸쳐 입는 가사를 나타낸다. 그러나 안에 입는 가사는 아니다. 대개 오직 하나의 가사는 *sanghāṭi*로 불려졌다.

19 I. B. HORNER, M.A.,(1986), ibid, p.61. 이것은 bhaṅga라고 하는데 찢음, 파괴, 깨짐을 뜻한다. 저자 HORNER는 가사가 매번 같은 주름의 모양으로 개어진다면, 그 주름에 따라 얇아진다는 점을 말하는 것이라고 설명한다.

20 I. B. HORNER, M.A.,(1986), ibid., pp.67~68.

21 I. B. HORNER, M.A., *THE BOOK OF THE DISCIPLINE (VINAYA−PITAKA)*, VOLUME Ⅴ *CULLAVAGGA*, p.311. THE PALI TEXT SOCIETY, LONDON, 1975.

22 I. B. HORNER, M.A (*CULLAVAGGA*) (1975), ibid, P.312, "이것은 이런 점에서 올바르다. 아침에 일찍 일어나서 그의 신발을 벗고, 한쪽 어깨 위에 가사를 걸치며, 그는 나무로 된 칫솔을 준비해야 하고, 콘제이(Conjey: 개숫물)는 화상 가까이에 두어야 한다."

23 I. B. HORNER, M.A (*CULLAVAGGA*) (1975), ibid, pp.321~329. 빨리어 운율에 맞추는 시의 형태로 되어 있어서 그 의미를 파악하기 상당히 난해하다.

24 MOHAN WIJAYARATNA(1990), op.cit., p.140.

25 MOHAN WIJAYARATNA(1990), ibid, pp.140~141.

26 MOHAN WIJAYARATNA(1990), ibid, pp.141~142. Table8.1 *Categories and numbers of rules for monks and nuns* 참조함.

27 계율을 어기지 않는다는 것은 나쁜 행동을 하지 않는 습관을 들인다는 의미도 된다. 계율을 잘 지키는 행동을 하는 좋은 습관을 들였음을 의미한다. 습관을 들인다는 것은 일련의 행동이 수반되기 때문이다. John Dewey, *Human Nature and Conduct*, The Middle Works, 1899-1924, Volume 14: 1922, Southern llinois University Press, 2. Habits and Will. p.21. 존 듀이는 모든 습관은 어떤 종류의 행동을 요구하고자 아를 구성한다고 주장하고 있다.

28 『佛說長阿含經』卷第十三(大正藏 1) 83p.c, "佛告摩納. 若如來出現於世. 應供. 正遍知. 明行足. 爲善逝. 世間解. 無上士. 調御丈夫. 天人師. 佛. 世尊……."

29 임한영, 『교육학개론』, 정음사, 1971, p.13. 교수법敎授法은 교육의 기술적 측면을
　 나타내는 교육방법이며, 학습과정에 있어서 하나의 교육하는 術(art) 또는 기술
　 (skill)이다.

30 민경환, 「불교의 교화방편에 대한 교육학적 고찰」, 『한국불교학』(한국불교학회,
　 1995), p.522.

31 김용표, 「부처님의 교육원리와 수기적隨機的 교수법 - 진리와 방편의 역동적
　 연관성을 중심으로」, 앞의 글, p.20.

32 민경환, 앞의 글, p.522.

33 위의 글, p.518.

34 『阿毘達磨大毘婆沙論』 卷第十五, 「雜蘊第一中智納息」 第二之七(大正藏 27)
　 p.75.b, "云何名應一向記問. 此問應以一向記故. 謂有問言如來應正等覺耶. 法
　 善說耶僧妙行耶. 一切行無常耶. 一切法無我耶. 涅槃寂靜耶答 此問能引義利能
　 引善法. 隨順梵行能發覺慧能得涅槃."

35 민경환, 앞의 글, p.520.

36 『阿毘達磨大毘婆沙論』 卷第十五, 앞의 책, "應告彼言法有多種. 有過去有未來有
　 現在. 有善有不善有無記. 有欲界繫有色界繫有無色界繫. 有學有無學有非學非
　 無學. 有見所斷有修所斷. 有不斷欲說何者."

37 민경환, 앞의 글, pp.520~52.

38 『阿毘達磨大毘婆沙論』 卷第十五, 앞의 책, "謂有問言爲我說法. 應反詰言法有衆
　 多. 汝問何者衆多法者. 謂過去等如前廣說."

39 위의 책, "若爲知解故問. 應告彼言法有多種. 有過去有未來有現在廣說 乃至.
　 有見所斷有修所斷有不斷欲說何者. 若言爲我說過去法. 應告彼言過去法亦有多
　 種. 有善有不善有 無記欲說何者. 若言爲我說善法. 應告彼言善法亦有多種. 有色
　 有受想行識欲說何者. 若言爲我說色法. 應告彼言色法亦有多種. 有離殺生乃至
　 有離雜穢語欲說何者. 若言爲我說離殺生. 應告彼言離殺生有三種. 謂從無貪生.
　 從無瞋生. 從無癡生. 欲說何者. 若言爲我說從無貪生. 應告彼言無貪生者復有二
　 種. 謂表無表 欲說何者. 若爲知解故發問者. 則應如是分別而答."

40 민경환, 앞의 글, p.521.

41 『阿毘達磨大毘婆沙論』 卷第十五, 앞의 책, "云何名應捨置記問. 此問應以捨置記

故. 謂有外道來詣佛所. 白佛言. 喬答摩. 世間常耶乃至廣說. 四句世間有邊耶乃
至廣說四句. 世尊告曰. 皆不應記. 問何故世尊不答此問. 答彼諸外道執有實我名
爲世間. 來詣佛所作如是問. 佛作是念實我定無. 若答言無彼當作是言. 我不問有
無. 若答言常或無常等. 便不應理實我本無. 如何可說常無常等……實不應道理
故佛不答."

42 김용표, 「부처님의 교육원리와 수기적隨機的 교수법 ─ 진리와 방편의 역동적
연관성을 중심으로」, 앞의 글, p.18.

43 『中阿含例品 箭喩經』第十(大正藏 1) 참조. p.804.c, "猶如有人身被毒箭. 因毒箭
故. 受極重苦. 彼見親族憐念愍傷. 爲求利義饒益安隱. 便求箭醫. 然彼人者方作
是念. 未可拔箭. 我應先知彼人如是姓. 如是名. 如是生. 爲長. 短. 麤. 細. 爲黑.
白. 不黑不白. 爲利利族……我應先知作箭〔金適〕師如是姓. 如是名. 如是生. 爲
長. 短. 麤. 細. 爲黑. 白. 不黑不白. 爲東方. 西方. 南方. 北方耶. 彼人竟不得知.
於其中間而命終也. p.805.a, "世有常. 因此見故. 從我學梵行者. 此事不然. 如是
世無有常. 世有底. 世無底. 命卽是身. 爲命異身異. 如來終. 如來不終. 如來終不
終. 如來亦非終亦非不終耶. 因此見故. 從我學梵行者. 此事不然. 世有常. 有此見
故. 不從我學梵行者. 此事不然. 如是世無有常. 世有底. 世無底. 命卽是身. 爲命
異身異. 如來終. 如來不終. 如來終不終. 如來亦非終亦非不終耶. 有此見故. 不從
我學梵行者. 此事不然."

44 민경환, 앞의 글, p.523.

45 같은 글. 교해敎誨는 잘못을 저지른 사람을 가르침으로 교화하여 뉘우치도록
하는 것을 의미한다.

46 아난다는 부처님의 많은 제자들 가운데 아라한과를 늦게 얻었다고 전한다.
그러므로 부처님의 말씀을 많이 듣고 잘 기억한다고 깨달음을 빠르게 성취하는
것은 아니다.

47 『阿毘達磨俱舍論』卷第二十二,「分別賢聖品」第六之一(大正藏 29) p.116.c,
"論曰. 諸有發心將趣見諦. 應 先安住淸淨尸羅 然後勤修聞所成等."

48 卞榮啓,『授業設計』, 培英社, 1988, p.215.

49 『阿毘達磨俱舍論』卷第二十二,「分別賢聖品」第六之一, 앞의 책. p.116.c, "聞已
勤求所聞法義. 聞法義已無倒思惟. 思已方能依定修習. 行者如是住戒勤修."

50 위의 책, p.168.b, "何故名聞思修耶. 答曰. 從聞生故說聞. 從思生故說思. 從修生故說修."

51 위의 책, p.168.a, "受持讀誦思惟觀察十二部經. 是生得慧. 若受持讀誦思惟觀察十二部經. 是聞慧. 受持讀誦思惟觀察十二部經. 是生得慧."

52 같은 책, "如依金鑛生金依金生金剛. 如依種生牙依牙生莖葉等."

53 같은 책, "界者聞慧在欲色界."

54 위의 책, p.168.b, "從思生故說思."

55 위의 책, p.168.a, "依此聞慧次生思慧."

56 같은 책, "如依金鑛生金依金生金剛. 如依種生牙依牙生莖葉等."

57 같은 책, "思慧在欲界."

58 『阿毘達磨俱舍論』卷第二十二,「分別賢聖品」第六之一, 앞의 책, p.116.c, "思所成慧緣名義境. 有時由文引義. 有時由義引文. 未全捨文而觀義故."

59 위의 책, "譬若有人浮深駛水……曾學未成或捨或執."

60 『阿毘曇毘婆沙論』卷第二十三, 앞의 책, p.168.b, "從修生故說修."

61 위의 책, p.168.a, "依此思慧. 次生修慧."

62 같은 책, "如依金鑛生金依金生金剛. 如依種生牙依牙生莖葉等."

63 같은 책, "修慧在色無色界."

64 『阿毘達磨俱舍論』卷第二十二,「分別賢聖品」第六之一, 앞의 책, p.116.c, "修所成慧唯緣義境. 已能捨文唯觀義故."

65 같은 책, "譬若有人浮深駛水……曾善學者不待所依. 自力浮渡."

3장 불교교육의 학문적 기초

66 냐나틸로카 스님 엮음·김재성 옮김, 『부처님의 말씀(Buddhavacanam)』, 2007, 고요한 소리, pp.50~51. 상응부 ⅩⅩⅡ 59, 『五群比丘』 SN Ⅲ 66-8에서 재인용함.

67 데이비드 J. 칼루파하나, 나성 옮김, 『부처님은 무엇을 말했나 : 불교철학의 역사적 분석』, 한길사, 2011, pp.69~70. 4. 존재의 세 특성에서 인용함.

68 위의 책, p.49. 2.인식론 참조.

69 위의 책, p.49에서 인용.

70 위의 책, p.50에서 재인용함.

71 위의 책, p.51.

72 한명희·고진호 지음, 『교육의 철학적 이해』, 2005, 문음사, p.21에서 재인용함.

73 냐나틸로카 스님 엮음·김재성 옮김, 앞의 책, p.37에서 재인용함.

74 위의 책, p.56에서 재인용함.

75 AN 1. 223 이하. 데이비드 J. 칼루파하나, 나성 옮김, 앞의 책, 5. 업과 윤회, p.87에서 재인용함.

76 위의 책. p.63에서 재인용함.

77 냐나틸로카 스님 엮음·김재성 옮김, 앞의 책, pp.60~61에서 재인용함.

78 위의 책, p.62에서 재인용함.

79 위의 책, p.111에서 재인용함.

80 한명희·고진호 지음, 『교육의 철학적 이해』, 앞의 책, p.40에서 인용함.

81 냐나틸로카 스님 엮음·김재성 옮김, 앞의 책, pp.70~71에서 재인용함.

82 위의 책, p.71에서 재인용함.

83 위의 책, p.72에서 재인용함.

84 위의 책, pp.74~75에서 재인용함.

85 위의 책, p.78에서 재인용함.

86 한명희·고진호 지음, 앞의 책, p.361에서 인용함.

87 Jerome S. Bruner, In Search of Pedagogy Volume Ⅰ, p.43에서 인용.

88 부파불교 교학의 집대성이라고 할 수 있는 『아비달마구사론』에서는 초기불교의 4성제는 4제諦 16행상行相의 '현관現觀' 수행으로 전개된다. 필자가 4제 16행상의 수행법의 경우 '도식적圖式的 성향이 짙다고 '5장 부파불교 시대'의 인간 형성을 논하면서 지적하고 있듯이, 사실 초기불교의 4성제는 경전에 나타난 서술이 간단명료하게 나타나고 있지만, 4제 16행상의 수행법은 논리적이긴 하나 도식적이어서 출가자를 위한 내용으로 서술되고 있다는 점에서 문제가 있다고 할 수 있다.

89 권은주(대원)·박사빈, 「자타카를 활용한 스토리텔링 프로그램과 유아의 친사회적 행동발달 연구」, 『종교교육학회』, 2009, p.128.

4장 남방 테라와다 불교의 교육과정

90 『청정도론』은 『Pm.』을 인용하여, '떨쳐버리고(vivicca)'라는 말은 다섯 가지 떨쳐버림(viveka)〔으로서〕즉 ① 반대되는 것으로 대체하여 떨쳐버림(tadaṅga-viveka), ② 억압抑壓으로 떨쳐버림(vikkhambhana-viveka), ③ 근절根絶로 떨쳐버림(samuccheda-viveka), ④ 경안輕安으로 떨쳐버림(paṭipassaddhiviveka), ⑤ 벗어남으로 떨쳐버림(nissaraṇaviveka) 등이라고 설명한다.

91 'sukha vedanā'는 '낙수樂受', 즉 '즐거운 느낌'이다. 그러나 선禪의 구성요소에 나타나는 'sukha'는 행복의 의미이다.

92 붓다고사 스님 지음·대림 옮김, 『청정도론淸淨道論 1』, 초기불전연구원, 2009. p.367.

93 위의 책, p.368.

94 같은 책, 『Pm.70』

95 위의 책, p.370.; Vis, p.140, "vibhaṅge ca-' chando kāmo-rāgo kāmo-chan-darāgo kāmo-saṅkappo kāmo-rāgo kāmo-saṅkapparāgo kāme."

96 위의 책, p.371.; Vis, Ibid, p.141, "Nīvaraṇāni hi jhānaṅgapaccanīkāni, tesaṃ jhānaṅgāneva paṭipakkhāni viddhaṃsa kāni vighātakānīti vuttaṃ hoti, tathāhi. samādhi kāmacgñandassa paṭipakkho, pīti vyāpādassa, vitakko thīna-middhassa, sukhaṃ uddhacca kukkuccassa, vicāro vicikicchāyā'ti-peṭake vut-taṃ."

97 『아비담마 길라잡이』(하), pp.596~597.

98 『청정도론 1』, 앞의 책, p.370.

99 위의 책, p.373.; Vis, op.cit., p.142, "tattha vitakkanaṃ vitakko, ūhananti vuttaṃ hoti, jvāyaṃ ārammaṇe cittasaṃsa abhiniropanalakkhaṇo, āhanana-pariyahananaraso. Tathā hi tena yogāvacaro ārammaṇaṃ vitakkāhataṃ vi-takkapariyāhataṃ karotīti vuccati. Ārammaṇe cittassa ānayanapaccupaṭṭhāno. Vicaraṇaṃ vicāro, anusadvaraṇanti vuttaṃ hoti, svāyaṃ ārammaṇānu macca-nalakkhaṇo, tattha sahajātānu yojanaraso, cittassa anuppa bandhanapaccu-paṭṭhāno."

100 대림·각묵 공동번역 및 주해, 『아비담마 길라잡이』(상), 초기불전연구원, 2002,

pp. 206~207.

101 위의 책, p.154.

102 『청정도론 1』, 앞의 책, p.375.; Vis, op.cit., p.143, "Vivekajnti ettha-vivitti viveko, nīvaraṇavigamoti attho, vivittoti vā viveko, nīvaraṇavivitto jhāna-sampayuttadhamma rāsīti attho, tasmā vivekā-tasmiṃ vā viveke jātanti vive-kajaṃ."

103 같은 책, loc.cit., "Pītisukhanti-pīṇayatīti pītu sā sampiyāyanalakkhaṇā, kāya-citta pīṇanarasā, pharaṇarasā vā. Odagya paccupaṭṭhānā, sā panesā khud-dikā pīti khaṇikā pīti okkantikā pīti ubbegā pīti pharaṇā pītiti pañcavidhā hoti."

104 『아비담마 길라잡이』(상), 앞의 책, p.210.

105 『청정도론 1』, 앞의 책, p.378.;Vis, op.cit., p.145, "itaraṃ pana sukhanaṃ sukhaṃ, suṭṭhu vā khādati khaṇti ca kāyacittābādhanti sukhaṃ."

106 『아비담마 길라잡이』(상), 앞의 책, p.154.

107 MN 102/ii.235, SN36/iv.219.

108 『청정도론 1』, 앞의 책, p.378.; Vis,, op.cit., p.145, "Saṅkhārakkhandhasaṅga-hitā pīti, vedanākkhandhasaṅgahitaṃ sukhaṃ, kantārakhinnassa vanantoda-kadassana savaṇesu viya pīti, vanacchāyappavesanaudakaparibhogesu viya sukhaṃ."

109 '구족하여'는 '도착하여, 증득하여'라는 의미이거나, 성취하여 생기게 하여 라는 의미이다. 『위방가』에서 '구족하여'란 초선을 얻음, 획득함, 도달함, 다다름, 닿음, 깨달음, 성취함이라고 설명하고 있다. '머문다'는 비구가 초선에 어울리는 자세로 머문다는 의미로서, 『위방가』에서는 이것을 '자세를 취한다, 나아간다, 보호한다, 부양한다, 유지한다, 움직인다, 머문다'라고 설명한다.

110 위의 책, p.387.; Vis, Ibid, pp.149~150, "paṭhamaṃ uppannantipi paṭhamaṃ, ārammaṇopa nijjhānato paccanīkajjhāpanato."

111 『아비담마 길라잡이』(상), 앞의 책, p.146.; Ibid, p.150, "Evaṃ adhigate pana etasmiṃ tena yoginā vāḷavedhinā viya. Sūdena viyaca ākārā pariggahe tabbā. Yathāhi sukusalo dhanuggaho vāḷavedhāya kammaṃ kuru māno yasmiṃ

vāre vāḷaṃ vijjhati, tasmiṃ vāre akkantapadānañca dhanudaṇḍassa ca jiyāya ca sarassa ca ākāraṃ parigganheyya evaṃ me ṭhitena evaṃ dhanudaṇḍaṃ evaṃ jiyaṃ evaṃ saraṃ gahetvā vāḷo viddhoti.······Evaṃ hi so naṭṭhe vā tasmiṃ te ākāre sampādetvā puna uppādetuṃ appa guṇaṃ vā paguṇikaronto punappunaṃ appetuṃ sakkhissati, yathāca kusalo sūdo bhattāraṃ parivisanto yaṃ yaṃ ruciyā bhuñjati taṃ taṃ sallakkhetvā tatā paṭṭhāya tādisaja yeva upanāmento lābhassa bhāgi hoti, evamayampi adhigatakkhaṇe bhojanādayo ākāro gahetvā te sampādento punappunaṃ appaṇāya lābhī hoti. Tasmā nena vāḷavedhinā viya sūdena viya ca ākārā pariggahetabbā."

112 水野弘元, 『パーリ佛敎を 中心とした 佛敎の心識論』, op.cit., p.924.

113 loc.cit.

114 水野弘元, 『パーリ佛敎を 中心とした 佛敎の心識論』, Ibid, p.924.

115 Ibid, p.924.

116 Ibid, p.924.

117 『청정도론 1』, 앞의 책, pp.387~388.

118 SN v.151~152

119 『청정도론 1』, 앞의 책, pp.389~390.; Vis, op.cit., pp.151~152, "yo hi bhikkhu kāmādinavapacca vekkhaṇādīhi kāmacchandaṃ na suṭṭhu vikkhambhetvā kāyapassaddhivasena kāyaduṭṭhullaṃ na suppaṭippassaddhaṃ katvā ārambhadhātumanasikārādiva sena thinamiddhaṃ na suṭṭhu paṭivinodetvā samathanimittamanasikārādiva sena uddhaccakukkuccaṃ na susamūhataṃ katvā aññepi samādipari patthe dhamme na suṭṭhu visodhetvā tdhānaṃ samāpajjati, so aviso dhitaṃ āsayaṃ paviṭṭhabhamaro viya asuddhaṃ uyyānaṃ paviṭṭherājā viya ca khippameva nikkhamati."

120 위의 책, pp.390~391.

121 위의 책, p.391.

122 위의 책, pp.392~393.

123 위의 책, pp.393~394.

124 위의 책, pp.396~397.

125 위의 책, pp.397~402.

126 위의 책, pp.402~403.

127 위의 책, pp.403~404.

128 위의 책, pp.408~409.

129 위의 책, pp.411~412.

130 위의 책, pp.417~418.

131 박선영, 「현대교육의 고민과 불교의 역할」, 『종교교육학연구』1, 1995, p.13.

132 붓다고사 스님 지음·대림 옮김, 『청정도론 2』, 초기불전연구원, 2009, pp.93~127.

133 냐나탈로카 엮음·김재성 옮김, 앞의 책, pp.180~181.

134 위의 책, p.181.

135 『청정도론 2』, 앞의 책, p.89.

136 같은 책.

137 냐나탈로카 엮음·김재성 옮김, 앞의 책, pp.181~183.; 『청정도론 2』, 위의 책, pp.83~85.

138 『청정도론 2』, 앞의 책, p.95.

139 위의 책, pp.102~103.

140 위의 책, pp.104~121.

141 E.A. Rune Johansson, The Dynamic Psychology of Early Buddhism, 허우성 역, 『초기불교의 역동적 심리학』, 경희대학교 출판국, 2008, p.304.

142 임승택, 「위빠사나(vipassanā) 수행관 연구 — 빠띠삼비다막가의 들숨·날숨에 관한 논의를 중심으로—」, 앞의 책, Ps. Vol.1. p.99, "samathasa avikkhepaṭṭho······"

143 임승택, 위의 책, p.136.

144 같은 책.

145 『청정도론 3』, 앞의 책, pp.367~368.

146 위의 책, p.368.

147 같은 책.

148 위의 책, pp.368~369.

149 위의 책, p.369.

150 같은 책.

151 같은 책.

152 같은 책.

153 위의 책, pp.369~370.

154 위의 책, p.370.

155 같은 책.

156 같은 책.

157 같은 책.

158 같은 책.

159 위의 책, pp.370~371.

160 위의 책, p.371.

161 같은 책.

162 같은 책.

163 E.A. Rune Johansson, The Dynamic Psychology of Early Buddhism, 허우성 역, 앞의 책, p.309. 경전에서는 무명無明, 곧 어둠의 덩이가 남김없이 사라지고 그치게 되면 이것이 곧 고요한 상태, 완전한 상태, 모든 행行의 멈춤〔止〕, 모든 취取의 단념, 갈애渴愛의 소멸, 이욕離欲, 멸진滅盡, 열반涅槃 등이 이루어진다고 말하고 있다.

5장 부파불교의 교육과정

164 世親 造, 玄奘 譯, 『阿毘達磨俱舍論』, 分別賢聖品(大正藏 29), p.1558. 0117a02에서 인용.

165 『아비달마구사론』, 위의 책, p.0117b22, "緣青瘀等修不淨觀治第一貪."

166 『아비달마구사론』, 같은 책, p.0117b22, "緣彼食等修不淨觀治第二貪."

167 『아비달마구사론』, 같은 책, p.0117b22, "緣蟲蛆等修不淨觀治第三貪."

168 『아비달마구사론』, 같은 책, p.0117b22, "緣屍不動修不淨觀治第四貪."

169 나냐틸로카 엮음, 김재성 역, 『부처님의 말씀』, 고요한 소리, 2007. p.148에서 인용.

170 『아비달마구사론』, 앞의 책, p.0117b22, "如是漸次廣至一房一寺一園一村一國,
乃至遍地以海爲邊, 於其中間骨鎖充滿."

171 『아비달마구사론』 위의 책, p0118a08, "此相圓滿由具六因：一數・二隨・三止・
四觀・五轉・六淨."

172 『아비달마구사론』, 같은 책, "數謂繫心緣入出息不作加行, 放捨身心唯念憶持入
出息數, 從一至十不減 不增, 恐心於現極聚散故." 범어 원본에서는 내용이 대동
소이하다. 숫자를 셀 때 열보다 적게 세지 않고, 열보다 많게 세지 않는다고
되어 있다.

173 『아비달마구사론』, 같은 책, "然於此中容有三失：一數減失, 於二謂一. 二數增
失, 於一謂二. 三雜亂失, 於入謂出・於出謂入."

174 『阿毘達磨俱舍釋論』 卷第十六, 分別聖道果人品第六(大正藏 29), 0270c16.

175 히라카와 아키라・이호근 옮김, 『인도불교의 역사』, 민족사, 2004, p.230.

176 『구사론』에서 언급하는 견도見道는 초기불교 경전에 나타나는 수다원과 수행위
修行位와는 차이점이 있다고 할 수 있다. 그것은 『구사론』의 견도는 4제 16행상의
현관現觀을 닦음으로써 성자聖者의 계위階位에 이르는 출가승 위주의 수행법으
로서의 특색이 강하게 나타나고 있지만, 초기불교 경전에 나타나는 수다원과의
수행위는 출가승 위주의 수행법이라기보다는 재가자도 닦을 수 있는 수행법으로
서의 특색을 띠고 있기 때문이다.

177 櫻部 建・小谷信千代 譯, 『俱舍論の原典解明 賢聖品』, 京都: 法藏館, 1999,
p.160.

178 같은 책.

179 위의 책, p.177.

180 같은 책.

181 위의 책, p.183.

182 위의 책, p.190.

183 히라카와 아키라・이호근 옮김, 『인도불교의 역사』, 같은 책.

184 櫻部 建・小谷信千代 譯, 위의 책, pp.202~203.

185 위의 책, p.204.

186 위의 책, p.205.

187 위의 책, p.228.

188 위의 책, p.229.

189 위의 책, p.233.

190 위의 책, p.252.

191 위의 책, p.283~284.

192 위의 책, p.298.

193 같은 책.

194 같은 책.

6장 대승불교의 교육과정

195 『中論』, 觀因緣品第一(大正藏 30), p.0001a06, "不生亦不滅, 不常亦不斷, 不一亦 不異, 不來亦不出, 能說是因緣, 善滅諸戲論, 我稽首禮佛, 諸說中第一."

196 『中論』, 위의 책, p.0014b23, "若燃是可燃, 作作者則一 ; 若燃異可燃, 離可燃有燃."

197 『中論』, 위의 책, p.0014c06, "燃是火・可燃是薪. 作者是人・作是業. 若燃・可燃 一, 則作・作者亦應一. 若作・作者一, 則陶師與瓶一. 作者是陶師・作是瓶, 陶師 非瓶・瓶非陶師."

198 『中論』, 위의 책, p.0014c06, "如是常應燃, 不因可燃生 ; 則無燃火功, 亦名無作火."

199 『中論』, 위의 책, p.0014c16, "若燃・可燃異, 則燃不待可燃而常燃. 若常燃者則自住 其體・不待因緣, 人功則空. 人功者, 將護火令燃. 是功現有, 是故知火不異可燃."

200 『中論』, 위의 책, p.0015b22, "因可燃無燃, 不因亦無燃 ; 因燃無可燃, 不因無可燃."

201 『中論』, 위의 책, p.0001b18, "不知正法. 佛欲斷如是等諸邪見令知佛法故."

202 『中論』, 같은 책. 「善滅諸戲論」.

203 요코야마 고우이츠 지음・묘주 옮김, 『唯識哲學』, 경서원, 2004, p.27.

204 위의 책, p.28.

205 같은 책.

206 위의 책, pp.32~33.

207 같은 책.

208 위의 책, p.45.

209 서광 스님 강의, 『치유하는 유식읽기』, 도서출판 공간, 2013, p.199.

210 위의 책, p.200.

211 위의 책, p.201.

212 요코야마 고우이츠 지음·묘주 옮김, 앞의 책, pp.101~103.

213 위의 책, pp.112~112.

214 위의 책, p.117.

215 위의 책, pp.136~137.

216 위의 책, p.178.

217 같은 책.

218 위의 책, p.179.

219 위의 책, p.180에서 재인용함.

220 위의 책, p.182에서 재인용함.

221 같은 책.

222 위의 책, p.183에서 재인용함.

223 위의 책, p.184.

224 같은 책. 세친은 아만의 원어를 'asmimāna'에서 'ātmamāna'라고 하였다.

225 https://ko.wikipedia.org/wiki/

226 위와 같음.

227 위와 같음.

228 요코야마 고우이츠 지음·묘주 옮김, 『唯識哲學』, pp.211~212.

229 위의 책, p.214.

230 위의 책, pp.214~215.

231 위의 책, p.215.

232 같은 책.

233 위의 책, p.216.

234 서광 스님 강의, 『치유하는 유식읽기』, p.237.

235 위의 책, p.238.

236 위의 책, p.237.

237 위의 책, p.239.

7장 불성 개념의 교육과정 원리

238 『大般涅槃經』(曇無讖 譯) 卷第二十七「師子吼菩薩品第十一之一」(大正藏 12),
p.374, "佛性常恒無有變易. 無明覆故令諸衆生不能得見."

239 MACDONELL, A PRACTICAL SANSKRIT DICTIONARY, OXFORD UNIVERSITY
PRESS, ENGLAND, 1965. p.196. p.132

240 MACDONELL, ibid, dhātu를 'element'라고 정의하고 있다.

241 『究竟一乘寶性論』(勒那摩提 譯) 卷第三「一切衆生有如來藏品 第五」(大正藏
31), p.828 상단, "一切衆生有如來藏. 彼依何義故. 如是說偈言. 佛法身遍滿
眞如無差別 皆實有佛性 是故說常有."

242 『究竟一乘寶性論』, 위의 책, p.828 중단, "有三種義. 是故如來說一切時一切衆生
有如來藏. 何等爲三. 一者如來法身遍在一切諸衆生身. 偈言佛法身遍滿故. 二
者如來眞如無差別. 偈言眞如無差別故. 三者一切衆生皆悉實有眞如佛性. 偈言
皆實有佛性故"

243 『大般涅槃經』(宋代沙門慧嚴等依泥洹經加之) 卷第三十一「迦葉菩薩品 第二十
四之一」(大正藏 12), p.809, "衆生佛性雖現在無不可言無. 如虛空性雖無現在不
得言無 …… 衆生佛性非內非外猶如虛空非內非外."

244 『究竟一乘寶性論』위의 책, pp.814~816, "問曰. 華佛譬喩爲明何義. 答曰. 言萎華
者喩諸煩惱. 言諸佛者喩如來藏. 問曰. 蜂蜜譬喩爲明何義. 答曰. 言群蜂者喩諸
煩惱. 言美蜜者喩如來藏. 問曰. 糩實譬喩爲明何義. 答曰. 言皮糩者喩諸煩惱.
言內實者喩如來藏. 問曰. 糞金譬喩爲明何義. 答曰. 糞穢譬喩者諸煩惱相似. 眞
金譬喩者如來藏相似. 問曰. 地寶譬喩爲明何義. 答曰. 地譬喩者諸煩惱相似. 寶
藏譬喩者如來藏相似. 問曰. 果芽譬喩爲明何義. 答曰. 果皮譬喩者諸煩惱相似.
子芽譬喩者如來藏相似. 問曰. 衣像譬喩爲明何義. 答曰. 弊衣譬喩者諸煩惱相
似. 金像譬喩者如來藏 相似. 問曰. 女王譬喩爲明何義. 答曰. 賤女譬喩者諸煩惱
相似. 歌羅邏四大中有轉輪王身喩者. 生死歌羅邏藏中有如來藏轉輪王相似. 問
曰. 摸像譬喩爲明何義. 答曰. 泥摸譬喩者諸煩惱相似. 寶像譬喩者如來藏相似."

245 John. P.Miller, The Holistic Curriculum, op.cit., p.6

246 loc.cit.

247 loc.cit.

248 loc.cit.

249 John. P.Miller, The Holistic Curriculum, 전게서, pp.38~39. Buddhism. 밀러에
의하면, 티베트의 Chogyam Trungpa는 불성에 대해서 기본적인 선善이라고
설명하였는데, 이러한 기본적인 선에 도달하기 위해서는 명상을 통해서 가능하
며, 우리 인생은 끝없는 여행이고, 멀리 무한히 펼쳐져 있는 넓은 고속도로와
같다는 것이다. 그러면서 그에 의하면 명상의 수행이 그러한 인생의 여행길을
여행하도록 하는 탈 것을 제공한다는 것이다. 그리고 명상수행을 통해서만
우리는 우리 자신 내부에 어떤 것 또는 어떤 사람에 대해서도 기본적으로
불만이 없다는 사실을 발견할 수 있다는 것이다.

250 이홍우·조영태 공역, 『윤리학과 교육』, p.35. 교육에서 전인이란 의미는 교육에
있어서 지나치게 전문화된 훈련을 경계하는 뜻을 나타낸다.

251 William Pinar, *Curriculum Theorizing*, THE RECONCEPTUALISTS, Currere:
Toward Reconceptualization, McCutchan Publishing Corporation, p.402, 1975

252 William Pinar, 위의 책, p.402.

8장 불교의 종교 교육과정 원리

253 John Dewey, The Later Works; 1925~1953 Volume 10, *Art as Experience*,
USA: Southern Illinois University Press, 1934, p.12.

254 loc.cit.

255 John Dewey, *Democracy and Education*, USA: Dover Publications, 2004,
p.133.

256 ibid, p.135.

257 ibid, p.136.

258 M. 엘리아데·이은봉 옮김, 『성과 속』, 한길사, 1998, p.55.

259 위의 책, p.90.

260 김용표, 『불교와 종교철학』, 동국대학교출판부, 2002, p.118에서 재인용함.
『중론송』「제24장 관사제품」, 제8~10게.

261 고진호, 앞의 글, pp.24~25 참조. 고진호에 의하면 종교교육은 목적 – 결과를
추구하는 교육과정의 측면보다는 과정 지향적 교육과정으로 패러다임의 변환이

있을 때 효과가 있다. 기존의 종교교육이 종교교과의 지식이나 경험을 효과적으로 학생들에게 전달하는 데 목적이 있고, 학생들이 수업을 통해 얻는 지식과 경험의 결과를 중시하였다면, 미래의 종교교육은 과정에 중점을 둔 과정 지향적 교육과정으로서 '직관적 인식의 과정'과 '성찰적 인식의 과정'의 특성을 띤다. 그런데 필자가 보기에는 고진호 교수가 종교교육을 종교학의 측면에서 보고 있는 것도 의의가 있기는 하지만, 여기에서 한 걸음 더 나아가 재개념주의 교육과정의 측면에서 교육목적을 향해 나아가는 '과정 중심'도 고려해볼 만한 의의가 있다.

262 김용표, 「불교적 인격교육의 이념과 방법」, 『종교교육학연구』 제2권(한국종교교육학회, 1996), p.39 참조. 불교적 인격은 희론을 떠나 사물을 있는 그대로 보는 지혜, 세계와 자기가 하나라는 자각에서 오는 자비, 어디에도 집착하지 않는 자유의 마음, 자기 스스로를 궁극적 구원자로 자각하는 이성적 주체 정신 등을 예로 들 수 있다. 그러므로 교육을 통한 불교적 인격의 완성은 기존의 학교교육과는 전혀 다른 특성을 갖는 것이다. 이 점이 불교교육의 두드러진 특징이라고 하겠다.

263 보는 관점에 따라서 불교 교육과정(Curriculum in Buddhism)은 불교만의 특색이 있는 교육과정이라고 할 수 있다. 지식보다 지혜를 중시하며, 수행이 강조되는 교육과정이기 때문이다. 그러나 불교도 학교 교육과정과 마찬가지로 불교를 배우고자 하는 학습자에게 교육을 위한 계획의 설정과 선정·조직된 교육내용의 가르침, 그리고 이 과정에 대한 평가 등 교육과정의 구성요소를 갖추고 있다는 측면에서 불교 교육과정이라고 명명하는 것이 가능하다.

264 구경지究竟智는 『아비담비바사론』에 의하면, "이 智(究竟智)는 제일의 智[第一智]이고, 이 智는 오류가 없는 智이다. 이 경의 이름은 지혜가 기본이다. 묻기를, '무슨 까닭에 지혜가 기본이라고 하는가?' 답하기를, '모든 究竟智는 모두 이 經을 낸다. 그러므로 기본이라고 한다.'"라고 기술하고 있다. 『阿毘曇毘婆沙論』 卷第一(大正藏 28), p.3.b, "此智是第一智. 此智是不謬智. 此經名智慧基本. 問曰. 何故名智慧基本. 答曰. 諸究竟智皆出此經. 故名基本." 참조.

265 『中阿含經』 卷 第五十一, (一九四) 大品 跋陀和利經 第三 (第五後誦)(大正藏 1), p.752a, "不說一切諸比丘得究竟智. 亦復不說一切諸比丘初得究竟智."

266 『禪源諸詮集都序』卷下(大正藏 48), p.626.b, "佛告大慧. 漸淨非頓. 一如菴羅果. 漸熟非頓. 如來漸除衆生自心現流. 亦復如是. 漸淨非頓. 二如陶家作器. 漸成非頓. 三如大地. 漸生非頓. 四如習藝. 漸就非頓."

267 『禪源諸詮集都序』卷下(大正藏 48) 같은 책, "上之四漸. 約於修行. 未證理故. 下之四頓. 約已證理故. 一明鏡頓現喻. 經云. 譬如明鏡頓現一切無相色像. 如來淨除一切衆生自心現流. 亦復如是. 頓現無相無所有清淨法界. 二日月 頓照喻. 經云. 如日月輪. 頓照顯示一切色像. 如來爲離自心現習氣過患衆生. 亦復如是. 頓爲顯示不思議勝智境界. 三藏識頓知喻. 經云. 譬如藏識. 頓分別知自心現. 及身安立受用境界. 彼諸報佛. 亦復如是. 頓熟衆生所處境界. 以修行者. 安處於彼色究竟天. 四佛光頓照喻. 經云. 譬如法佛所作. 依佛光明照耀. 自覺聖趣. 亦復如是. 於彼法相有 性無性惡見妄想. 照令除滅."

268 재개념주의 교육과정은 파이너가 말했듯이, 다른 학문분야를 빌어 사용한다는 점에서 이와 같이 깨닫기까지 존재의 실상을 찾아가는 불교의 수행과정과 교육과정이 만날 때 재개념주의의 특성을 띤 교육과정이 된다. 이와 같은 점에서 불교 교육과정의 재개념주의의 특성은 의의가 있다고 하겠다.

9장 천태의 교육과정

269 이 글은 2019년 7월 13일 동국대학교 세계불교학연구소 '한국불교학 연구 지형과 과제' 학술발표회에서 발표한 논문 「교육과정(Curriculum)의 재개념주의적(Reconceptualistic) 고찰 ; 천태 교판에 대한 새로운 이해」의 내용을 수정, 보완하였음을 밝혀둔다.

270 박천환·박채형, 『교육과정 담론』, 학지사, 2013, p.16.

271 종교 교육과정이란 종파교육으로서의 종교교육을 위해 교육과정을 계획하고 실천 및 평가하는 것을 의미한다. 우리나라 대법원에서는 두 가지 유형으로 종교교육을 나누고 있는데, '교양교육으로서의 종교교육'과 '종파교육으로서의 종교교육'이다. 종교교육의 유형에 대한 내용은 강영택 외 공저, 『종교교육론』, 학지사, 2013, p.15 참조.

272 關口眞大 지음, 慧命 옮김, 『천태지관의 연구』. 민족사, 2007, p.65.

273 교육목적은 교육을 위해 매우 중요한 의미를 지닌다. 고전적 교육과정 학자인

타일러는 교육목적의 중요성에 대해 다음과 같이 주장하고 있기 때문이다. "교육프로그램이 계획되고, 이러한 계획에 따라 진전이 되려면 도달하고자 하는 교육목적에 관한 개념을 갖는 것이 반드시 필요하기 때문이다. 그리고 이러한 교육목적으로 인해 교육을 위해 선택할 자료의 범위가 정해지고, 내용의 윤곽 또한 나타나고, 또한 교육절차도 개발되고, 테스트와 시험 또한 준비된다." Ralph W. Tyler, Basic Principles of Curriculum and Instruction, The University of Chicago Press Press , Chicago and London, 1969. p.3 참조.

274 지창규, 『천태불교』, 법화학림, 2008, p.30.

275 지창규, 위의 책, p.161.

276 같은 책.

277 『妙法蓮華經玄義』第1卷(大正藏 33), p.0683b08, "敎相爲三 : 一·根性融·不融相. 二·化道始終·不始終相. 三·師弟遠近·不遠近相."

278 위의 책, p.123.

279 위의 책, p.124.

280 같은 책.

281 임계유, 『중국불교사상논집』, 古賀英彦·鹽見敦郎·西尾賢隆·沖本克己 共譯, 東方書店, 1980, p.77.

282 이병욱, 「천태지의 교판론에 대한 현대적 해석」, 『哲學』 74(2003), p.8.

283 위의 글, pp.8~9.

284 위의 글, p.9.

285 天台山修禪寺智顗禪師撰, 『四敎義』 卷第一(大正藏 46), p.721.a06, "是以近代諸師各爲理釋. 今所立義意異前規."

286 위의 책, p.721a17, "四敎者. 一三藏敎. 二通敎. 三別敎. 四圓敎"

287 같은 책, "化轉有三義. 一轉惡爲善. 二轉迷成悟. 三轉凡爲聖."

288 같은 책, "第一釋三藏敎名者. 此敎明因緣生滅四聖諦理."

289 같은 책, "所言三藏敎者. 一修多羅藏. 二毘尼藏. 三阿毘曇藏."

290 같은 책, "通者同也. 三乘同稟故名爲通……故大品經云. 欲學聲聞乘者當學般若. 欲學緣覺乘 者當學般 若. 欲學菩薩乘者當學般若."

291 같은 책, "所言通敎者. 義乃多途略出八義. 一敎通. 二理通. 三智通. 四斷通.

五行通. 六位通. 七因通. 八果通也."

292 같은 책, "理通者. 同見偏眞之理……位通者. 從乾慧地 乃至辟支佛地位皆同也."

293 같은 책, "別者不共之名也. 此教不共二乘人說."

294 지창규, 『천태불교』, 앞의 책, pp.43~44.

295 天台山修禪寺智顗禪師撰, 『四教義』 卷第一(大正藏 46), 앞의 책, "所言別者. 義乃多途略明有八. 一教別. 二理別. 三智別. 四斷別. 五位別. 六位別. 七因別. 八果別也."

296 같은 책, "行別者. 歷塵沙劫修. 行諸波羅蜜自行化他之行別也."

297 같은 책, "因別者. 無礙金剛之因也. 果別者. 解脫涅槃四德異二乘也."

298 같은 책, "問曰何故不說爲不共教. 而作別教之名. 答曰智論明不共般若. 卽是不共二乘人說之. 如不思議經."

299 같은 책, "圓以不偏爲義 此教明不思議因緣. 二諦中道事理具足不偏不別. 但化最上利根之人. 故名圓教也."

300 같은 책, "所言圓者. 義乃多途. 略說有八. 一教圓. 二理圓. 三智圓. 四斷圓. 五行圓. 六位圓. 七因圓. 八果圓."

301 같은 책, "教圓者. 正說中道故言不偏也. 理圓者. 中道卽一切法理不偏也. 智圓者. 一切種智圓也. 斷圓者. 不斷而斷無明惑也. 行圓者. 一行一切行也. 大乘圓因涅槃圓果. 卽因果而具足無缺. 是爲一行一切行."

302 지창규, 『천태불교』, 앞의 책, p.44.

303 『妙法蓮華經玄義』 第十卷(大正藏 33), 앞의 책, p.0800a19, "略明教爲五：一·大意. 二·出異. 三·明難. 四·去取. 五·判教."

304 위의 책, p.0810b03, "三·約行人心者, 說華嚴時, 凡夫見思不轉, 故言如乳. 說三藏時, 斷見思惑, 故言如酪. 至方等時, 被挫恥伏, 不言眞極, 故如生蘇. 至般若時, 領教識法, 如熟蘇. 至法華時, 破無明, 開佛知見, 受記作佛, 心已清淨, 故言如醍醐."

305 위의 책, p.0806a16, "一·大綱三種：一·頓. 二·漸. 三·不定. 此三名同舊, 義異也(云云). 今釋此三教各作二解：一·約教門解. 二·約觀門解."

306 위의 책, p.0683c24, "雖復甚多, 亦不出漸·頓·不定·祕密."

307 諦觀, 『天台四教儀』 卷1(大正藏 46), p.774.c13. 고려 諦觀의 『천태사교의』를

보면 "言五時者. 一華嚴時. 二鹿苑時(說四阿含)三方等時(說維摩思益楞伽楞嚴三昧金光明勝鬘等經)四般若時(說摩訶般若光讚般若金剛般若大品般若等諸般若經)五法華涅槃時. 是爲五時."로 되어 있다.

308 같은 책, "言八教者. 頓漸祕密不定藏通別圓. 是名八教. 頓等四教是化儀."

309 같은 책, "第一頓教者. 卽華嚴經也."

310 같은 책, "第二漸教者(此下三時三昧. 總名爲漸)."

311 같은 책, "第四不定教者. 亦由前四昧中. 佛以一音演說法. 衆生隨類各得解. 此則如來不思議力. 能令衆生於漸說 中得頓益. 於頓說中得漸益. 如是得益不同. 故言不定教也."

312 지창규, 『천태불교』, 앞의 책, p.42.

313 같은 책.

314 같은 책.

315 같은 책.

316 같은 책.

317 같은 책.

318 위의 책, p.182. 천태교관 도표 참조.

319 관구진대 박사, 앞의 책, p.66.

320 지창규, 「법화현의의 3종교관론」, 『한국선학』 16(2007), p.100에서 재인용함.

321 위의 글, p.101.

322 같은 글.

323 위의 글, p.104.

324 Ted T. Aoki, Curriculum in a New Key, (Routledge, 2003). p.397. 하이데거는 kehre를 형이상학적 사고로부터 탈피하는 도약, 또는 심연의 의미라고 보고 있다.

325 지창규, 「천태지의와 『아함경』」, 『불교학보』 76(2016), p.117.

326 각묵, 『초기불교 이해』, 초기불전연구원, 2010, p.24

327 지창규, 「천태지의와 『아함경』」, 앞의 글, p.116.

328 아함의 교설에는 삼법인, 사성제를 비롯하여 고차원적인 9차제정을 비롯한 혜학의 가르침 등이 체계적으로 구성되어 있고, 이와 같은 교학체계가 대승불교

에 이르러서도 그 토대가 되고 있다. 즉 초기불교 교학인 아함의 토대 위에 대승불교의 교학이 점차적으로 발전을 하고 체계화를 이룬 것이다. 사실이 이런데도 불구하고 천태의 교판에서 아함이 하등의 위치에 자리 잡고 있다는 점에 문제가 있는 것이다.

329 『妙法蓮華經』方便品 第二(大正藏 9), p.7a05, "爾時世尊告舍利弗 : 「汝已慇懃三請, 豈得不說. 汝今諦聽, 善思念之, 吾當爲汝分別解說.」說此語時, 會中有比丘・比丘尼・優婆塞・優婆夷五千人等, 卽從座起, 禮佛而退."

330 같은 책, "此輩罪根深重及增上慢, 未得謂得・未證謂證."

331 각묵, 앞의 책, p.49.

332 『四敎義』 1卷, 앞의 책, p.721.a, "此之三藏敎的屬小乘."

333 같은 책, "如人行法. 眼前瞻路然後發足."

334 지창규, 「천태지의와 『아함경』」, 앞의 글, p.116.

335 같은 글.

336 같은 글.

337 이병욱, 「천태지의 교판론에 대한 현대적 해석」, 앞의 글, p.19.

10장 선禪의 교육과정 이론: 차세대 교육과정 이론

338 정재걸・홍승표・이승연・이현지・백진호 지음, 『동양사상과 마음 교육』, 살림터, 2014, pp.296~297.

339 질 들뢰즈 저・이정우 옮김, 『의미의 논리』, 한길사, 2009, p.242, "선禪은 말한다. '네가 하나의 막대기를 가지고 있다면, 나는 너에게 막대기 하나를 줄 것이다. 네가 막대기를 가지고 있지 않다면, 나는 너에게서 막대기를 빼앗을 것이다.'"

340 김영욱, 『禪의 통쾌한 농담』, 김영사, 2020, p.77.

341 이와 같이 시대별로 다르게 나타난 교설들에서 공통적인 요소[학습내용]를 발견함으로써 교사와 학생 사이에 공통적인 교설의 내용이 전개되는 교육 작용이 이루어지고, 이로써 일관적이고 통일적인 교육체계가 세워지게 된다고 말할 수 있다.

이송곤 李松坤

1961년 서울 출생.

동국대학교 사범대학 교육학과를 졸업하고, 동 대학 대학원 불교학과
에서 석사 및 박사 학위를 취득하였으며, 동국대 강사를 역임하였다.

1989년 불교방송 공채 1기 PD로 입사, 청주불교방송 PD를 거쳤으며,
현재 불교방송에 재직하고 있다.

대한불교조계종 국제포교사, 한국불교학회 회원, 종교교육학회 회원
으로 활동하고 있으며, 불교의 교육과정에 관심을 가지고 꾸준히 연
구, 발표하고 있다.

지은 책으로 『불교교육론-초기불교와 남방 테라바다불교의 교육이
론』이 있으며, 논문으로 「불교경전 이야기의 내러티브 학습방법과 그
교육적 의의」, 「듀이의 종교관의 측면에서 본 2015 개정교육과정과
불교 종교교육의 과제」, 「『청정도론』의 칠청정 성립의 의의와 점진적
수행체계로서의 특성」, 「칠청정의 지와 견에 의한 청정과 유부의 견
도 수도 무학도의 비교 고찰」, 「천태교관에 대한 새로운 이해-교육과
정의 재개념주의적 고찰」 등이 있다.

불교교육 길라잡이

초판 1쇄 인쇄 2020년 11월 24일 | 초판 1쇄 발행 2020년 12월 1일
지은이 이송곤 | 펴낸이 김시열
펴낸곳 도서출판 운주사

(02832) 서울시 성북구 동소문로 67-1 성심빌딩 3층

전화 (02) 926-8361 | 팩스 0505-115-8361

ISBN 978-89-5746-630-8 03220 값 16,000원

http://cafe.daum.net/unjubooks 〈다음카페: 도서출판 운주사〉